図鑑 建物できるまで

Picture Book for the secret of
Reinforced Concrete Construction &
Steel Construction

ＲＣ造・鉄骨造

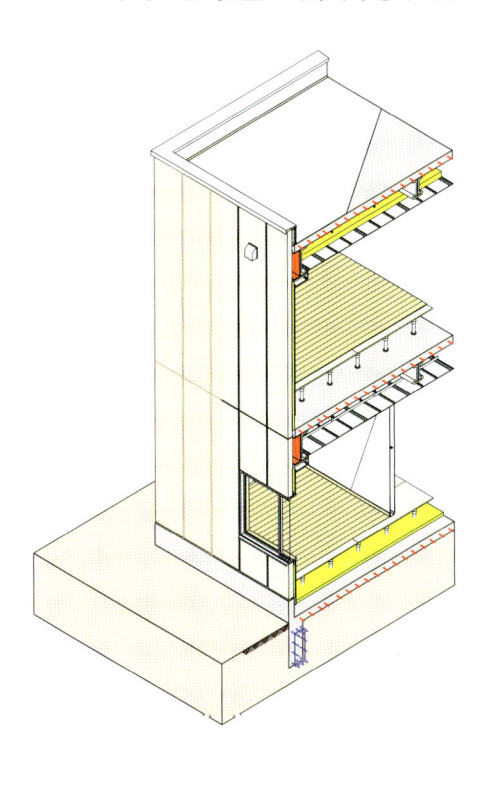

は　じ　め　に

この本の想定読者（想定外も大歓迎）
- 建物のつくり・仕組みが気になる人
- これから建築の勉強をしようとしている人
- 「建物できるまで図鑑　木造住宅」を購入した人
- そのほか、本書の中身が気になる人

　幼い頃に図鑑を手にして、食い入るように見た経験は誰にもあると思います。蝶々の羽根の文様が美しく描かれた昆虫図鑑、葉脈まで精緻に描かれた植物図鑑など、子供の好奇心をくすぐるのが図鑑でした。図鑑は絵解きです。絵で形や仕組みなどを解き明かしてくれます。直接的に有り様を伝える写真に比べ、絵は書き手が伝えたいところを強調して表現することができます。

　「建物できるまで図鑑　RC造・鉄骨造」は、既刊の「建物できるまで図鑑　木造住宅」の続編です。鉄筋コンクリート造（RC造）・鉄骨造の建物は木造住宅ほど身近に感じられないかもしれませんが、マンション、学校、駅、スーパーマーケットなど私たちのまわりにたくさん建っています。この図鑑は文字通り、建物の骨組みやつくり方を絵で解き明かすものです。既刊の「木造住宅」と同様に、つくり方のプロセスを、アニメーションのコマ送りのように表現しました。建築の専門用語がたくさん出てきますが、絵を見ながらそれらを習得してください。そして、建物のつくり方に興味をもってくだされば、絵解きの担当者としてもうれしい限りです。

大野隆司先生に捧げる

　本図鑑の文を担当されました大野隆司先生は、平成25年4月に逝去されました。大野先生は、既刊の木造住宅編でも文を担当され、入退院を繰り返すなかで病と闘いながらの執筆でした。今回の続編についてエクスナレッジからお話があったときは、残念ながら大野先生がお亡くなりになった後でした。本図鑑の解説文については、生前に大野先生が書きためていたものをベースにして、足りない個所を私が書き加えました。私の拙い解説文を、大野先生がご覧になったらと思うと不安ですが、きっと苦笑しながらも許してくださると思います。大野先生と発刊の日を一緒に迎えることができなかったことが、心から残念でなりません。この図鑑を私の師である大野先生に捧げたいと思います。

瀬川康秀

鉄筋コンクリート造・鉄骨造をつくる材料

鉄筋コンクリート造、鉄骨造で建物をつくるときの
一般的な材料を紹介します。

鉄筋コンクリート造

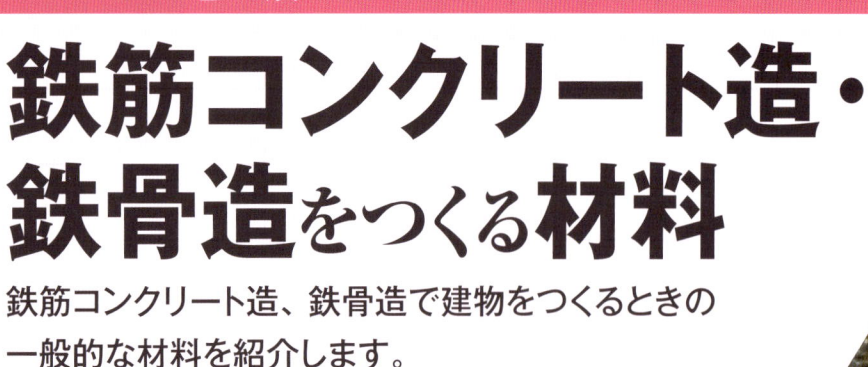

異形鉄筋　▶▶18頁

異形鉄筋は、鉄筋コンクリート造の躯体や鉄骨
造の基礎部分など、コンクリートやモルタルを用
いる構造物に用いられます。鋼を圧延して、表面
に凸凹を設けコンクリートやモルタルの付着性を
高めた棒状の鋼材です。

実物
大

丸鋼　▶▶18頁

異形鉄筋のように断面が凸凹していない、円形
をした棒状の鋼材を「丸鋼」といいます。現在
は構造用としてはほとんど使われていません。

異形鉄筋は直径の寸法によって、呼び名をD4、D5、D6、D10……D51で表します。

セパレーター ▶▶19頁

壁の厚みを所定の寸法にするためのものです。壁の厚み、仕上げの有無によって寸法・形状が異なります。

フォームタイ ▶▶19頁

型枠を締め付けるために使います。

実物
大

Pコーン ▶▶19頁

Pコーンは、セパレーターとフォームタイを連結して型枠を固定する材料です。コンクリートの打設、型枠の脱型後にPコーンは撤去します。その跡の穴にはモルタルを充填します。打放しの丸いくぼみはPコーンの跡です。

型枠関連の資材一式です。セパレーター以外は、型枠の脱型後に撤去します。

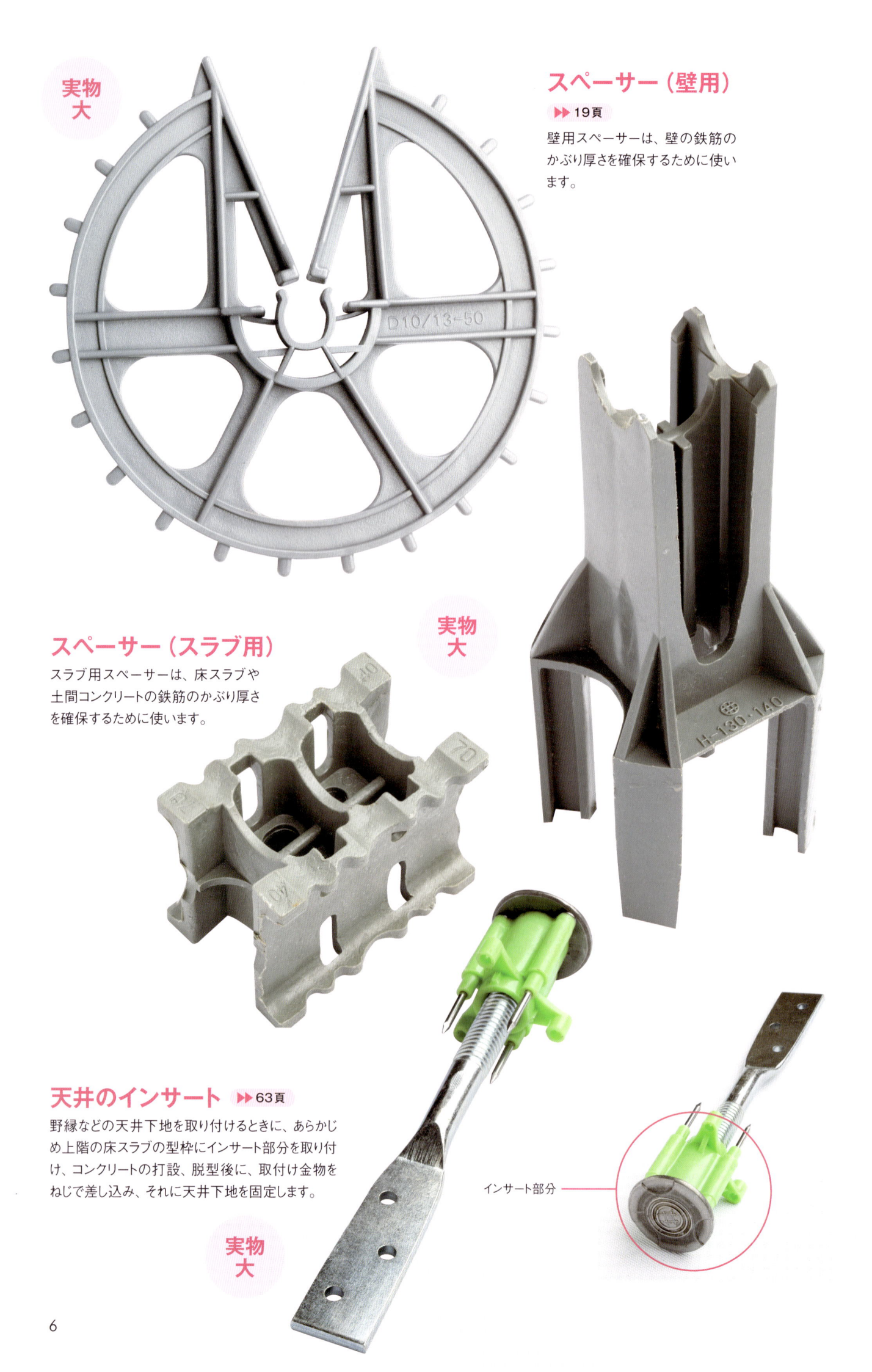

実物大

スペーサー（壁用）
▶▶ 19頁

壁用スペーサーは、壁の鉄筋の
かぶり厚さを確保するために使い
ます。

D10/13-50

H-130・140

実物大

スペーサー（スラブ用）

スラブ用スペーサーは、床スラブや
土間コンクリートの鉄筋のかぶり厚さ
を確保するために使います。

70

40

天井のインサート ▶▶ 63頁

野縁などの天井下地を取り付けるときに、あらかじ
め上階の床スラブの型枠にインサート部分を取り付
け、コンクリートの打設、脱型後に、取付け金物を
ねじで差し込み、それに天井下地を固定します。

インサート部分

実物大

「強力バンクルーフ」
（田島ルーフィング）

アスファルト防水

▶▶ 28・38頁

アスファルト防水は、フェルトにアスファルトを含浸させたアスファルトルーフィングを、溶融したアスファルトで張り重ねて防水層を形成する防水工法です。写真は、溶融したアスファルトを使わずにトーチバーナーでシートを熱して溶着する改良アスファルト防水の例です。

「RBボード」
（田島ルーフィング）

断熱材（屋根外断熱用）

▶▶ 28・38頁

屋根の外断熱用の断熱材としては、ポリスチレンフォームやウレタンフォームなどの発泡系の断熱材が使われます。写真はポリスチレンフォームの例です。

「WHP-2」（カネソウ）

ルーフドレン ▶▶ 26頁

陸屋根に溜まった雨水は、ルーフドレンに集めて外部に排出します。写真は縦型の鋳物製のルーフドレンの例です。

笠木 ▶▶ 40頁

陸屋根では、外周部の壁を立ち上げてパラペットを設けます。パラペットの頂部には雨仕舞のために笠木を取り付けます。写真はアルミ製の笠木の例です。

「サンコーピング」（三協アルミ）

石膏ボード

▶▶ 53頁

石膏を特殊な紙で挟み板状に成型したボードで、防耐火性、遮音性に優れます。内装の下地として広く普及しています。

発泡系断熱材の断面
断熱性が高く、比較的安価なポリスチレン、現場での発泡が可能な硬質ウレタン、展炎性の低いフェノールなど、さまざまな種類があります。

「ネオマフォームDH」
（旭化成建材）

断熱材　▶▶ 29頁

断熱材には、グラスウールなどの繊維系のものや、ポリスチレンなどの発泡系のものがよく使われます。写真はポリスチレンフォームの断熱材です。

置き床

▶▶ 66頁

床衝撃音の遮音性を高めるために開発された床下地構法です。高さが調整できる支柱とパネルで構成します。パネルと床スラブの間を、配管・配線スペースに利用します。写真はフローリング仕上げの例です。

「フリーフロアー」
（フクビ化学工業）

鉄骨造

H形鋼 H-200×100×5.5×8 ▶▶ **74・79頁**
主に柱・梁に使われます。水平部分をフランジ、
垂直部分をウェブと呼びます。

実物
大

実物
大

フランジ

ウェブ

フランジ

溝形鋼 [-150×75×6.5×10
▶▶ **74頁**
通称「チャンネル」と呼ばれます。
主に梁などに使われます。

9

実物
大

角形鋼管 ▶▶ 74頁

□-100×100×1.6

板厚が6mm以上の鋼材を重量鉄骨、6mm未満を軽量鉄骨といいます。ラーメン構造の柱には重量鉄骨を用います。写真は軽量鉄骨の角形鋼管で、小規模建物の柱や壁下地に使われます。

リップ溝形鋼

〔-60×30×10×2.3

▶▶ 74頁

通称「Cチャンネル」と呼ばれます。主に壁の間柱、屋根の垂木や母屋などの下地に用いられます。

実物
大

実物
大

等辺山形鋼 ▶▶ 74頁

L-50×50×6

通称「アングル」と呼ばれます。主に外壁パネルや垂木などを、構造体に取り付けるときの二次部材として使われます。

高力ボルト ▶▶75頁

高力ボルトは鉄骨造の構造上主要な部分の接合に使われます。写真はトルシア形高力ボルトの例です。

実物大

普通ボルト
▶▶75頁

普通ボルトは軽微な個所の接合に使われます。

実物大

ブレース
▶▶91頁

ピンブレース構造では、壁・床・屋根面にブレースを入れて、建物の変形を防ぎます。写真はターンバックル式のブレース。

スプライスプレート
▶▶79頁

添え板ともいいます。鉄骨梁の接合のときに、梁をスプライスプレートで挟み高力ボルトで締め付けます。

ガセットプレート
▶▶79頁

鉄骨の各部材を接合するときに、一方の部材にガセットプレートを溶接して取り付けて、ガセットプレートを介してボルトなどで接合します。

「スーパーハイベース
角形鋼管柱用（GX型式）」
（日立機材）

柱脚固定金物

▶▶ 77頁

基礎に鉄骨柱を固定する柱脚
の形式にはいくつか種類があ
ります。写真は、鉄骨ラーメン
構造によく使われる、露出形
式の柱脚固定金物の例です。

デッキプレート

▶▶ 80頁

鋼板を曲げ加工して溝方向
の剛性を高めたもので、鉄
骨梁に架け渡した後、配筋
してコンクリートを打設し、
床スラブを形成します。写真
は合成スラブ用のデッキプ
レートの例です。

「QLデッキ」
（JFE建材）

ALC パネル

▶▶ 82・100頁

ALCとは軽量気泡コンクリートのことで、鉄骨造建物の外壁材の定番です。外壁以外に床、屋根、間仕切壁にも使われます。写真は板厚100mmの壁パネル。

「クリオンパネル」（クリオン）

押出し成形セメント板

▶▶ 102・106頁

中空を有するパネルで、ALCパネルと同様に普及しています。写真は板厚60mmの壁パネル。

「アスロック600」（ノザワ）

金属系サイディング

▶▶ 104頁

ガルバリウム鋼板やアルミ合金などの金属板をサイディングとして使います。写真はガルバリウム鋼板に断熱材を裏打ちしたサイディングで板厚15mmのものです。

「ガルスパン®NEO-J フッ素」（アイジー工業）

撮影協力：前川建設（鉄筋コンクリート造）、吉岡工業（鉄骨造）
撮　影：西山輝彦
写真提供：アイジー工業、旭化成建材、朝日工業、カネソウ、クリオン、三協アルミ、JFE建材、田島ルーフィング、ノザワ、日立機材、フクビ化学工業

第3章 鉄骨造の建物ができるまで — 72

第4章 鉄骨造 各部のつくり方 — 92

カバー・表紙デザイン　大杉晋也
本文デザイン・DTP　鈴木一男
編集協力　キャデック

※本書は建築知識創刊60周年を記念し、ご好評いただいたエクスナレッジムック『世界で一番楽しい 建物できるまで図鑑 RC造・鉄骨造』（2013年12月刊）を復刊したものです。

01 基礎をつくる

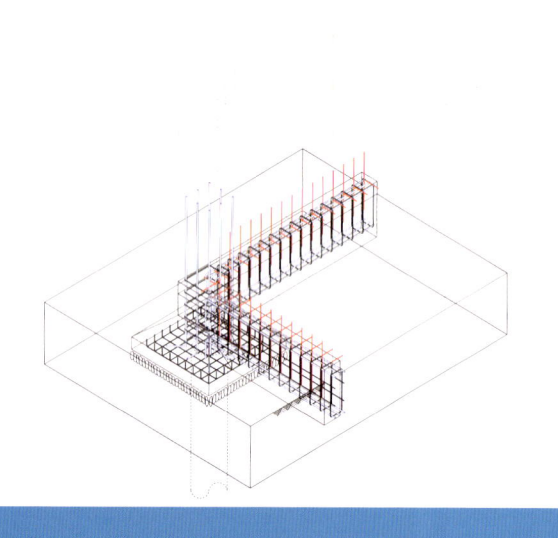

02 1階壁・2階床スラブをつくる

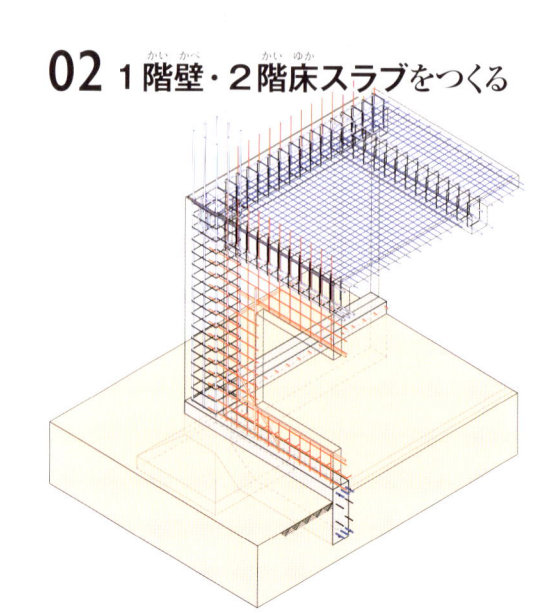

05 内外装の下地を設ける

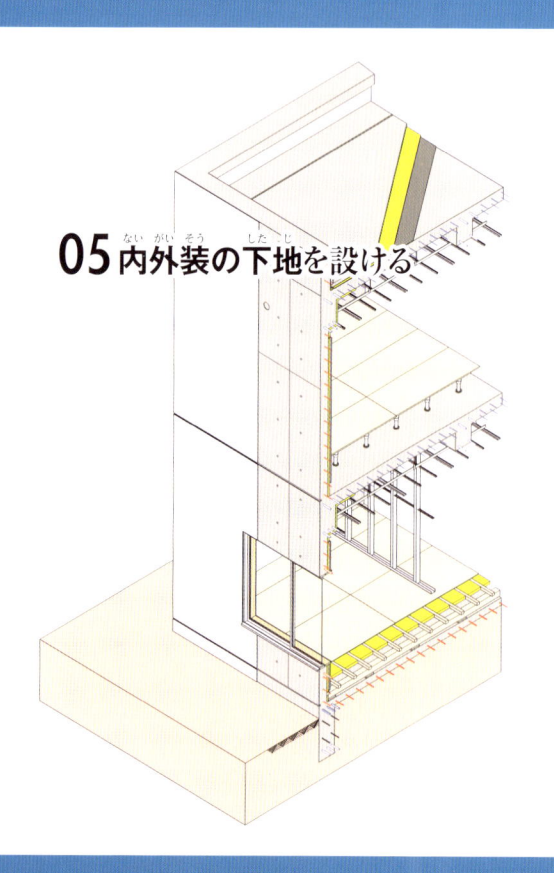

06 内外装の仕上げをして完成

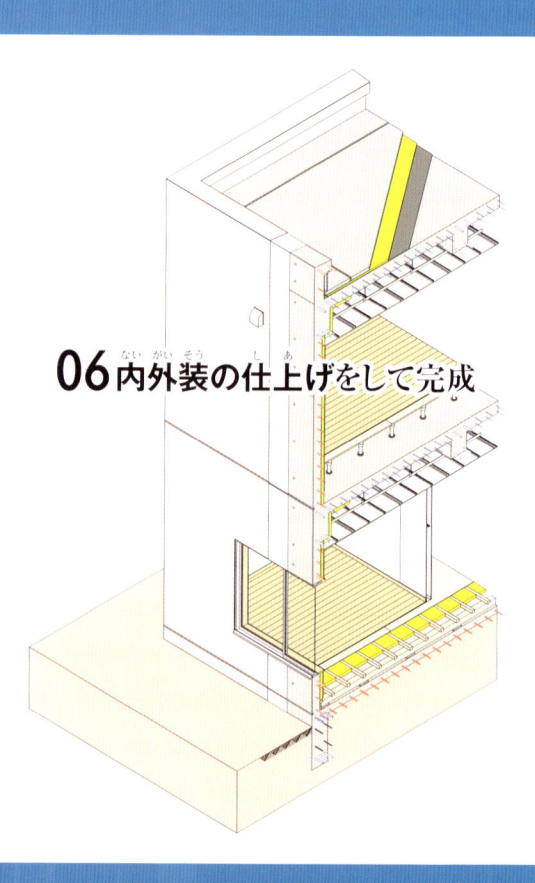

まで　　２階建てのラーメン構造の建物がどのようにつくられるのか
順を追って見ていきましょう。

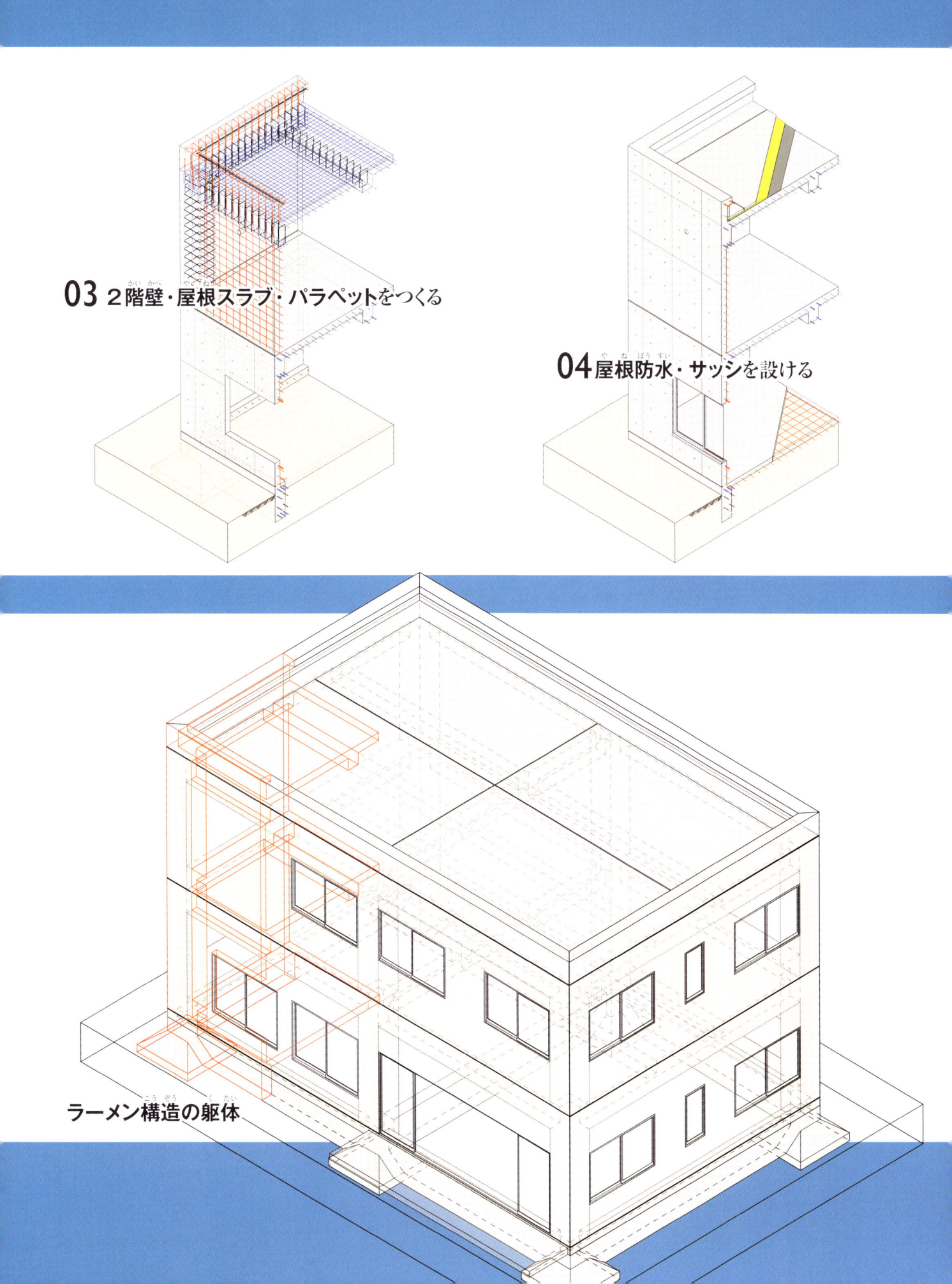

03 ２階壁・屋根スラブ・パラペットをつくる

04 屋根防水・サッシを設ける

ラーメン構造の躯体

鉄筋コンクリート造の特徴

鉄筋コンクリート造の特性

鉄筋コンクリート造はRC造ともいいます。これは英語のReinforced Concreteを省略したもので、「補強されたコンクリート」という意味です。コンクリートは高い圧縮強度を持ちますが、反対に引っ張り強度が低いため、容易に破断しない粘り強さと引っ張り強度をもつ鋼材（鉄筋）を入れることにより、各々の弱点を補完します。鋼材はコンクリートで被覆することで、火熱から守られ、またコンクリートのもつアルカリ性が鋼材の錆を長期間防ぐ役割も果たします。このようにコンクリートと鋼材が互いに支え合っているのがRC造の特性です。

コンクリートと鋼材（鉄筋）

コンクリートはセメントと骨材（砂や砂利）に、水と各種混和材を混ぜたものでつくられます。セメントのなかで最も一般的な普通ポルトランドセメントは、粘土と石灰石を主原料とし、これに石膏を加えてつくられます。

鉄筋には、円形断面の丸鋼と、コンクリートの付着を考慮して表面に凸凹をつけた異形鉄筋（Deformed Bar）がありますが、RC造では異形鉄筋が使われます（4頁参照）。また、鉄筋が適正な位置に納まるように配置することを配筋といいます。

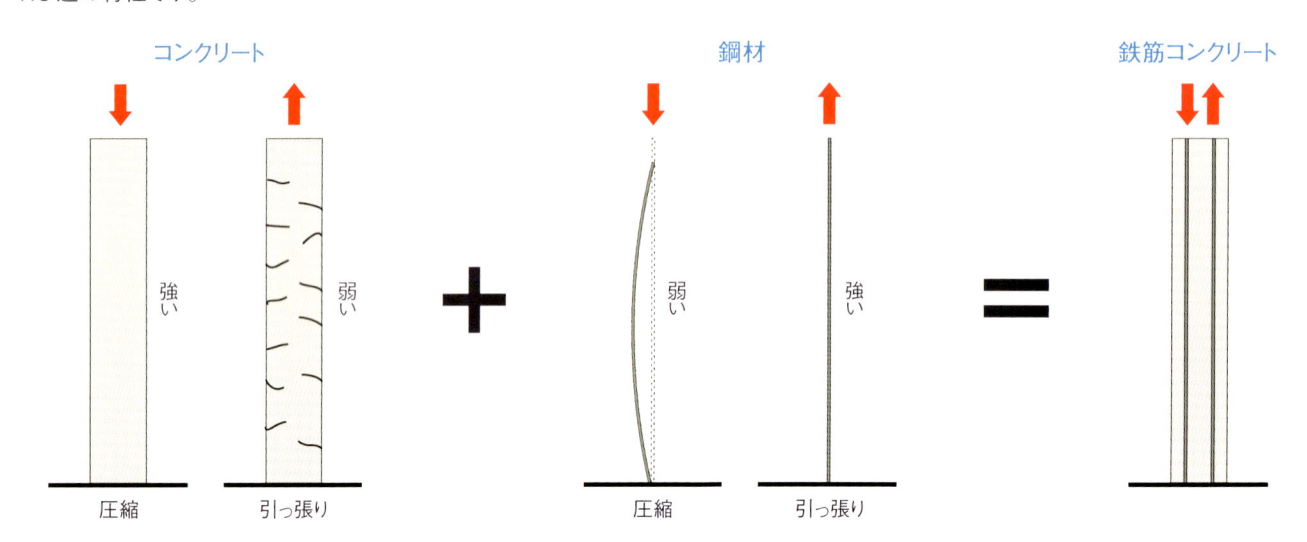

コンクリート		鋼材		鉄筋コンクリート
強い	弱い	弱い	強い	
圧縮	引っ張り	圧縮	引っ張り	

RC造の施工方法

RC造の施工は、場所打ちコンクリートか、プレキャストコンクリート（PCa）かで大きく異なります。多いのは場所打ちコンクリートという方法で、現場で鉄筋・型枠を組み立て、コンクリートを打設し、硬化後に型枠を外す（脱型）という順番で行われます。一方のプレキャストコンクリートは、あらかじめ工場で壁や床パネルなどの部材をつくり、現場でその部材を組み立てるという方法です（33頁参照）。

場所打ちコンクリートによる2階建ての建物は、下図のような順番で工事が進みます。

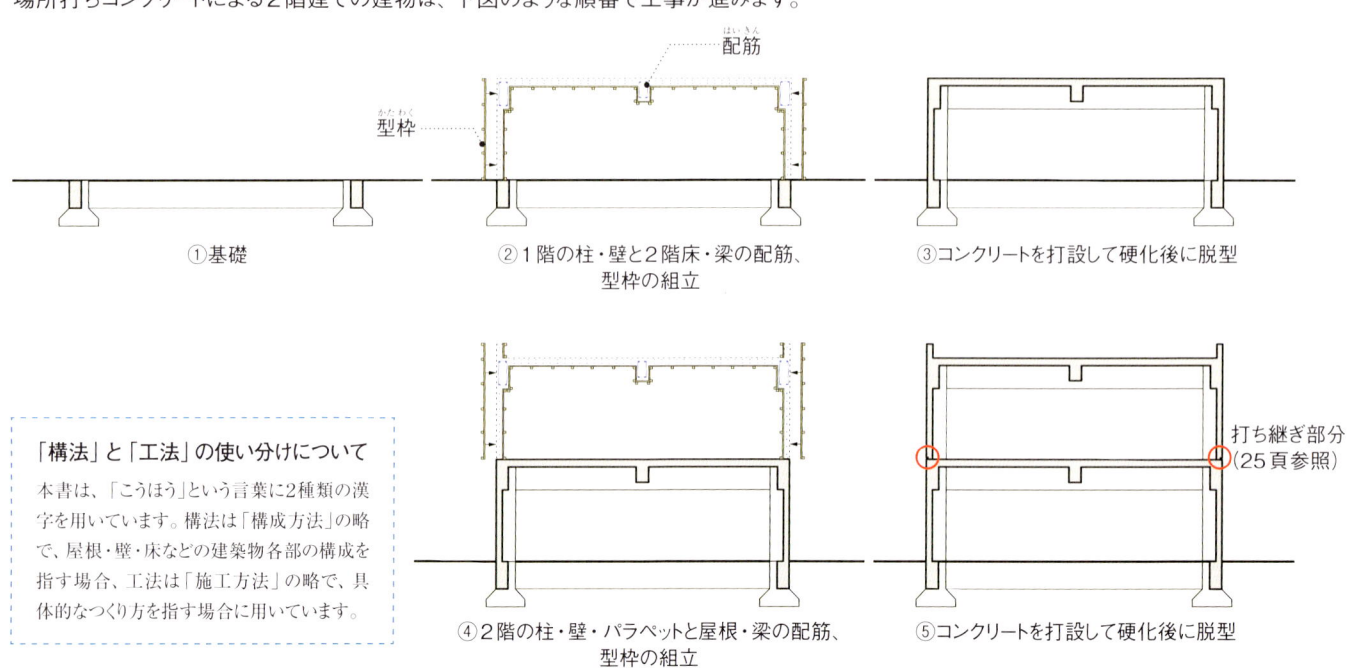

①基礎

②1階の柱・壁と2階床・梁の配筋、型枠の組立

③コンクリートを打設して硬化後に脱型

④2階の柱・壁・パラペットと屋根・梁の配筋、型枠の組立

⑤コンクリートを打設して硬化後に脱型

打ち継ぎ部分（25頁参照）

「構法」と「工法」の使い分けについて

本書は、「こうほう」という言葉に2種類の漢字を用いています。構法は「構成方法」の略で、屋根・壁・床などの建築物各部の構成を指す場合、工法は「施工方法」の略で、具体的なつくり方を指す場合に用いています。

RC造の構造方式

RC造の主な構造方式には、柱と梁を剛接合［※1］とするラーメン構造［※2］と、柱と梁を壁にして同化した耐力壁と床で構成する壁式構造があります（32〜33頁参照）。

このうち1章では、場所打ちコンクリートにおけるラーメン構造（2階建て）の建物を中心に、そのつくり方を解説します。

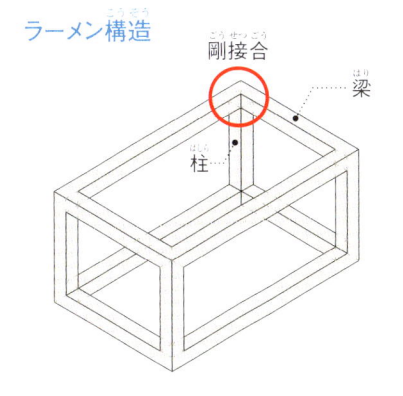

ラーメン構造

剛接合・梁・柱

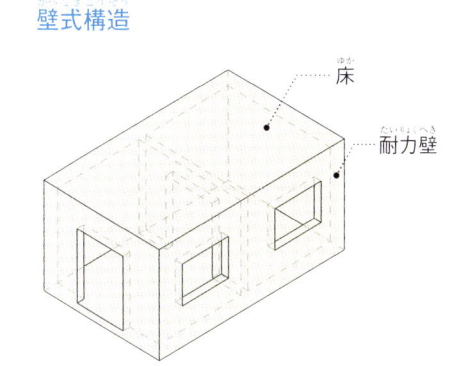

壁式構造

床・耐力壁

RC造の寿命

材料としての鉄筋コンクリートの寿命は60年［※3］といわれています。これはコンクリートがアルカリ性を失い、表面から中性化が進行して内部の鉄筋に達するまでの年月に基づきます。

そのため、寿命を延ばすにはコンクリート表面から鉄筋までの距離、すなわち「かぶり厚さ」が重要になります。適切なかぶり厚さを確保していないと、鉄筋が錆びて膨張し、コンクリートが剥離・剥落する原因になり、建物の寿命に悪影響を及ぼします。かぶり厚さは建築基準法施行令で規定されています。

鉄筋のかぶり厚さ

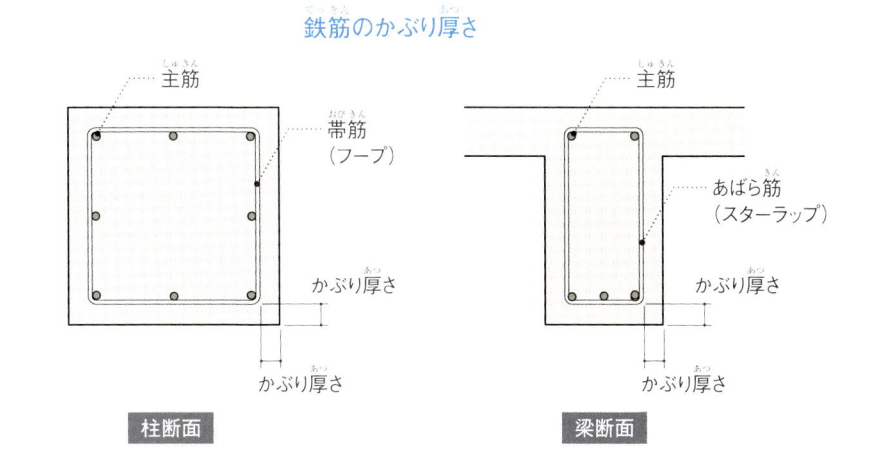

主筋／帯筋（フープ）／かぶり厚さ

柱断面

主筋／あばら筋（スターラップ）／かぶり厚さ

梁断面

配筋と型枠

右の図は壁の配筋と型枠を示したものです。セパレーター、フォームタイは壁厚を所定の寸法に保ち、型枠を緊結するものです。スペーサーはコンクリートのかぶり厚さを確保するものです。型枠には合板が一般的に用いられますが、規格化された建物では鋼製の型枠が用いられる場合もあります（5頁参照）。

壁の配筋と型枠

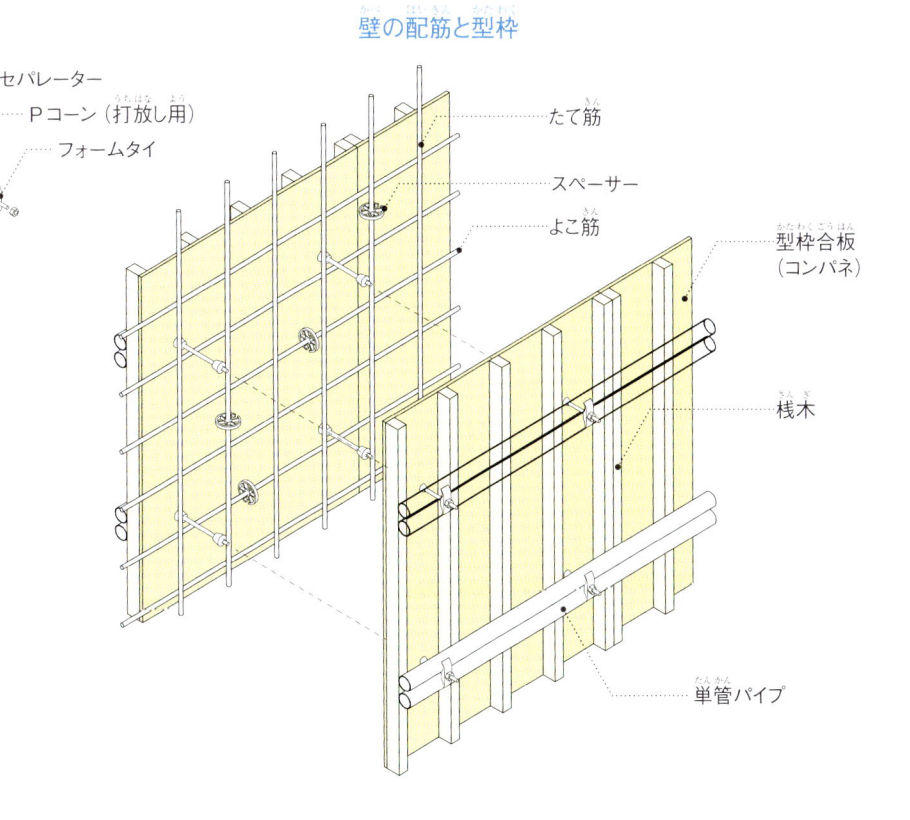

セパレーター／Pコーン（打放し用）／フォームタイ／たて筋／スペーサー／よこ筋／型枠合板（コンパネ）／桟木／単管パイプ

RC造はまだ100年

日本でRC造の建物が建てられたのは20世紀初めで、その歴史は100年ほど。RC造はまだまだ開発途上の構造ともいえます。

※1　剛接合：柱と梁の接合部が回転できないように固く接合されているという意味で、英語でRigit Jointといいます

※2　ラーメン：ドイツ語のRahmenで「枠・縁」を意味します。英語ではRigit Frameといいます

※3　価値としての住宅の耐用年数は、RC造は47年、重量鉄骨造は34年、木造は22年です

基礎をつくる

建物を支える基礎をつくります。基礎工事の前には、基礎を効果的に支える目的で、割栗石などを敷き固めたり、杭を打ち込む地業工事を行います。

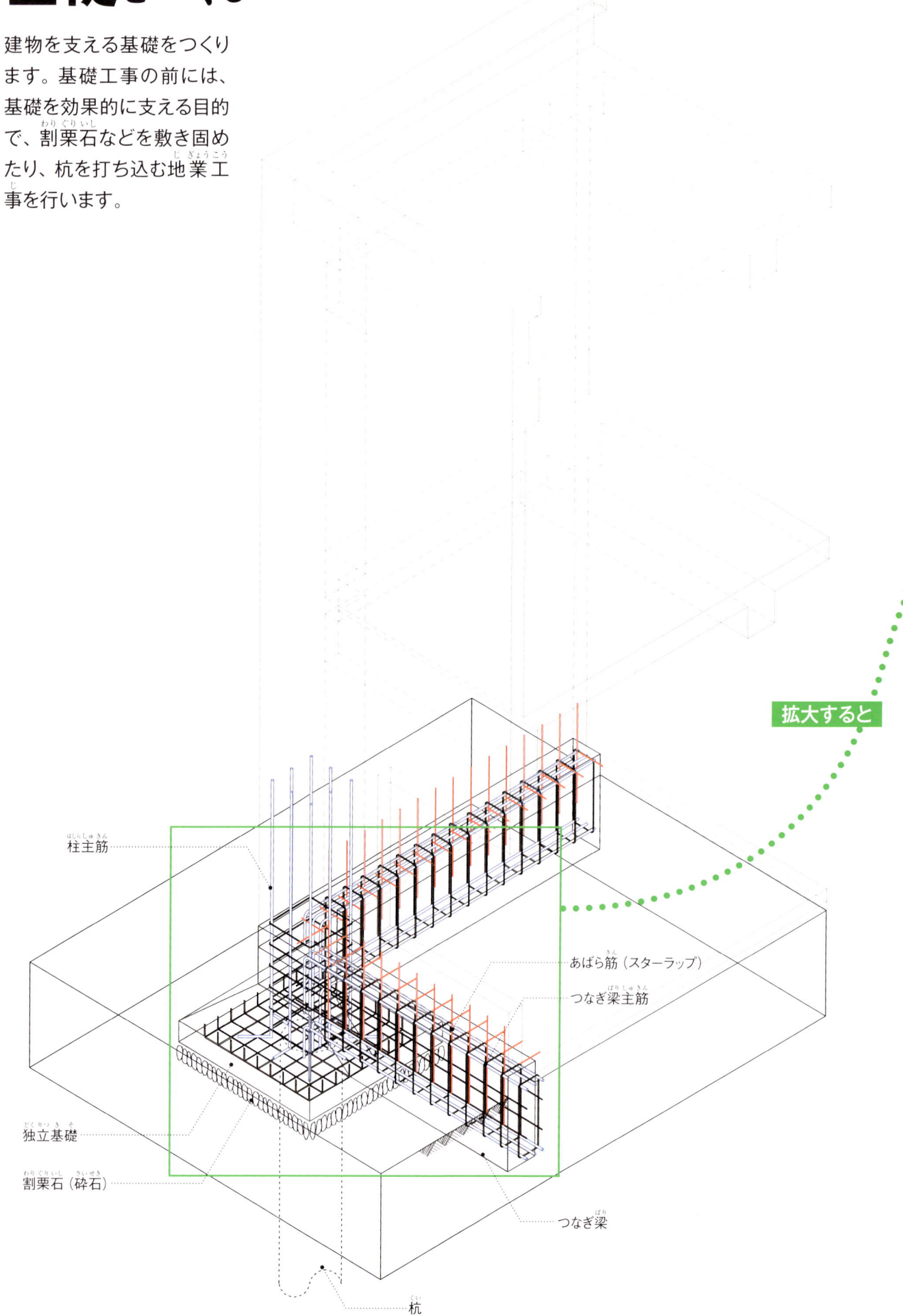

拡大すると

柱主筋

あばら筋（スターラップ）

つなぎ梁主筋

独立基礎

割栗石（砕石）

つなぎ梁

杭

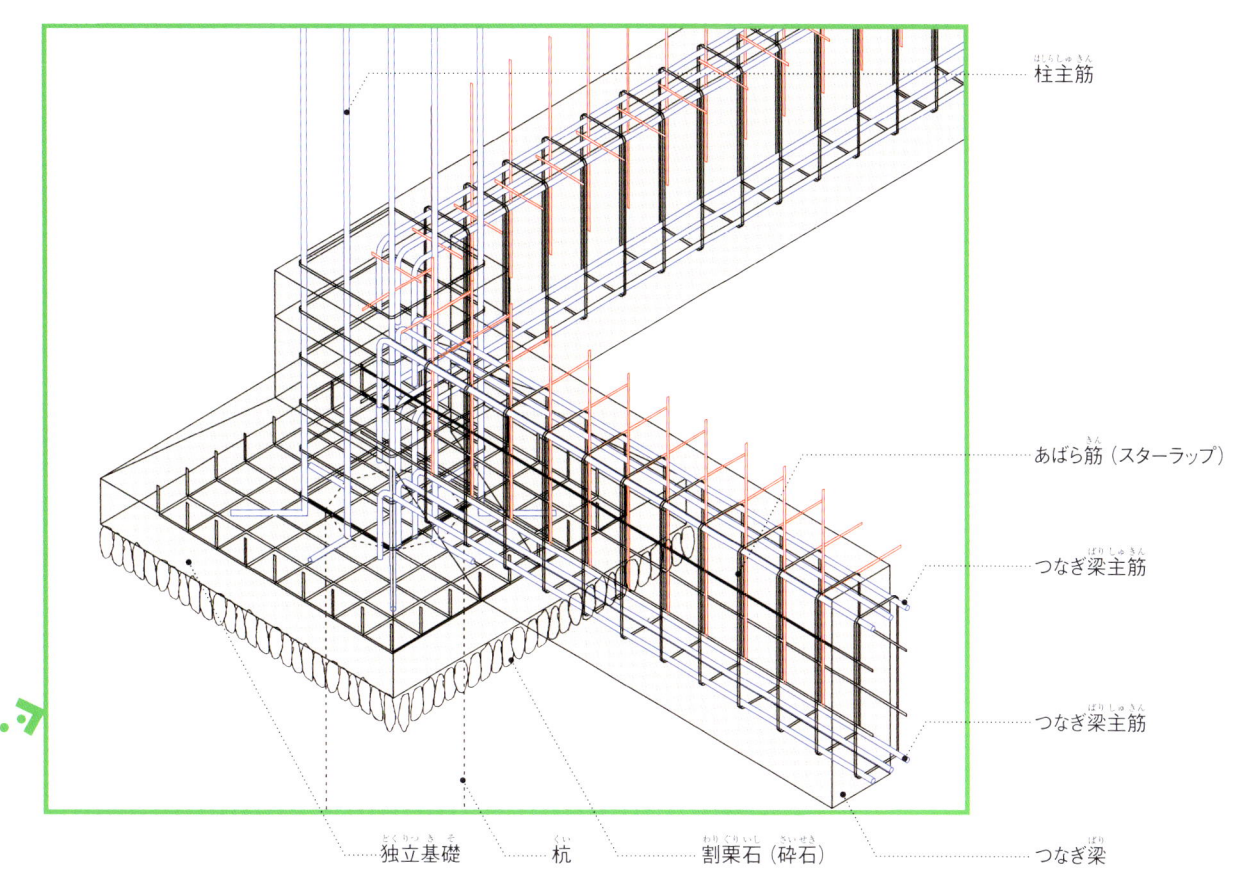

柱主筋（はしらしゅきん）

あばら筋（スターラップ）

つなぎ梁主筋（ばりしゅきん）

つなぎ梁主筋（ばりしゅきん）

独立基礎（どくりつきそ）　杭（くい）　割栗石（砕石）（わりぐりいし・さいせき）　つなぎ梁（ばり）

地業・基礎工事

建物の荷重は、基礎を介して地盤に伝達されます。この地盤に基礎を効果的に支えられるような処理を施すことを地業といいます。地業には割栗地業（わりぐりじぎょう）と杭地業（くいじぎょう）があります。基礎を支える地盤面に割栗石［※］を敷き固めるのが割栗地業で、基礎に接する地盤面だけでは不十分な場合に行われるのが杭地業です。事前の地盤調査の結果をもとに、どのような地業と基礎を採用するかを判断します。

地業・基礎工事は、敷地における建物の高さ基準および建物配置を決める水盛り・遣（や）り方を終えてから行います。基本的には木造の在来軸組構法などと同じ流れですが、RC造は建物自重が木造に比べて大きく、数倍の外力に耐える必要があるため、地業も大規模なものとなります。

図は独立フーチング基礎の例を示したものです。独立基礎の下には、太い柱状の杭が打たれます。

独立基礎

基礎の形式

下図は基礎の主な形式を示したものです。連続フーチング基礎は、RC造の壁式構造や木造住宅などに多く用いられます。ベタ基礎は軟弱地盤や建物荷重が大きい場合に用いられます。

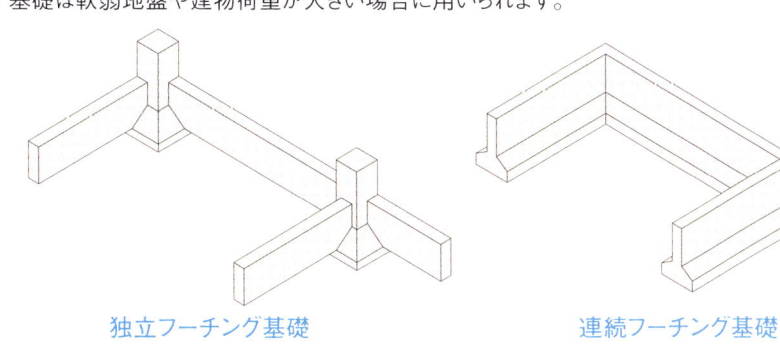
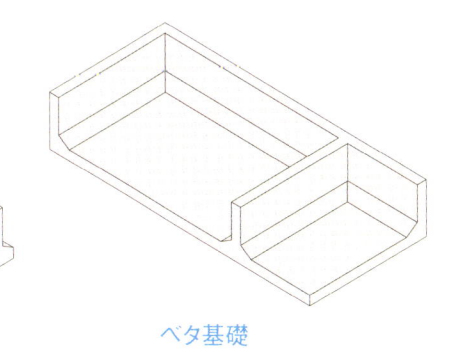

独立フーチング基礎　　　　　連続フーチング基礎　　　　　ベタ基礎

※　割栗石とは岩石を打ち割ってつくる150mm程度の石材のことです。本来の割栗地業は、その割栗石を小端立（こばだ）てにして敷きこみ、目潰しや上端均しのために隙間に砂利を用いて突き固めるもので、とても手間がかかります。最近では割栗石の代わりに小径の砕石を使用して突き固めることが多くなりました

1階壁・2階床スラブ
かいかべ　　かいゆか
をつくる

1階の柱・壁、そして2階の床梁・床スラブの配筋工事です。各階ごとに、配筋と型枠の組立が床上まで相前後して進行し、その後、コンクリートを打設するのが一般的です。

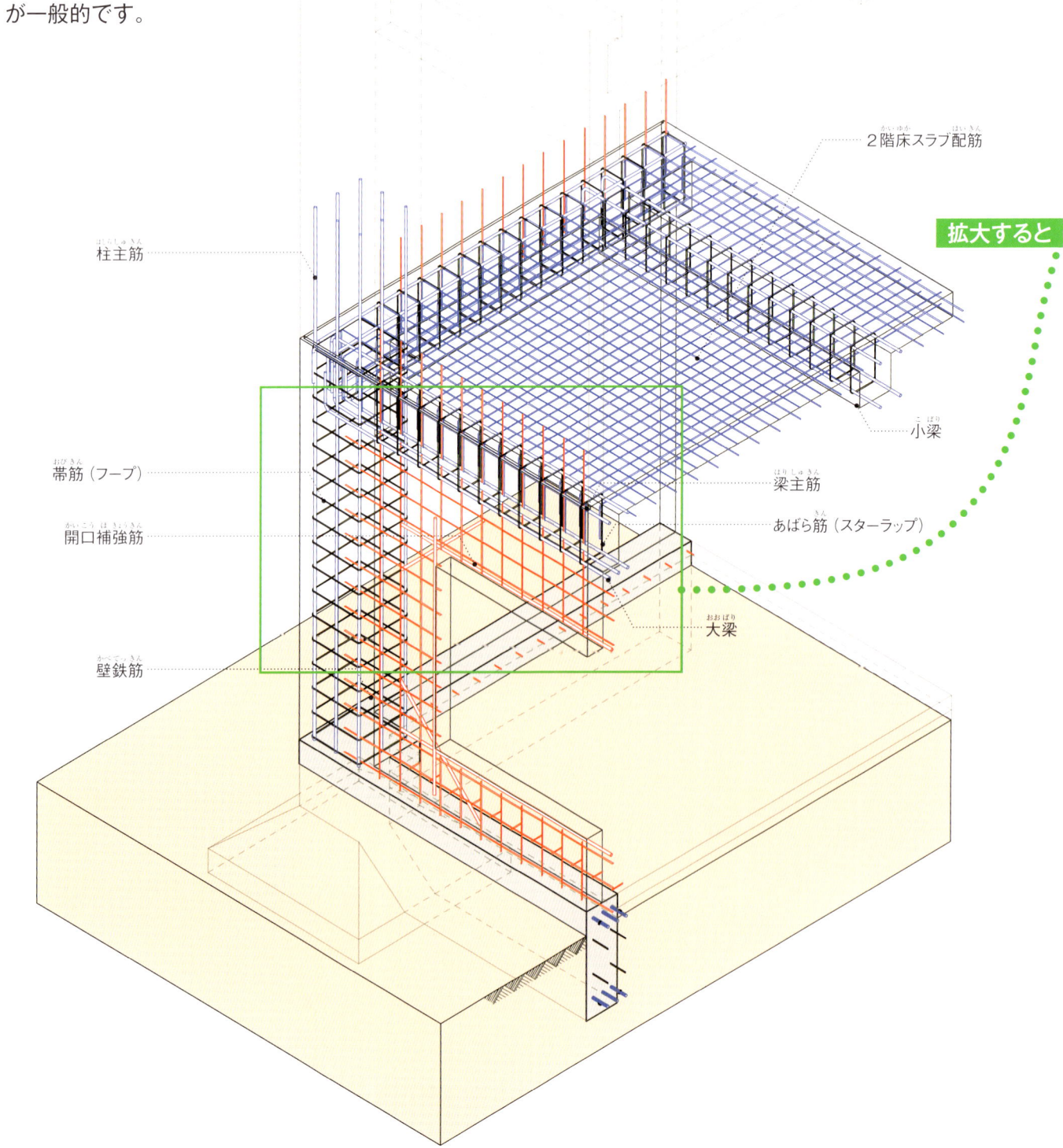

柱主筋

帯筋（フープ）

開口補強筋

壁鉄筋

2階床スラブ配筋

拡大すると

小梁

梁主筋

あばら筋（スターラップ）

大梁
おおばり

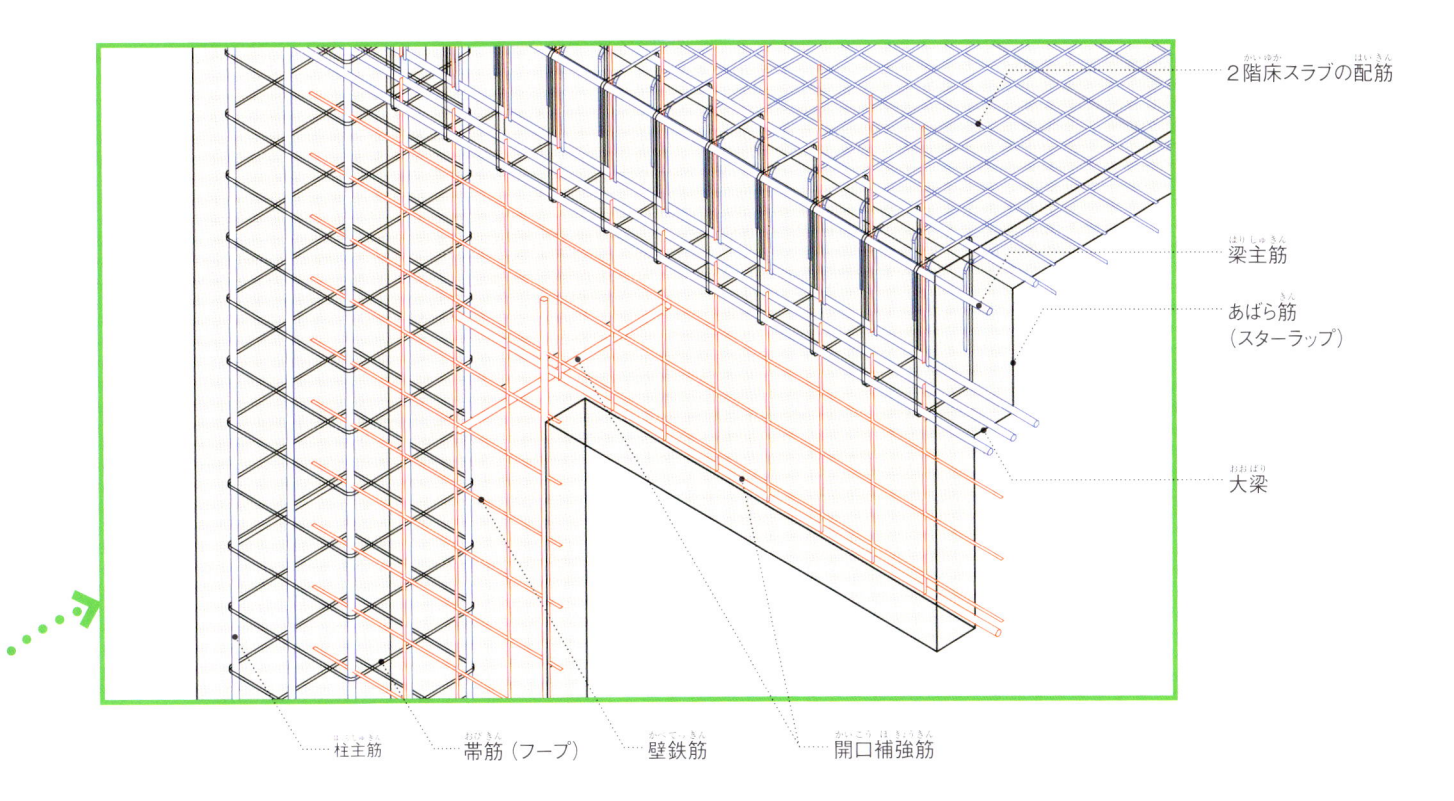

2階床スラブの配筋

梁主筋

あばら筋
（スターラップ）

大梁

柱主筋　　　帯筋（フープ）　　壁鉄筋　　　開口補強筋

壁と床の配筋

ラーメン構造の壁は、耐力壁を除いて帳壁［※］と呼ばれます。帳壁は一重の格子状の配筋（シングル配筋）で、壁厚も建物躯体となる耐力壁より薄いもので可能です。図では主要な構造要素の配筋を青色で、それ以外を赤色で示しています。

床は建物を支える躯体です。一部を除いて上下に格子状の配筋（ダブル配筋）として、18cm程度の厚みを確保します。共同住宅の場合は上下別住戸となることから、遮音性を考慮して厚さ20cm前後とすることもあります。

主筋・帯筋・あばら筋・開口補強筋

柱や梁が曲がらないようにする鉄筋を主筋といいます。地震の揺れなどで、柱や梁がずれて切断される「せん断」による破壊を防ぐために、柱には帯筋（フープ）、梁にはあばら筋（スターラップ）を主筋の周囲に取り付けます。

サッシを取り付ける開口部分には開口補強筋を入れます。

梁・床の配筋。この後コンクリートを打設する

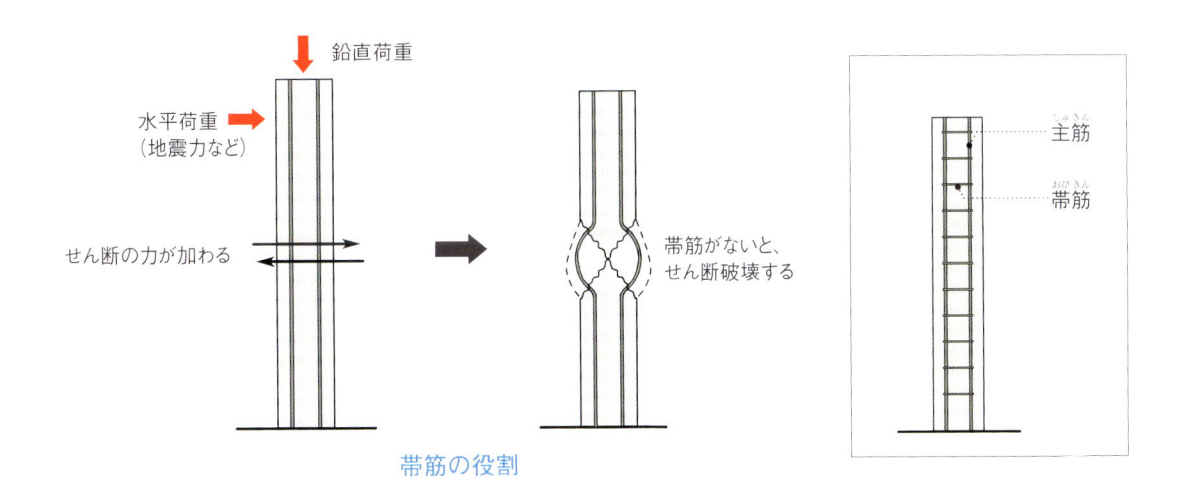

鉛直荷重

水平荷重
（地震力など）

せん断の力が加わる

帯筋がないと、
せん断破壊する

主筋

帯筋

帯筋の役割

※　耐力壁と帳壁：構造体の一部として建物を支える機能を持つ壁を耐力壁（ベアリングウォール）、その機能を持たない壁を帳壁（カーテンウォール）といいます

2階壁・屋根スラブ・パラペット
かい かべ や ね

をつくる

1階の柱・壁・2階の床スラブにコンクリートを打設した後、2階の柱・壁・屋根スラブ・パラペットの配筋工事を行います。その後、型枠を組み、再びコンクリートを打設します。

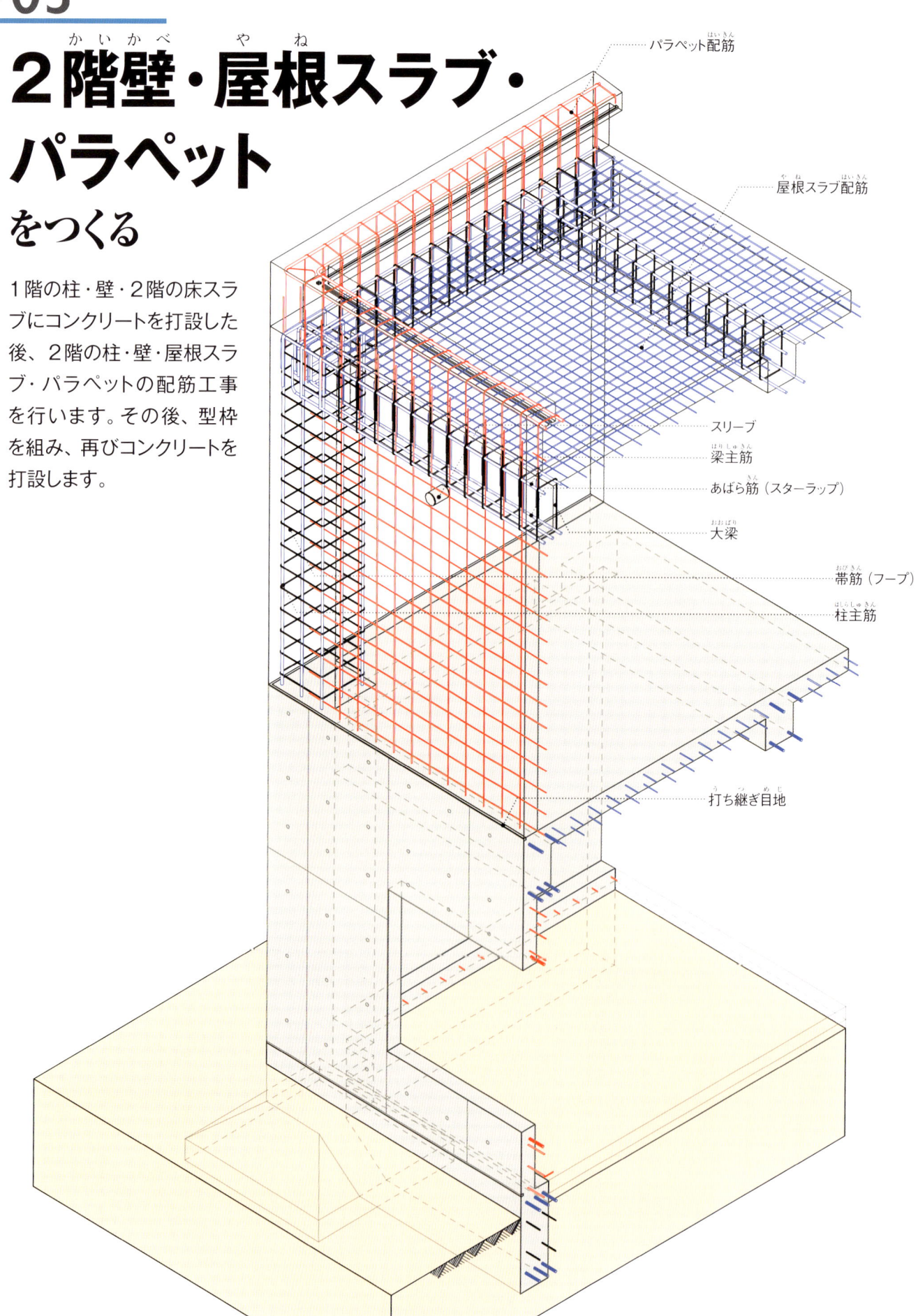

パラペット配筋
はいきん

屋根スラブ配筋
や ね   はいきん

スリーブ

梁主筋
はりしゅきん

あばら筋（スターラップ）
きん

大梁
おおばり

帯筋（フープ）
おびきん

柱主筋
はしらしゅきん

打ち継ぎ目地
う つ め じ

パラペット配筋
はいきん

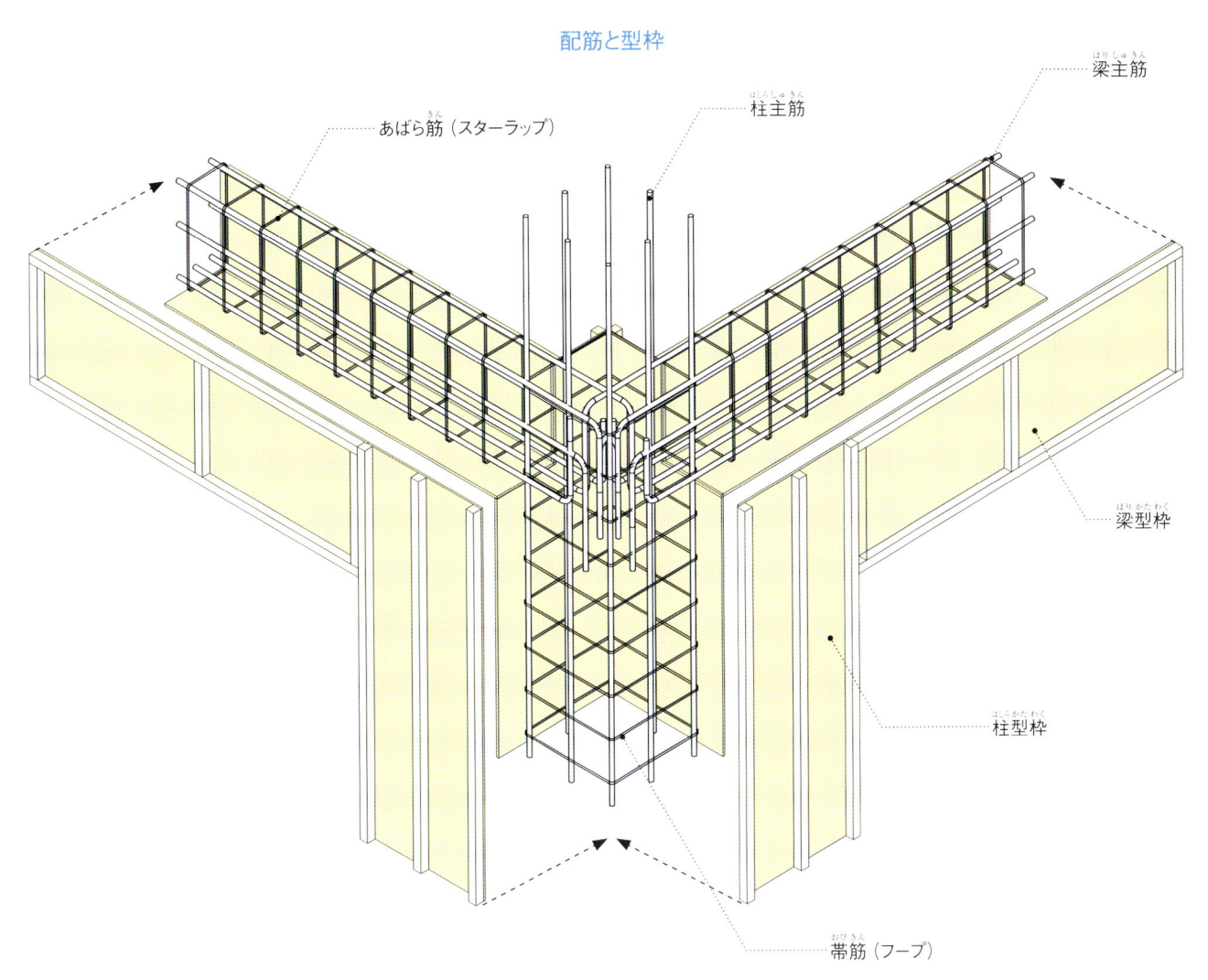

配筋と型枠

あばら筋（スターラップ）
柱主筋
梁主筋
梁型枠
柱型枠
帯筋（フープ）

柱・梁の配筋と型枠

上の図は、柱と梁の接合部分の配筋と型枠を示したものです。ラーメン構造では接合部を剛接合にするため、梁主筋を柱の中まで延ばしてから緊結します。これを定着といいます。

パラペット

パラペットとは陸屋根周囲の立ち上がった部分のことです。これにより、雨水が外壁に流れ落ちるのを防ぎます。パラペットの配筋・型枠組みが終わったら、屋根スラブと同時にコンクリートを打設します。

打ち継ぎ目地

コンクリートは階ごとに打設しますが、このときできるコンクリートの打ち継ぎ部分には目地を設けます。コンクリートは水和反応で硬化する際、0.1％程度収縮します。その結果としてひび割れが生じるため、打ち継ぎ目地を設けることによりひび割れを集中処理させるのです。目地部分には必ず防水のシーリング処理を行います。

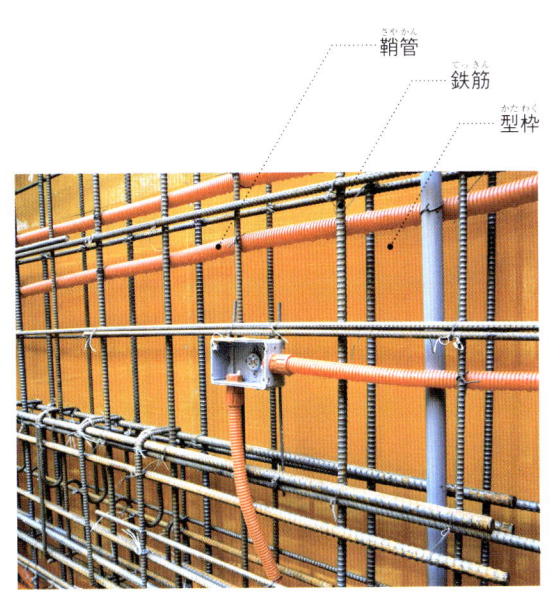

鞘管
鉄筋
型枠

壁に埋設される電気配線などは、配筋工事と並行して工事します。写真は、配線を通す鞘管［※］を所定の位置に取り付けた様子

※ 鞘管：各種の配線や配管を通すために設けた、径のひとまわり大きい管のこと

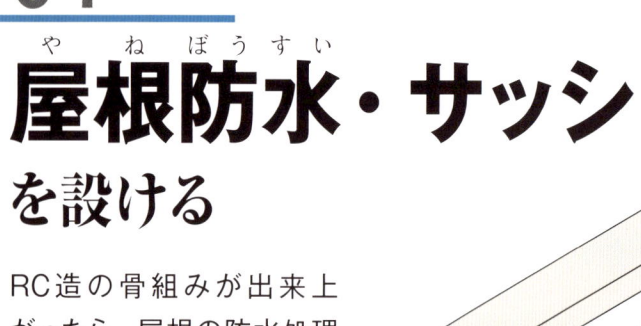

屋根防水・サッシ
を設ける

RC造の骨組みが出来上がったら、屋根の防水処理を行い、外廻りのサッシを取り付けます。これで、風雨を防ぐことができます。また、1階の床に配筋をしてコンクリートを打設します。

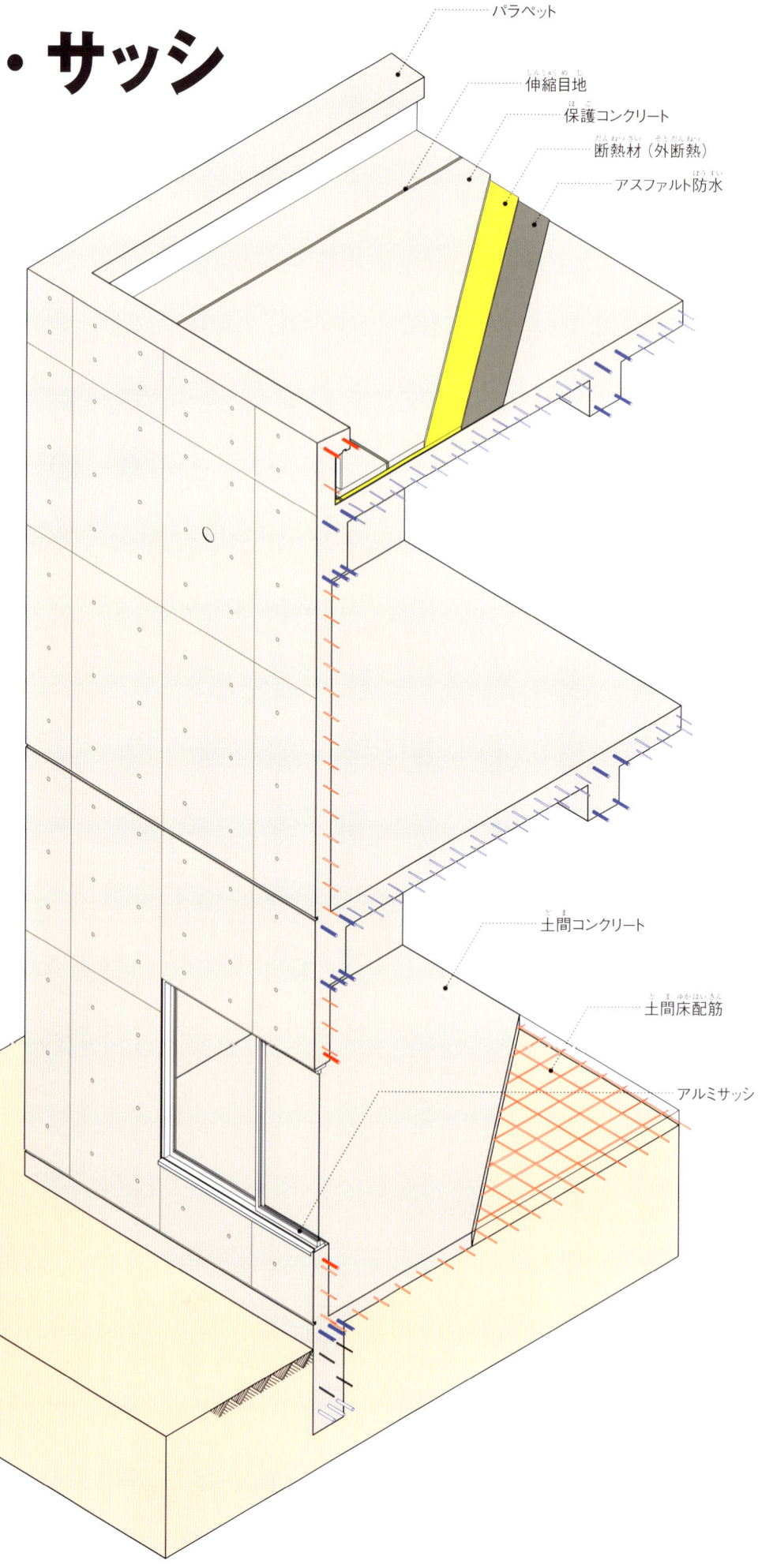

パラペット

伸縮目地

保護コンクリート

断熱材（外断熱）

アスファルト防水

土間コンクリート

土間床配筋

アルミサッシ

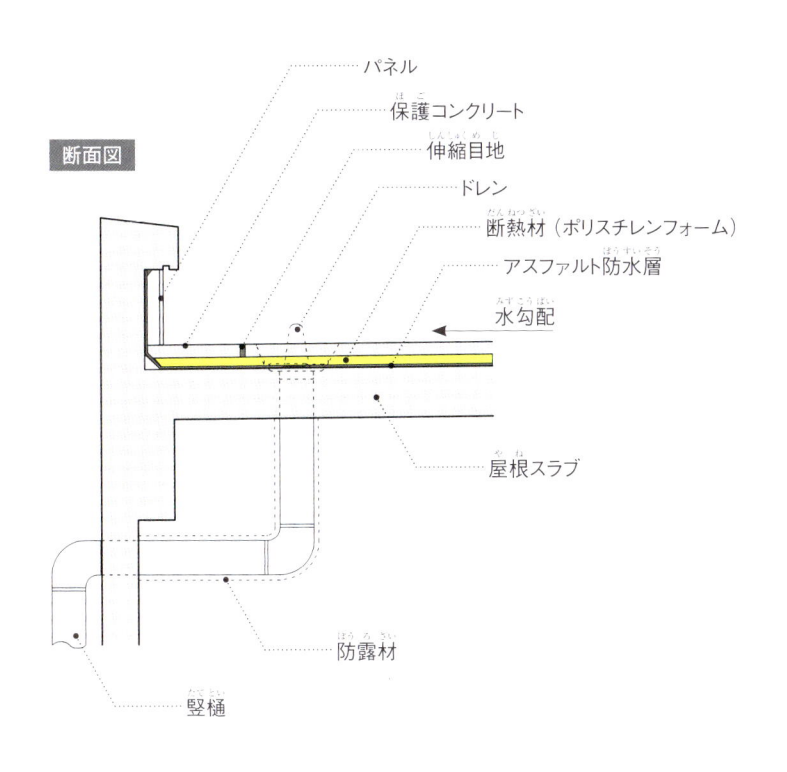

断面図

- パネル
- 保護コンクリート
- 伸縮目地
- ドレン
- 断熱材（ポリスチレンフォーム）
- アスファルト防水層
- 水勾配
- 屋根スラブ
- 防露材
- 竪樋

アスファルト防水
屋根スラブの上にアスファルト防水層を設け、外断熱構法の場合はその上に断熱材を敷き込みます。この後、保護コンクリートを打ちます

屋根の防水

RC造の屋根は一般的に陸屋根［※］が用いられ、屋根スラブは外壁を立ち上げたパラペットで囲みます。防水層は屋根スラブ上面とパラペットの立上り面に連続して切れ目なく設けます。防水の種類にはアスファルト防水、シート防水、塗膜防水などがあります。図は外断熱構法（38頁参照）を採用したアスファルト防水の例です。

屋根の排水

陸屋根は排水のために、1/50～1/100（1mにつき5cmから1cm）の勾配を屋根スラブに設けます。排水は、屋根スラブの水下（勾配の低い部分）に孔をあけてドレン（7頁参照）から排出することで行います。ドレンの周囲は漏水の原因になることが多いので、防水層や保護コンクリートの確実な施工が求められるところです。上の断面図のように、屋内に樋を通す場合は、さらに樋の防露対策も必要になります。

保護コンクリートの役割

保護コンクリート（押さえコンクリートともいいます）はアスファルト防水層を保護するものです。これには約3mごとに伸縮目地を設けます。伸縮目地は、コンクリートの収縮を目地に集中させてそれ以外の部分のひび割れを防止するとともに、保護コンクリートが熱により膨張し防水層を破断するのを防ぐ役割を果たします。

サッシの取り付け
アルミサッシは、あらかじめ壁に埋め込んだ鉄筋（さし筋と呼びます）に、プレートを介して溶接して取り付けます（69頁参照）

※ 陸屋根：陸とは「平ら」という意味です。陸屋根は勾配屋根に比べ施工費が安価なことや、屋上が利用できるなどの特徴があります

内外装の下地
を設ける

RC造部分が出来上がった
ら、内外装下地の工事に
入ります。右図は内装下地
について、下階床は転ばし
床、上階床は置き床、天井
と間仕切壁は軽量鉄骨下地
とした例を示しました。外
壁には塗装仕上げの下地を
施しています。

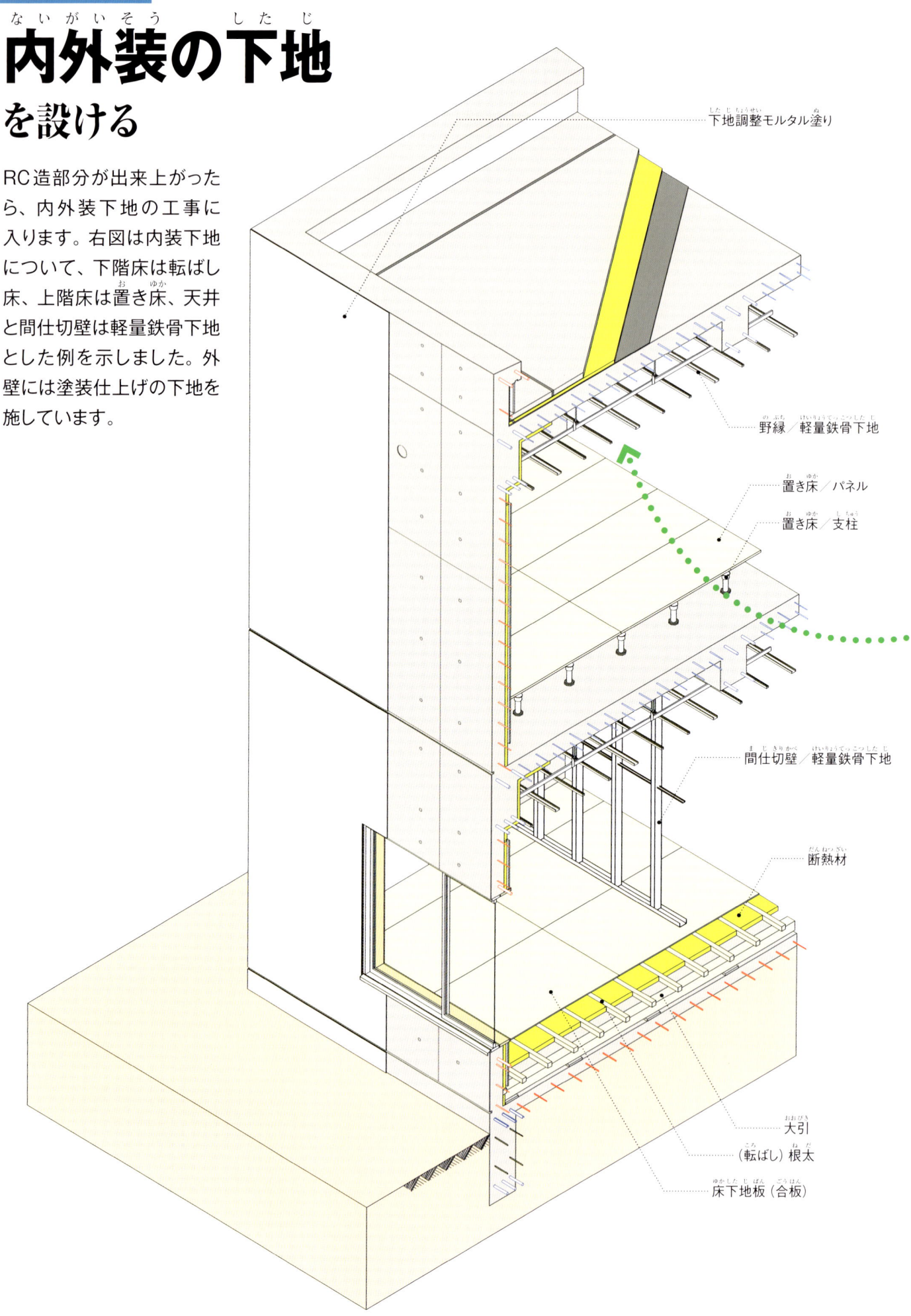

下地調整モルタル塗り

野縁／軽量鉄骨下地

置き床／パネル

置き床／支柱

間仕切壁／軽量鉄骨下地

断熱材

大引

（転ばし）根太

床下地板（合板）

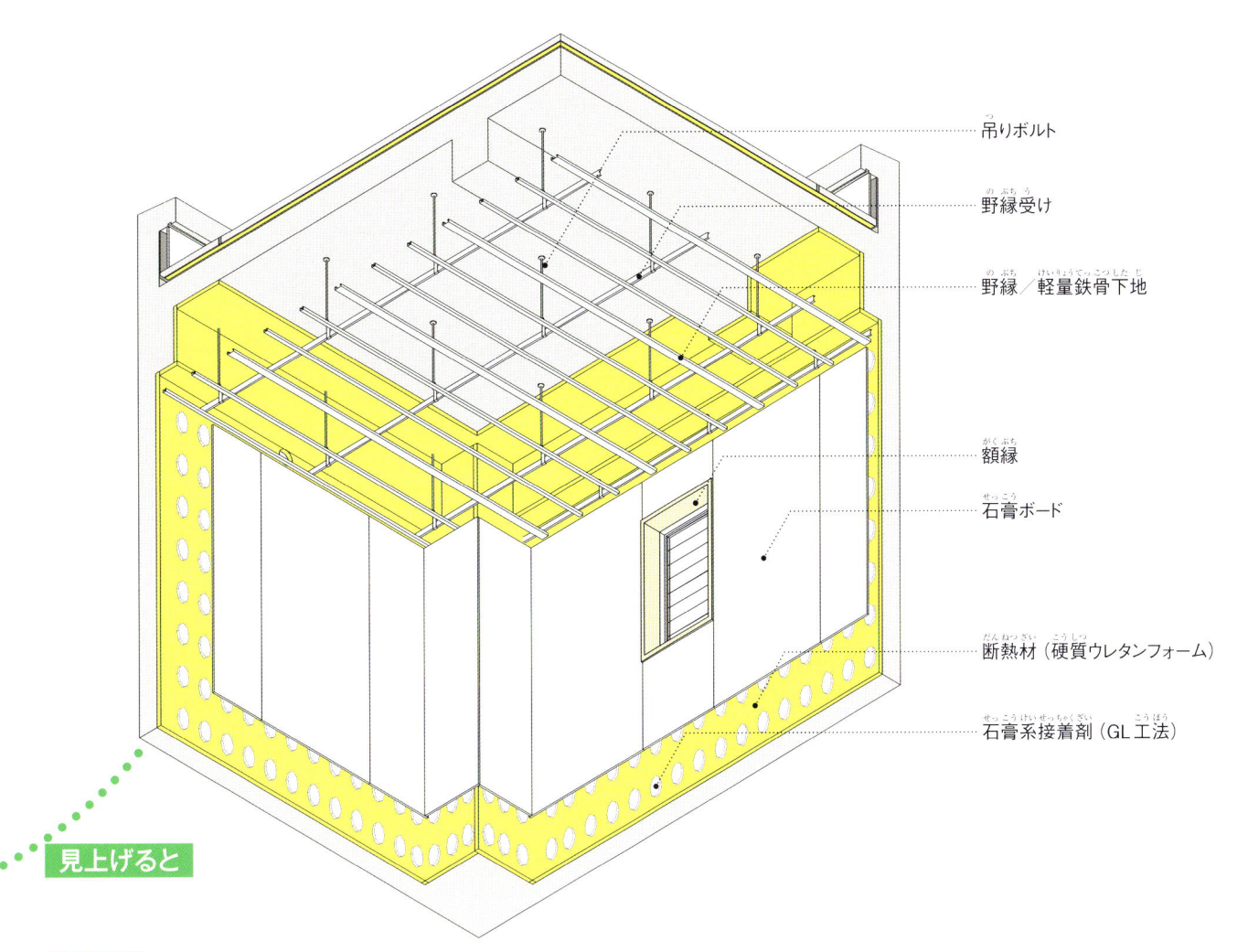

吊りボルト

野縁受け (のぶちうけ)

野縁／軽量鉄骨下地 (のぶち／けいりょうてっこつしたじ)

額縁 (がくぶち)

石膏ボード (せっこう)

断熱材（硬質ウレタンフォーム） (だんねつざい／こうしつ)

石膏系接着剤（GL工法） (せっこうけいせっちゃくざい／こうほう)

見上げると

外壁下地

最終的に塗装仕上げとする場合は、コンクリート面を平滑にするために下地調整モルタルを塗ります。

外周壁の内装下地

外周壁は外部から熱の影響を受けます。快適な内部空間にするためには断熱工事を施さなければなりません。図は断熱材として厚み30mm程度の硬質ウレタンフォームをコンクリート壁の内側に取り付け、石膏系接着剤で石膏ボードを張った（GL工法と呼ばれます。47頁参照）例を示したものです。このような内断熱構法に対して、断熱材を外部に設ける外断熱の構法もあります（50頁参照）。

床下地

下階床は、床スラブの上に直接大引 (おおびき) を設けてその上に根太 (ねだ) （転ばし根太といいます）を設ける方式、上階床は床スラブと床仕上げの間に配管が可能な置き床の方式をそれぞれ例示しています（64・66頁参照）。

間仕切壁・天井下地

天井と間仕切壁の下地を軽量鉄骨［※］で構成する例です。木造住宅のように木を使用する場合もありますが、どちらも構成方法は同じです（54・56頁参照）。

天井・間仕切壁下地／軽量鉄骨（LGS）

※ 軽量鉄骨下地は、厚さ1.6～4mm程度の軽量形鋼（Light Gage Steel (ライト ゲージ スチール) ／略してLGSと呼ばれます）を組み合わせてつくります

内外装の仕上げ
をして完成

下地の工事が終わったら、いよいよ仕上げに入ります。内装工事と並行して各種設備機器の取り付けが行われます。ここでは、外壁は塗装仕上げ、内装の床はフローリング仕上げ、壁・天井は石膏ボード下地にビニルクロス張りの例を示しています。

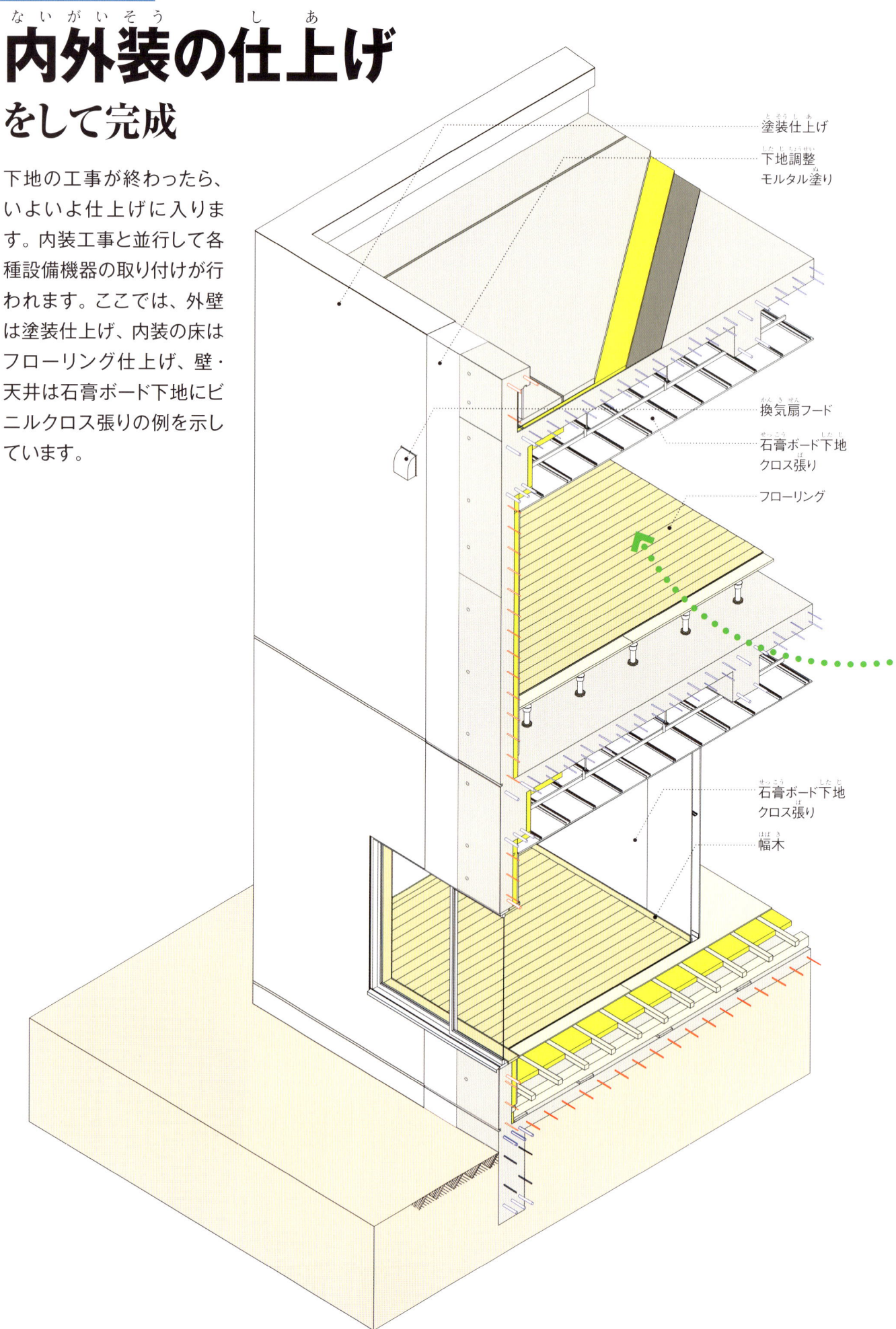

塗装仕上げ

下地調整
モルタル塗り

換気扇フード

石膏ボード下地
クロス張り

フローリング

石膏ボード下地
クロス張り

幅木

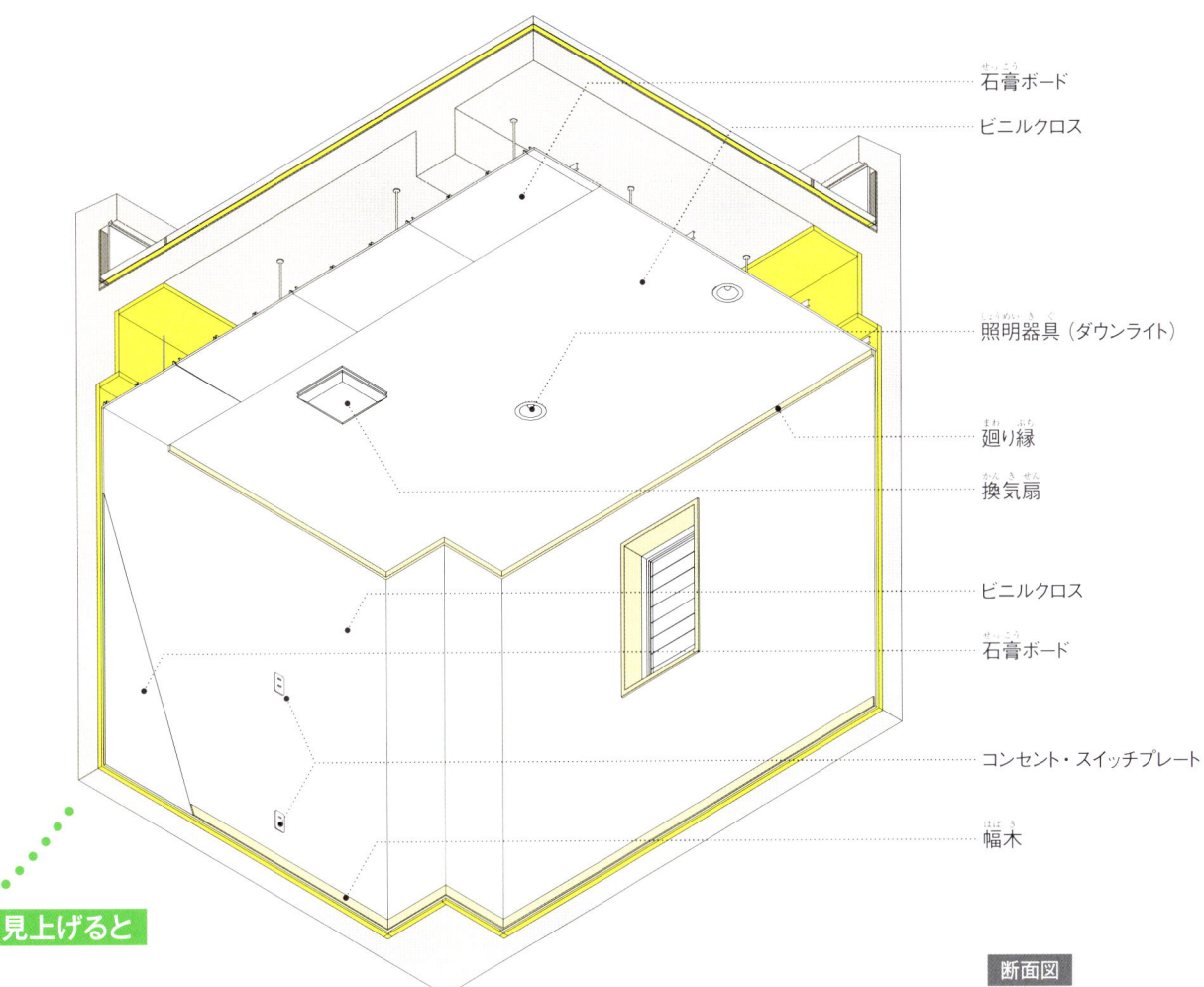

石膏ボード
ビニルクロス
照明器具（ダウンライト）
廻り縁
換気扇
ビニルクロス
石膏ボード
コンセント・スイッチプレート
幅木

見上げると

断熱工事

図は、屋根を外断熱、外周壁を内断熱にした例です。床スラブ・屋根スラブと外壁が取り合う部分はヒートブリッジ［※］を生じやすいので、断熱材を延長して張り、断熱補強を施します。

設備工事

天井には換気扇や照明器具、壁にはスイッチやコンセントなどの各種器具を取り付けます。換気扇のダクトは梁を貫通しないようにあらかじめ通すルートを計画しておきます。

上階の台所、浴室、便所などの排水管も梁と干渉しないように配慮しなければなりません。電灯などの電気配線はRCの壁や床に埋設しますが、給排水管だけはメンテナンスの都合上埋設を避けなければなりません。配管スペースを設けたり、置き床にして床スラブの間を配線・配管スペースに利用することで対応します。

床・壁・天井の取り合い

フローリングやカーペット仕上げの床と壁が取り合う（ぶつかる）部分には幅木を設けます。幅木は靴や清掃具から壁を保護するほか、工事のあらを隠すための役割を果たします。壁と天井が取り合う部分は幅木と同様に廻り縁を設けます。

※　ヒートブリッジ（熱橋）：内断熱構法では屋根スラブ・床スラブ・間仕切壁が断熱材を貫通するため、ここから熱の移動が生じます。これをヒートブリッジといい、断熱効果を低下させる原因となります

断面図

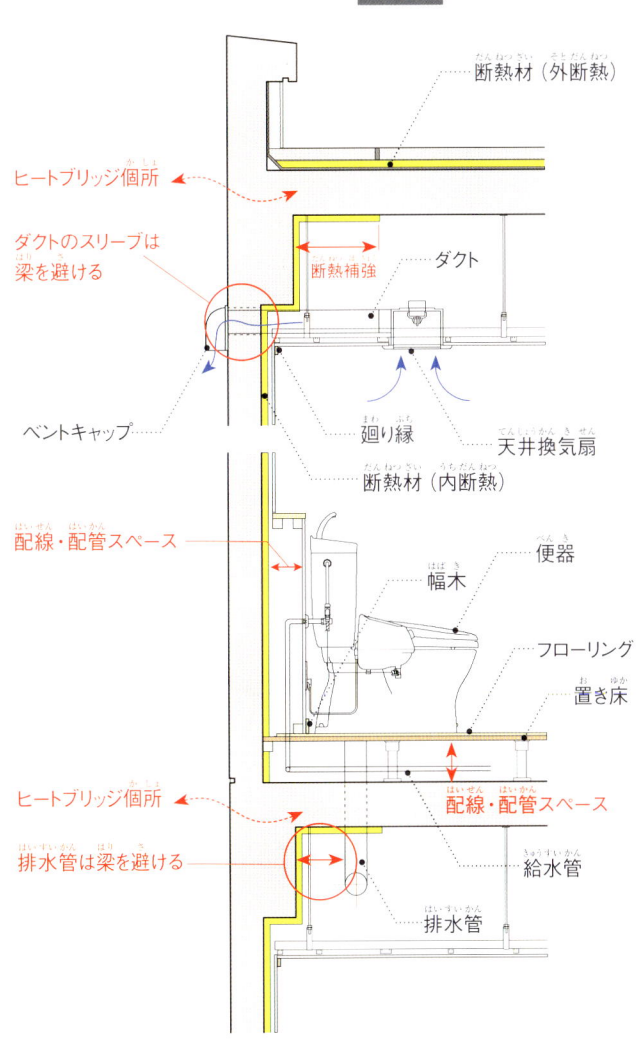

断熱材（外断熱）
ヒートブリッジ個所
ダクトのスリーブは梁を避ける
断熱補強
ダクト
ベントキャップ
廻り縁
天井換気扇
断熱材（内断熱）
配線・配管スペース
便器
幅木
フローリング
置き床
ヒートブリッジ個所
配線・配管スペース
排水管は梁を避ける
給水管
排水管

ラーメン構造の躯体

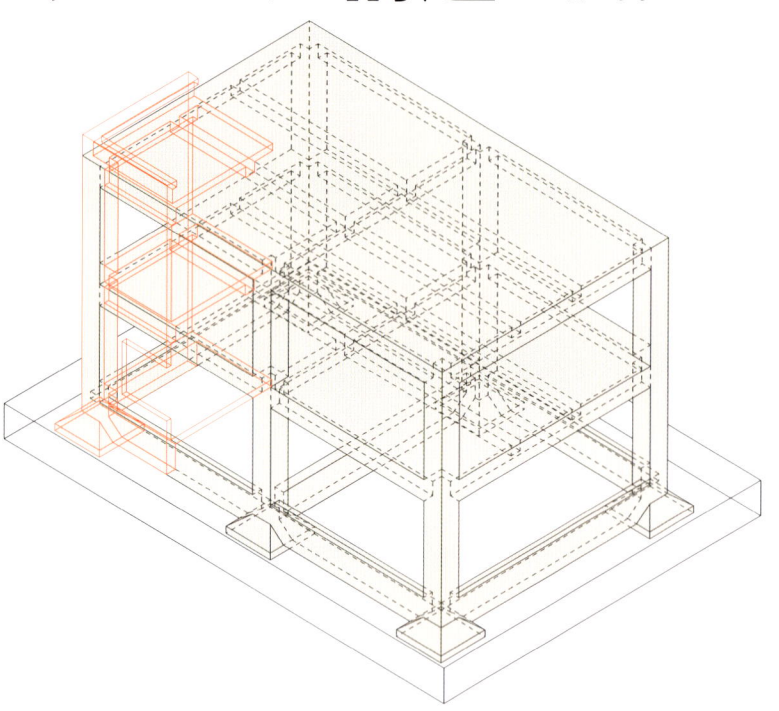

柱と柱に大梁を架けて、接合部を剛にしたうえで床（屋根）スラブを加えるのがラーメン構造です。床（屋根）スラブの面積が大きい場合は小梁を設けます。

柱・梁の断面寸法の目安は、スパン（柱と柱の間隔）の1/10程度です。

ラーメン構造は50階を超える超高層住宅をつくることもできますが、一般には10階以下で、スパンは6〜8m程度が多くなります。

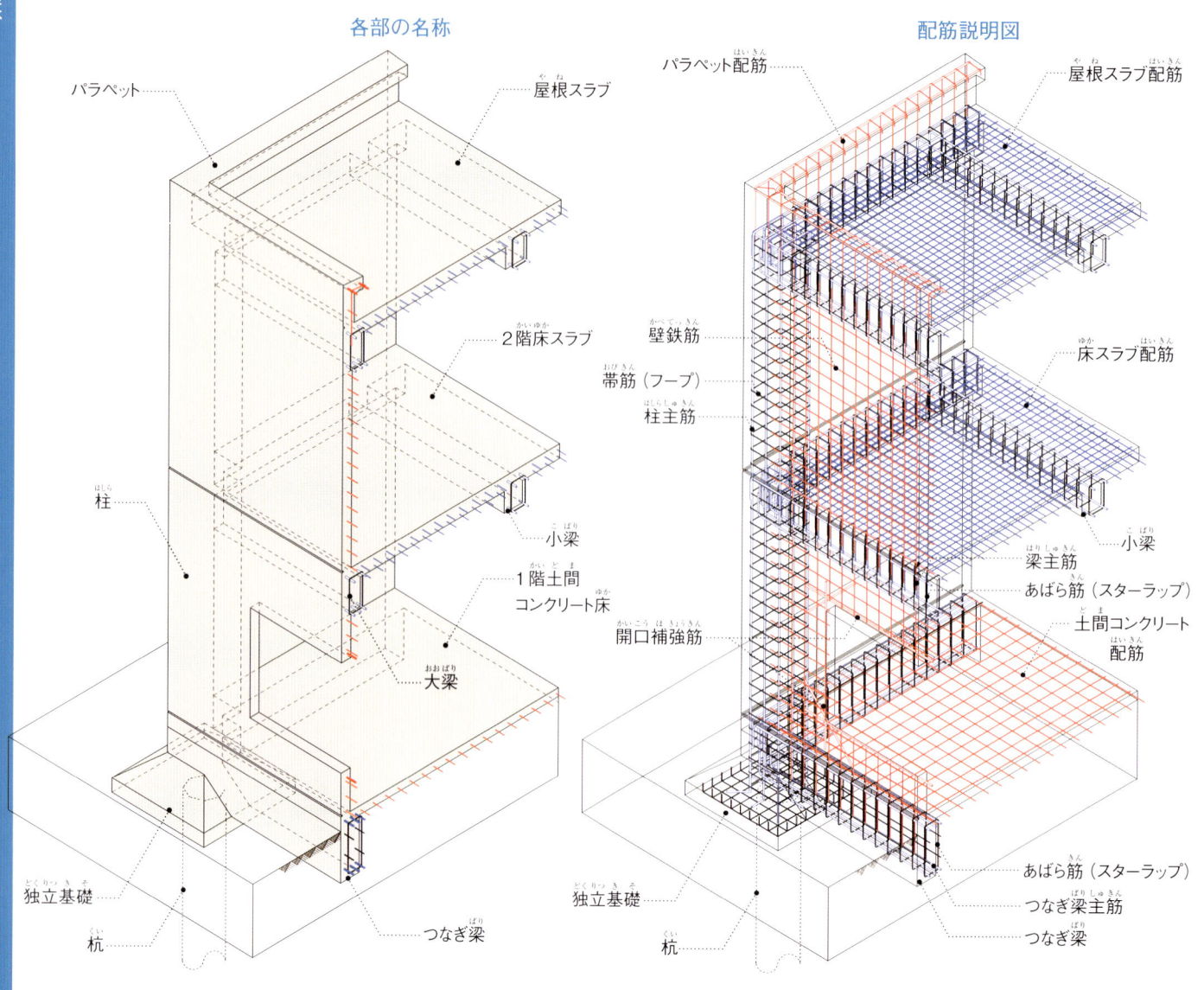

各部の名称

- パラペット
- 屋根スラブ
- 2階床スラブ
- 小梁
- 柱
- 1階土間コンクリート床
- 大梁
- 独立基礎
- 杭
- つなぎ梁

配筋説明図

- パラペット配筋
- 屋根スラブ配筋
- 壁鉄筋
- 帯筋（フープ）
- 柱主筋
- 床スラブ配筋
- 小梁
- 梁主筋
- あばら筋（スターラップ）
- 開口補強筋
- 土間コンクリート配筋
- 独立基礎
- 杭
- あばら筋（スターラップ）
- つなぎ梁主筋
- つなぎ梁

主要な構造要素の配筋は青色で、それ以外は赤色で示しています

壁式構造の躯体

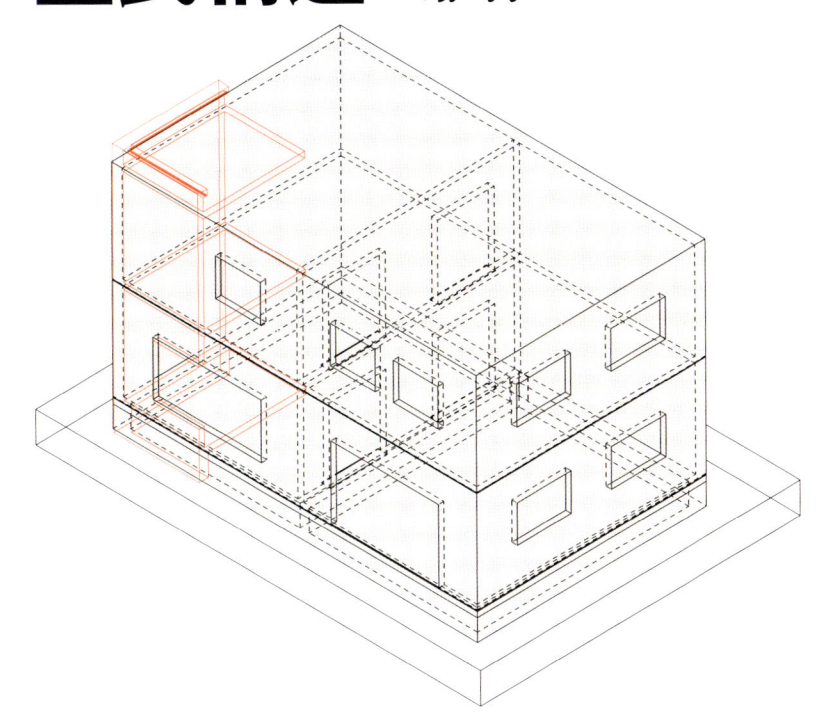

柱や梁の構造を壁として同化した耐力壁と床で構成するのが壁式構造です。

壁式構造は柱形や梁形が出っ張らないので、住宅建築で利用されることの多い構造です。ただし、地上階数5以下などの制約があります。

床や壁を工場でパネル化して、現場で組み立てるものを壁式プレキャスト鉄筋コンクリート造（PCa）といいますが、この構造は主に共同住宅で用いられます。

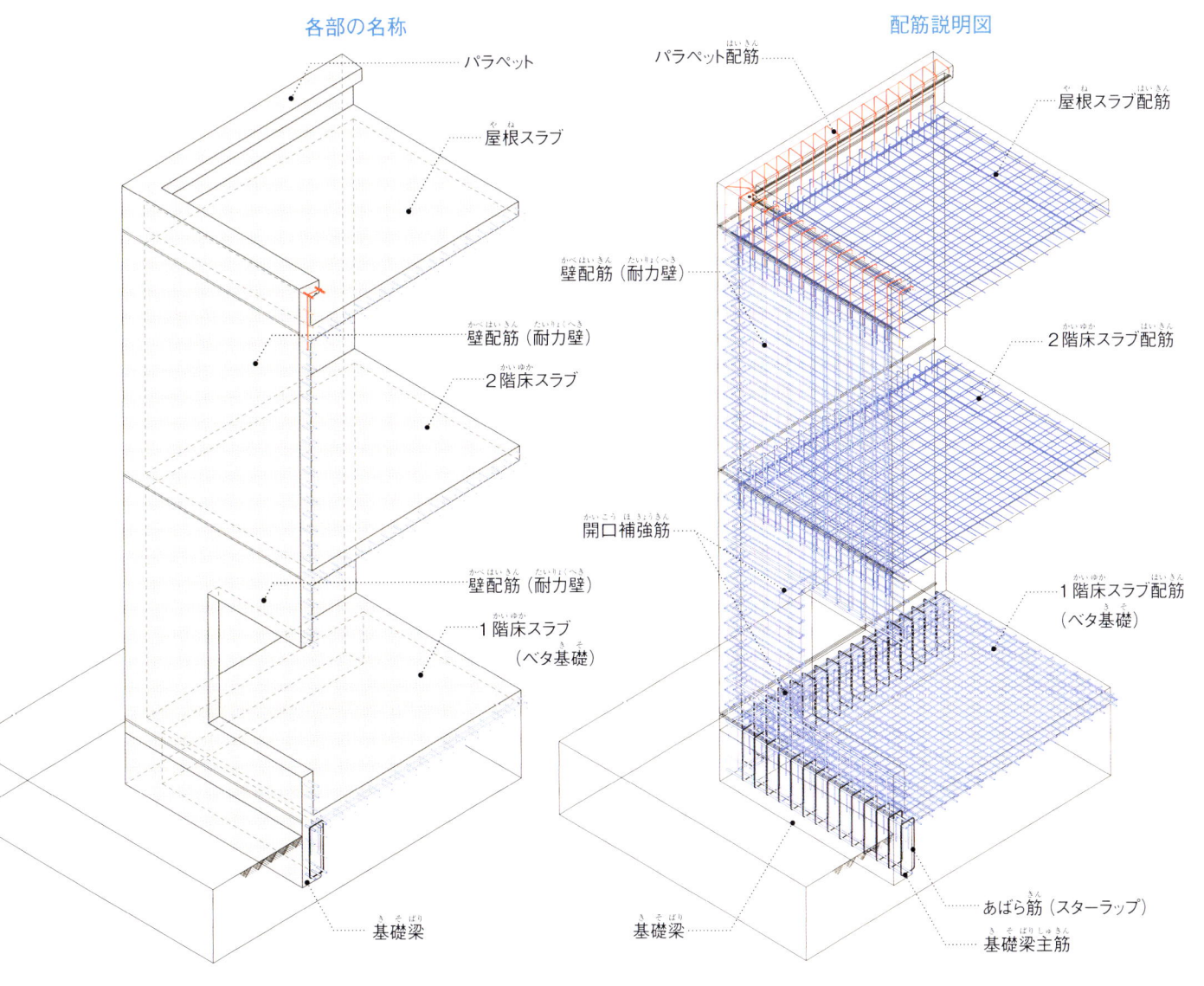

各部の名称

- パラペット
- 屋根スラブ
- 壁配筋（耐力壁）
- 2階床スラブ
- 壁配筋（耐力壁）
- 1階床スラブ（ベタ基礎）
- 基礎梁

配筋説明図

- パラペット配筋
- 屋根スラブ配筋
- 壁配筋（耐力壁）
- 2階床スラブ配筋
- 開口補強筋
- 1階床スラブ配筋（ベタ基礎）
- 基礎梁
- あばら筋（スターラップ）
- 基礎梁主筋

仕上げ、下地、構造（躯体）

建物の各部は、一般に仕上げ、下地、構造（躯体）からなります。建物の表面に見えるものを「仕上げ」といい、見える・見えないに関係なく建物を支えるものを「構造」といいます。下図の外周壁を例にすると、建物を支えている鉄筋コンクリート壁は「構造」（躯体ともいいます）です。建物内外の表面に見えるタイル・クロスは「仕上げ」ですが、タイル・クロスは鉄筋コンクリート壁に直接張り付けることはできません。「仕上げ」と「構造」の間にあって、「仕上げ」の強度・剛性を補完するとともに、建物としての断熱性、遮音性などの性能を補完する働きを持つものが「下地」です。

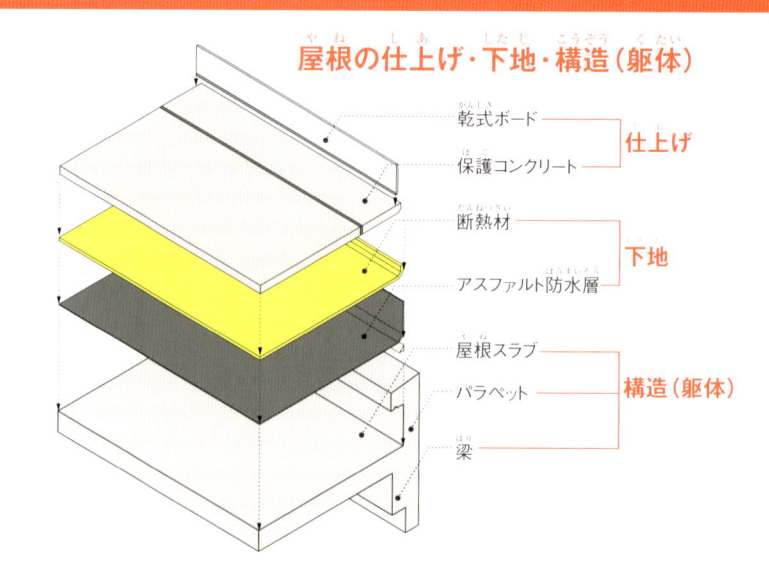

屋根の仕上げ・下地・構造（躯体）

- 乾式ボード — 仕上げ
- 保護コンクリート — 仕上げ
- 断熱材 — 下地
- アスファルト防水層 — 下地
- 屋根スラブ — 構造（躯体）
- パラペット — 構造（躯体）
- 梁 — 構造（躯体）

外周壁の仕上げ・下地・構造（躯体）

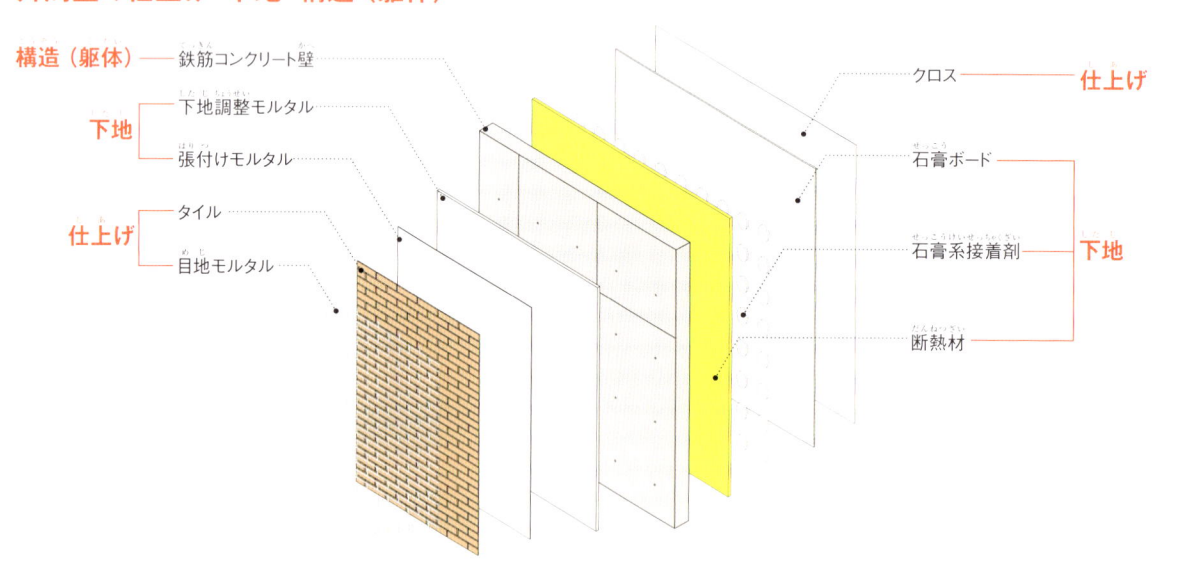

- 構造（躯体）— 鉄筋コンクリート壁
- 下地 — 下地調整モルタル／張付けモルタル
- 仕上げ — タイル／目地モルタル
- クロス — 仕上げ
- 石膏ボード — 下地
- 石膏系接着剤 — 下地
- 断熱材 — 下地

部位・部分と名称

建物は、屋根や床、壁、天井などによって構成され、これらは「部位」と呼ばれます（右図参照）。屋内と屋外を仕切る外周壁、屋内を仕切る間仕切壁などは、鉛直方向の構成の表から裏までを指す言葉ですが、これと同様に、水平方向の構成については屋根、天井、床のことを屋根天井、床天井と呼ぶことがあります。

各部位を構成する「下地」のうち、部位を支えるものを「部位躯体」ということがあります。部位躯体は、それ自体が壊れると関係する屋根や壁が破損しますが、建物の倒壊にまでは影響しません。これに対し、建物躯体（いわゆる躯体）は、それ自体が壊れると建物全体が倒壊に至ります。
屋根の垂木、外周壁の間柱などが部位躯体に相当します。

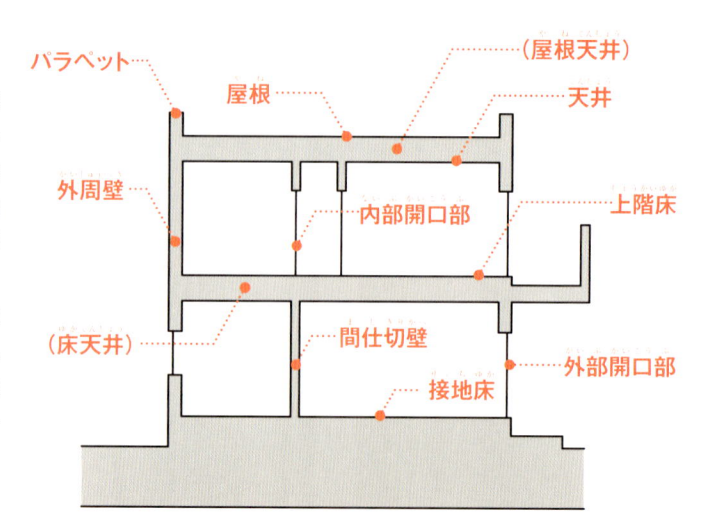

- パラペット
- 屋根
- （屋根天井）
- 天井
- 外周壁
- 内部開口部
- 上階床
- （床天井）
- 間仕切壁
- 外部開口部
- 接地床

屋根や壁、床など、鉄筋コンクリート造でつくる建物を部位ごとに見ていきましょう。
完成した状態から部材を1つずつはがしていく"巻き戻し"の展開により、
各部位のつくりや仕組みを分かりやすく解説します。

本章で取り上げる「つくり方」

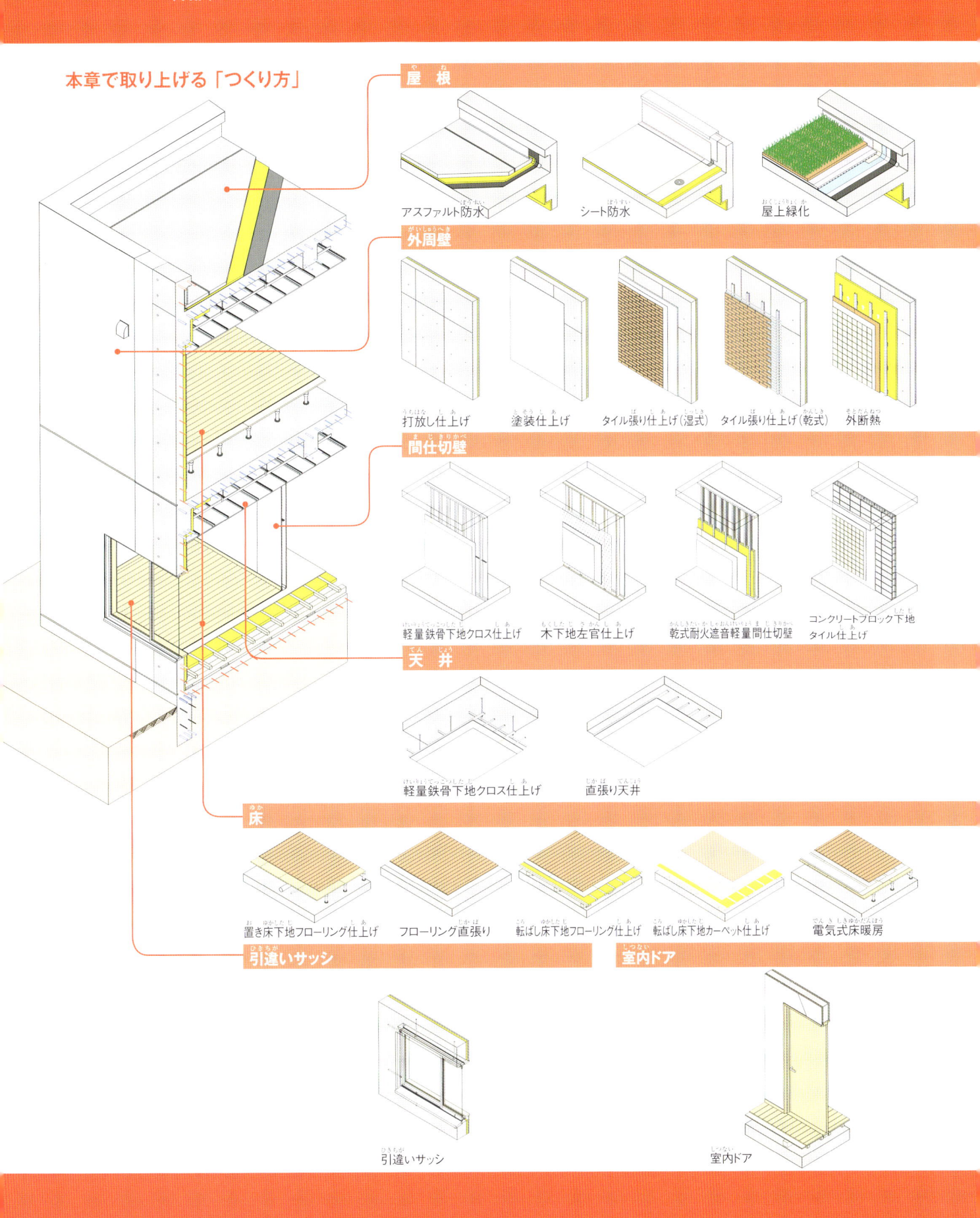

屋 根
アスファルト防水　シート防水　屋上緑化

外周壁
打放し仕上げ　塗装仕上げ　タイル張り仕上げ（湿式）　タイル張り仕上げ（乾式）　外断熱

間仕切壁
軽量鉄骨下地クロス仕上げ　木下地左官仕上げ　乾式耐火遮音軽量間仕切壁　コンクリートブロック下地タイル仕上げ

天 井
軽量鉄骨下地クロス仕上げ　直張り天井

床
置き床下地フローリング仕上げ　フローリング直張り　転ばし床下地フローリング仕上げ　転ばし床下地カーペット仕上げ　電気式床暖房

引違いサッシ
引違いサッシ

室内ドア
室内ドア

陸屋根の防水工法の種類

屋根面と立ち上がり部（パラペット）は、水を通さない連続した面、すなわち防水層で覆う必要があります。ここではRC造の陸屋根の防水工法について、広く用いられているアスファルト防水とシート防水の施工を紹介します。また近年、省エネなどの理由から増加している屋上緑化の施工についても参考として紹介します。建物はラーメン構造をベースに例示しますが、柱形のない壁式もほぼ同様の流れです。

アスファルト防水 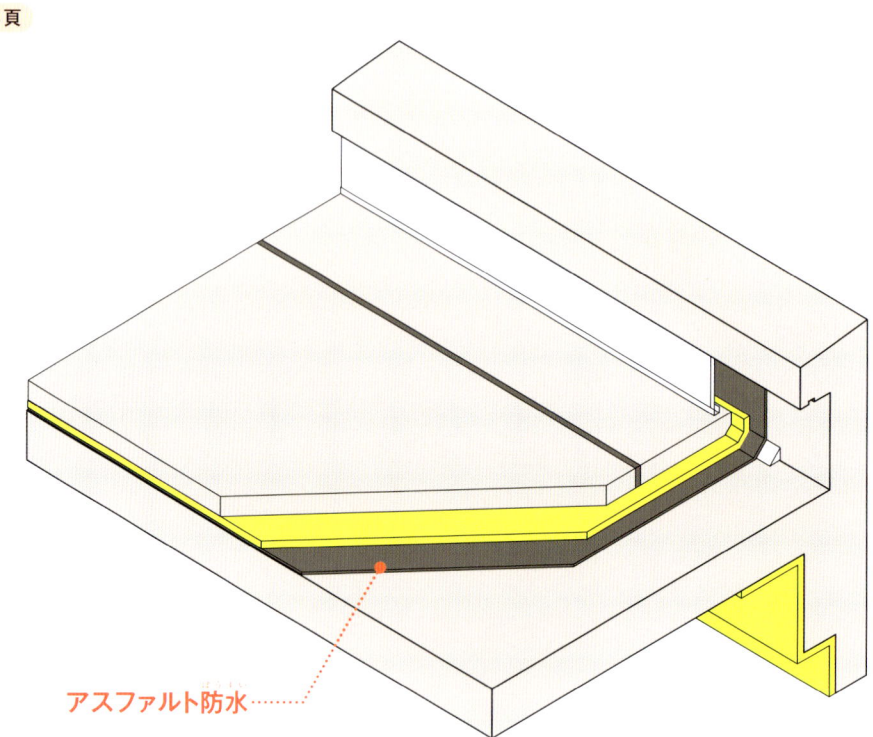 ▶▶ 38頁

最も広く用いられている防水工法。加熱したアスファルトでアスファルトルーフィングを積層し、防水層を形成します。防水層が厚く、性能も安定していますが、作業工程が多く手間がかかるというデメリットがあります。

アスファルト防水……

Point

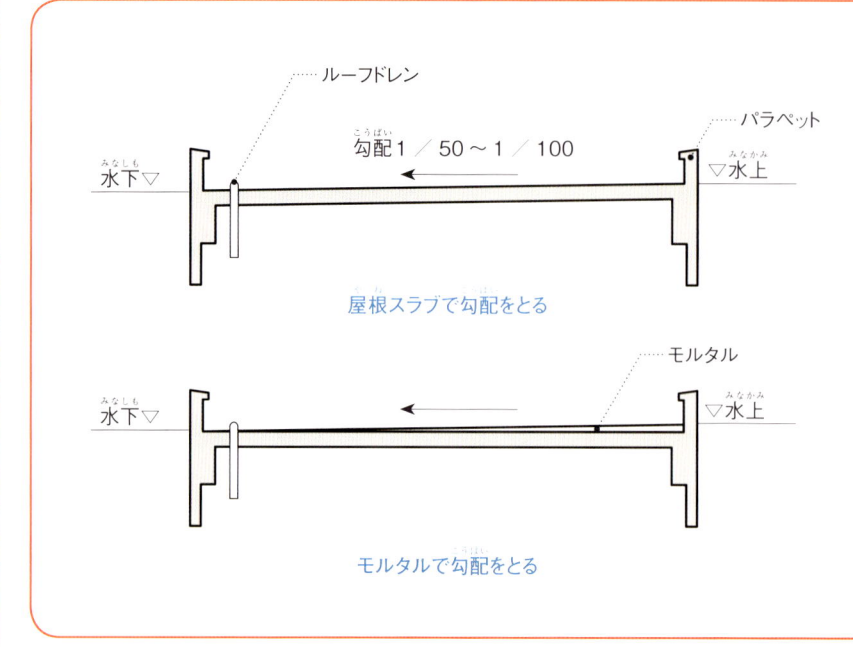

ルーフドレン
勾配 1 ／ 50 〜 1 ／ 100
パラペット
水下▽
▽水上
屋根スラブで勾配をとる

モルタル
水下▽
▽水上
モルタルで勾配をとる

陸屋根の勾配

陸屋根の上にたまった塵埃が雨水とともに流れることで建物の壁面を汚さないように、陸屋根は屋根の周囲を立ち上げ（この部分をパラペットといいます）、ルーフドレンから雨水を排水します。そのため陸屋根では、排水のために1/50から1/100の勾配を取ります。勾配の取り方には、屋根スラブを水平につくり、モルタルで勾配を取る方法もありますが、屋根面積が大きくなるとモルタルの量が増えて不経済です。そこで実際には、屋根スラブ自体で勾配を取る方法が一般的です。

シート防水 ぼうすい ▶▶40頁

シート防水は合成ゴム、塩化ビニル、ポリエチレンなどの合成高分子のシートを、接着剤を用いて張る防水工法です。アスファルトほど紫外線による劣化をしないので、シートの上に何も覆わない（露出防水）のが一般的です。アスファルト防水に比べ、簡便で工期が短いという特徴があります。

シート防水を施工中の様子

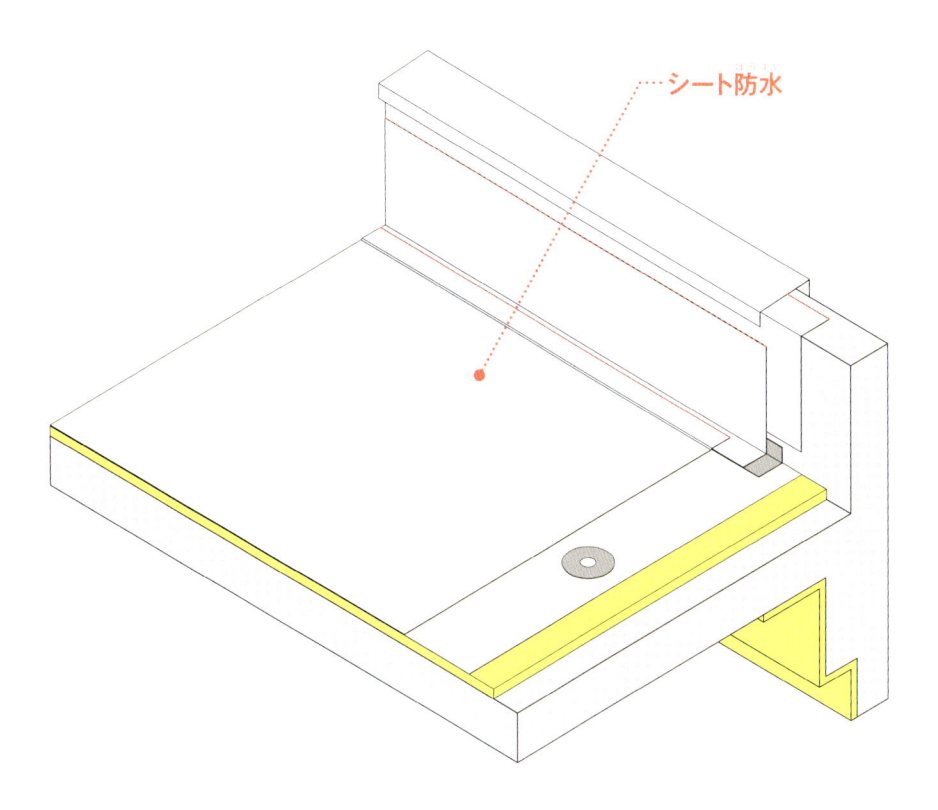

シート防水

屋上緑化 おくじょうりょく か ▶▶42頁

防水工法ではありませんが、アスファルト防水層の上に、防水層の保護を兼ねて客土をのせ、芝やセダムなどの植物で緑化した工法の例です。

屋上緑化のイメージ

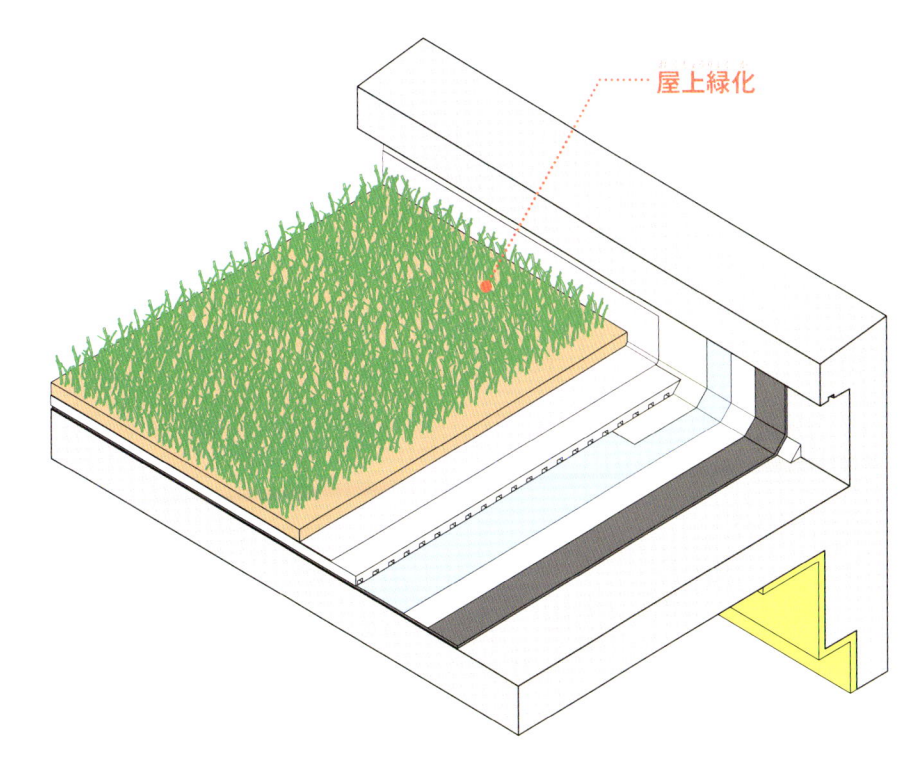

屋上緑化

屋根—アスファルト防水

作業を巻き戻してみよう！

1
仕上げ

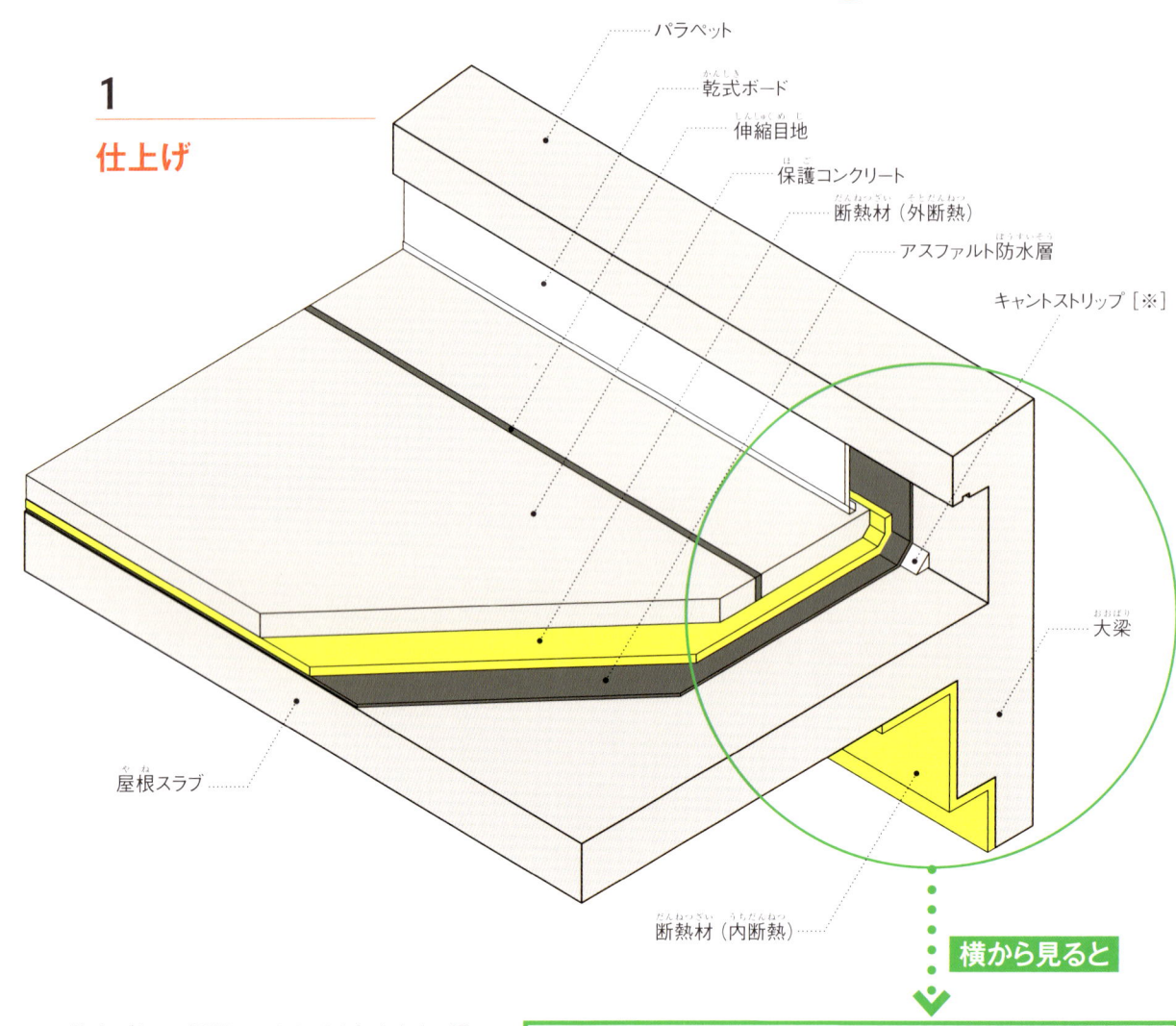

パラペット
乾式ボード
伸縮目地
保護コンクリート
断熱材（外断熱）
アスファルト防水層
キャントストリップ［※］
大梁
屋根スラブ
断熱材（内断熱）

横から見ると

断面図

乾式ボード
保護コンクリート（押えコンクリート）
断熱材（外断熱）
伸縮目地
アスファルト防水層
パラペット
大梁
屋根スラブ
断熱補強
断熱材（内断熱）

屋上面には、仕上げとして保護コンクリートを打ちます。場合により、さらにタイルを張ることもあります。約3m間隔で格子状に目地を入れますが、これは伸縮目地というもので、保護コンクリートが温度により伸縮するのを調整する役割を果たします。線路の継ぎ目と同じ役割です。

また、屋根に降った雨をそのまま垂れ流すと、屋上にたまっている塵埃が雨水とともに外壁面を伝って汚すため、勾配屋根では軒を出し、その先端に樋を設けて処理します。陸屋根の場合は、屋根の外周を立ち上げ（この部分をパラペットといいます）、雨水を1カ所に集めて処理します。パラペットの内側には乾式ボードなどを取り付け、立ち上げ部分の防水層を覆って保護します。

※ キャントストリップ：パラペットなどの立ち上がりの入隅部に入れ、下地の動きによる防水層の破断を防ぐもので、硬質ウレタンフォームが使われます

断熱材を取り付ける

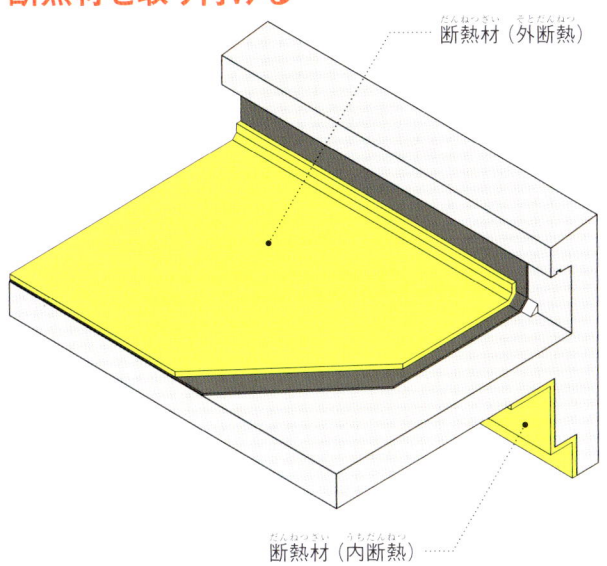

断熱材（外断熱）

断熱材（内断熱）

保護コンクリートの下には断熱材が隙間なく敷き込まれています。かつて断熱材は屋根の下に設けられていましたが、近年はアスファルト防水層やRC造屋根の温度変化を抑えて、耐久性や保温性を向上させることを目的に、RC造屋根の外側に断熱材を配する「外断熱」とするのが一般的になりました（外周壁についてはRC造壁の内側に断熱材を配する「内断熱」が一般的です）。

防水層を設ける

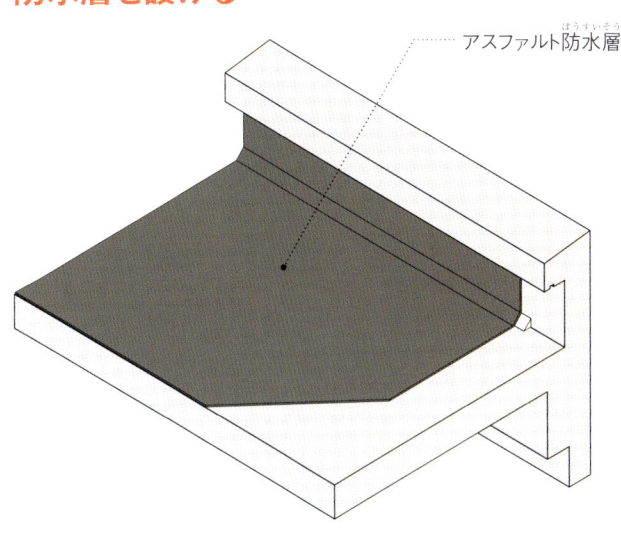

アスファルト防水層

断熱材の下には雨水を防ぐ防水層があります。防水層はパラペット部分まで立ち上げ、雨水が建物内部に浸入しないようにしています。アスファルトを含浸させたシート（アスファルトルーフィングといいます）と溶融したアスファルトを交互に塗り重ねることで防水層を形成する方法が多用されていましたが、近年は、シート状のアスファルトルーフィングを重ね張りする工法が多くなりつつあります。

躯体がある

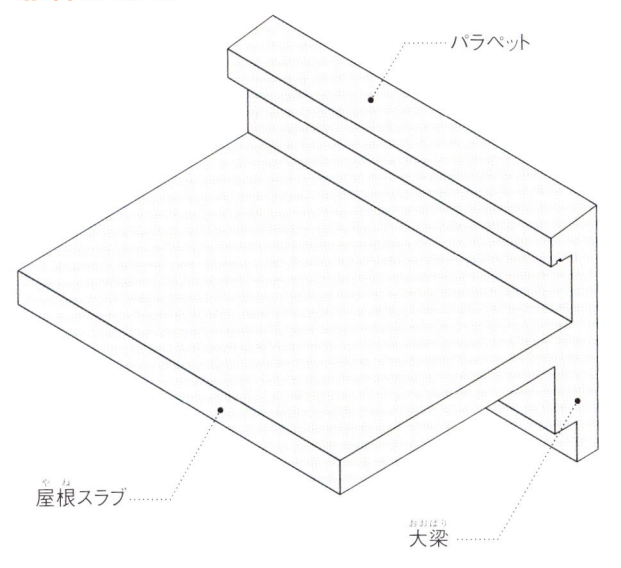

パラペット

屋根スラブ

大梁

防水層の下にはRC造の屋根版（屋根スラブといいます）があります。

RC造ラーメン構造の躯体の断面寸法

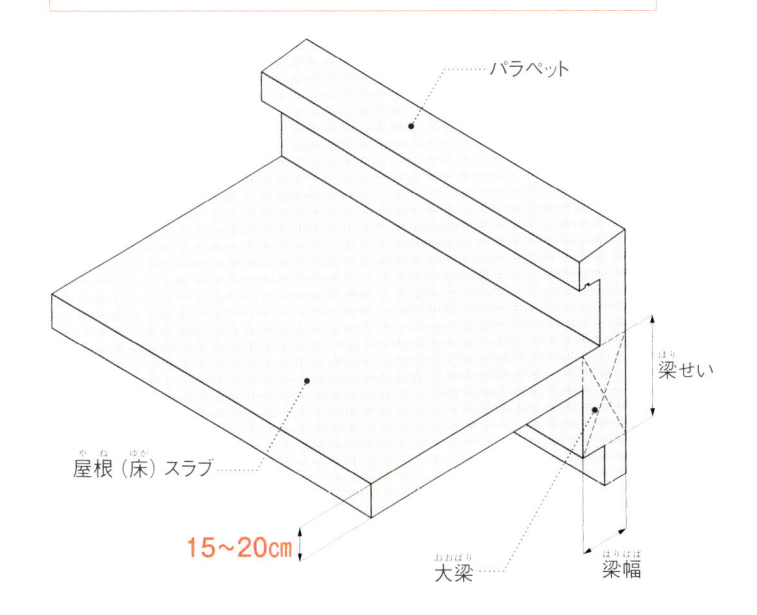

パラペット

屋根（床）スラブ

15〜20cm

大梁

梁幅

梁せい

柱の寸法は、スパン（柱と柱の間隔）の1/10程度、梁の寸法は、梁せいがスパンの1/10、梁幅がせいの1/2程度が目安です。一般的にスパンは6〜8mです。スパン6mなら、柱は60×60cm、梁は、せい60cm×幅30cmとなります。

屋根—シート防水

作業を巻き戻してみよう！

1
完成

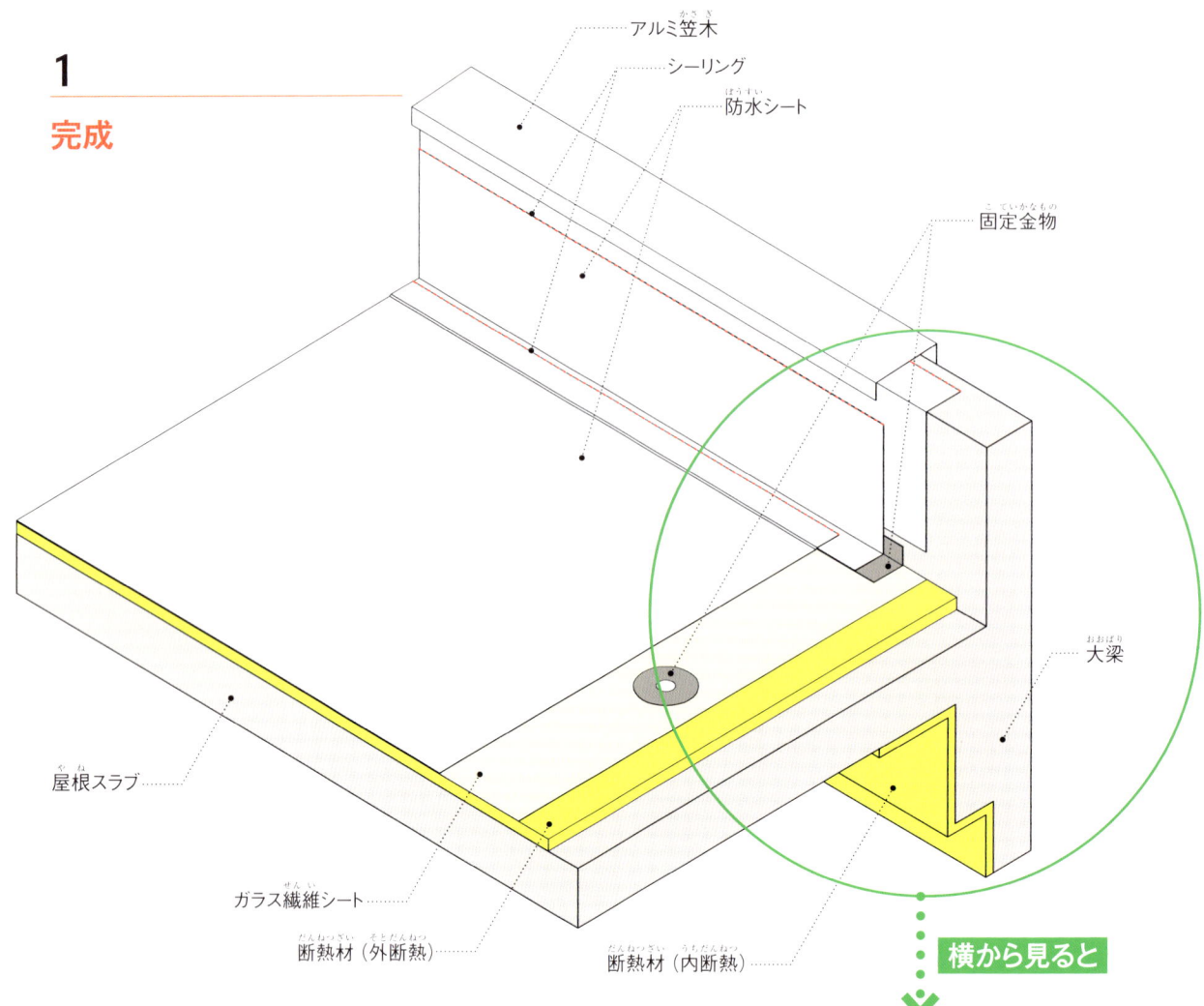

アルミ笠木

シーリング

防水シート

固定金物

大梁

屋根スラブ

ガラス繊維シート

断熱材（外断熱）

断熱材（内断熱）

横から見ると

図は外断熱を採用したシート防水の例です。
防水シートは、躯体に打ち込んだ固定金物を介して接着剤で溶着します。躯体の変形の影響を受けにくいように、躯体と防水シートは全面的に密着させません。防水シートは厚さ2mm、幅1m程度で、重ね張り部分も溶着します。
立ち上げ部分（パラペット）の上面にはアルミ製の笠木をかぶせて、立ち上げ部分からの水の浸入を防ぎます。

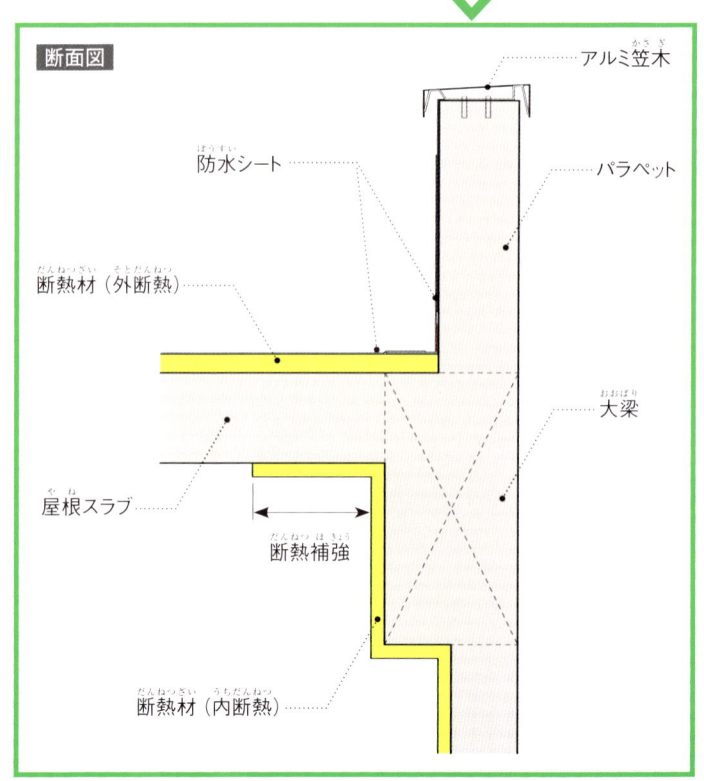

断面図

アルミ笠木

防水シート

パラペット

断熱材（外断熱）

大梁

屋根スラブ

断熱補強

断熱材（内断熱）

2 屋根の防水シートをはがしてみると…

立ち上げ部分の防水シートを張る

立ち上げ部分（パラペット）は防水層が破断しやすい場所なので、防水シートを重ね張りして入念に処理します。防水シートの端部にはシーリングを打ちます。

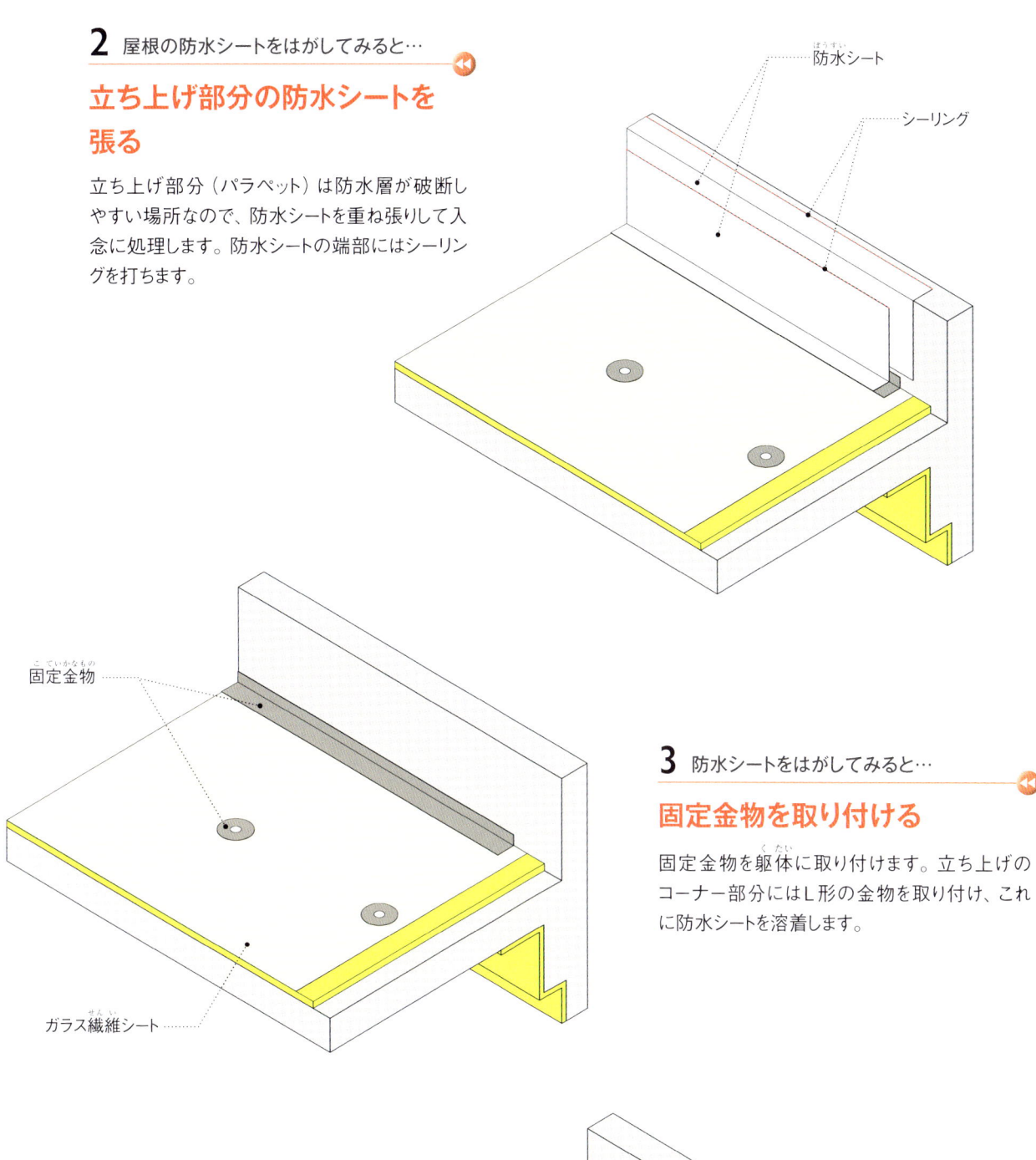

防水シート

シーリング

固定金物

ガラス繊維シート

3 防水シートをはがしてみると…

固定金物を取り付ける

固定金物を躯体に取り付けます。立ち上げのコーナー部分にはL形の金物を取り付け、これに防水シートを溶着します。

4 ガラス繊維シートをはがしてみると…

断熱材がある

屋根スラブの上に硬質ウレタンフォームなどパネル状の断熱材を敷き込みます。内部（屋根スラブの下側）には熱橋（ヒートブリッジ）を防止するための断熱材を、外断熱と重なるように張り「断熱補強」とします。

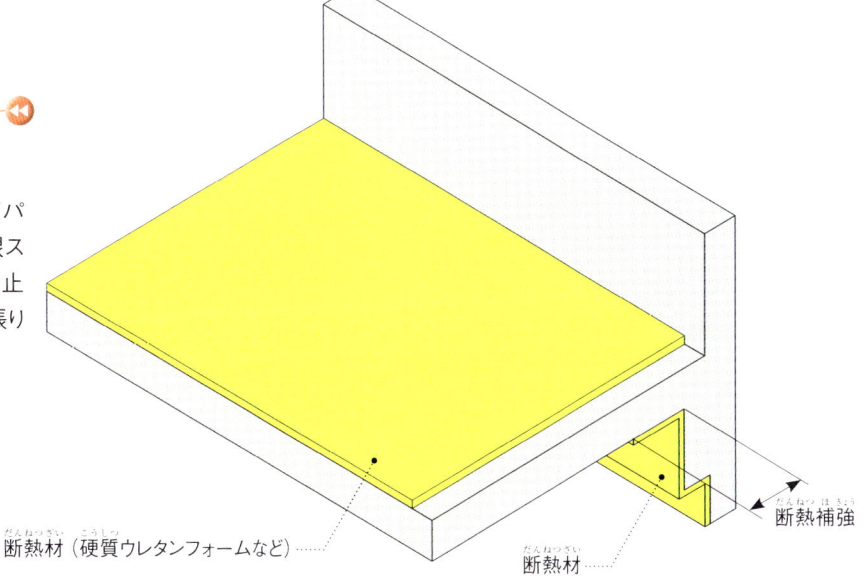

断熱材（硬質ウレタンフォームなど）

断熱材

断熱補強

屋根—屋上緑化

作業を巻き戻してみよう！

1
完成

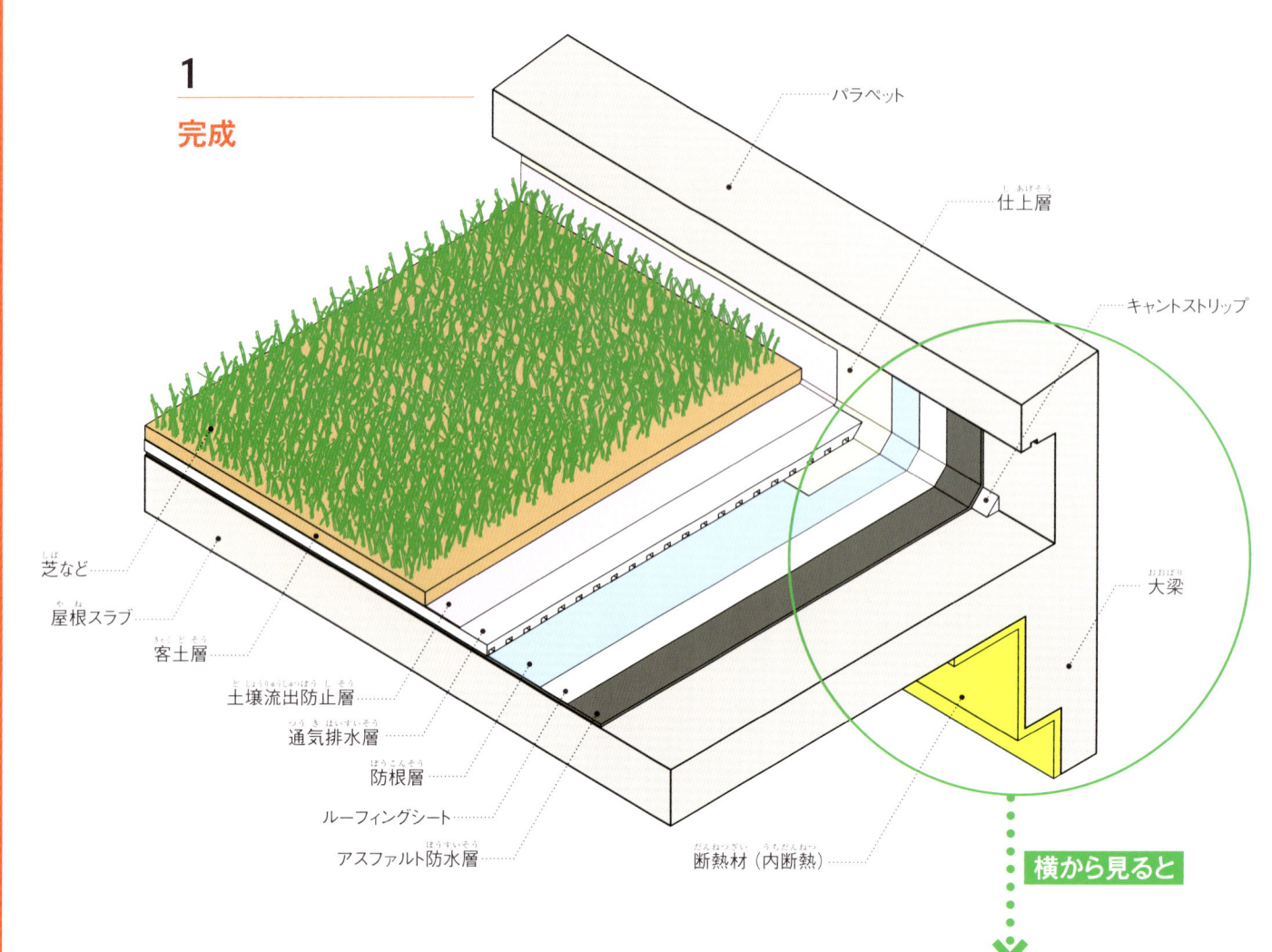

- パラペット
- 仕上層
- キャントストリップ
- 大梁
- 芝など
- 屋根スラブ
- 客土層
- 土壌流出防止層
- 通気排水層
- 防根層
- ルーフィングシート
- アスファルト防水層
- 断熱材（内断熱）

横から見ると

都市部の気温が上昇するヒートアイランド現象を緩和するために、東京都など一部の自治体では一定規模以上の建物を新築する場合、一部分に屋上緑化を義務づける条例が出されています。屋上緑化には、断熱性の向上による省エネ効果、酸性雨や紫外線による防水層などの劣化防止、景観の向上などの効果があります。
施工の際は、防水層の上に緑化のための客土などの下地をつくったうえで植栽します。客土の厚みは植物の種類によって調整します。客土には、保水性、排水性、通気性を保持できる軽量の人工土壌が使われます。
図は、アスファルト防水層に軽量の人工土壌をのせて、芝を植えた緑化屋根の例です。

断面図

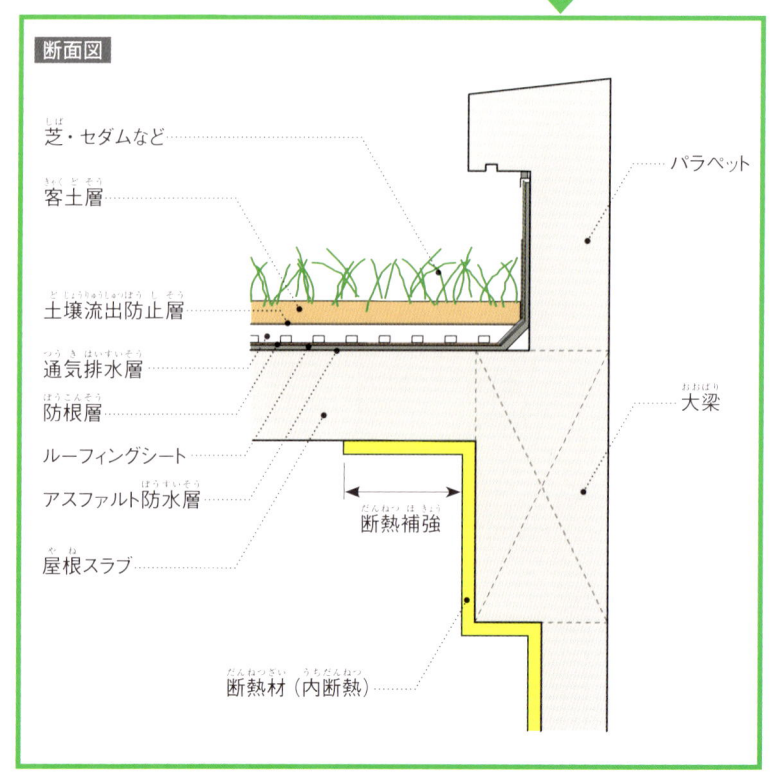

- 芝・セダムなど
- 客土層
- 土壌流出防止層
- 通気排水層
- 防根層
- ルーフィングシート
- アスファルト防水層
- 屋根スラブ
- パラペット
- 大梁
- 断熱補強
- 断熱材（内断熱）

2 芝と客土を取り除くと…

土壌流出防止層と通気排水層を設ける

客土の下には、雨水などで土が流出しないように土壌流失防止層を設けます。その下には、植物の根腐れを防ぐための通気排水層を設けます。

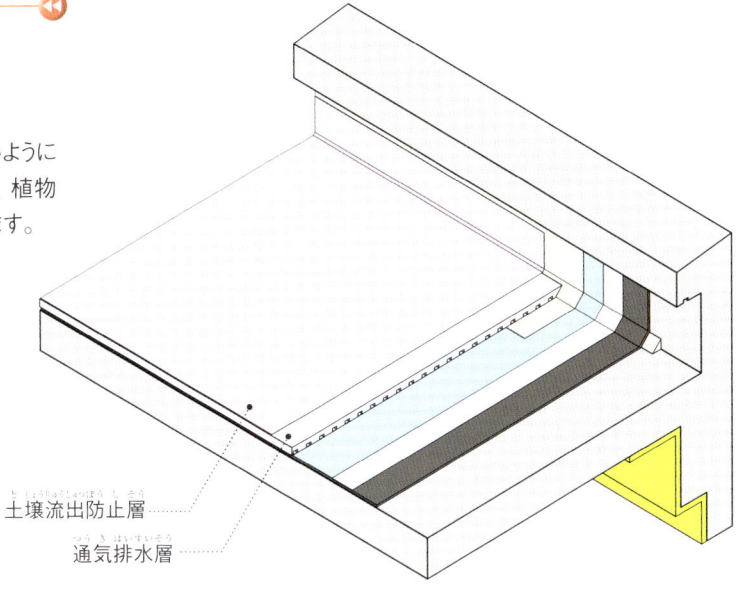

土壌流出防止層
通気排水層

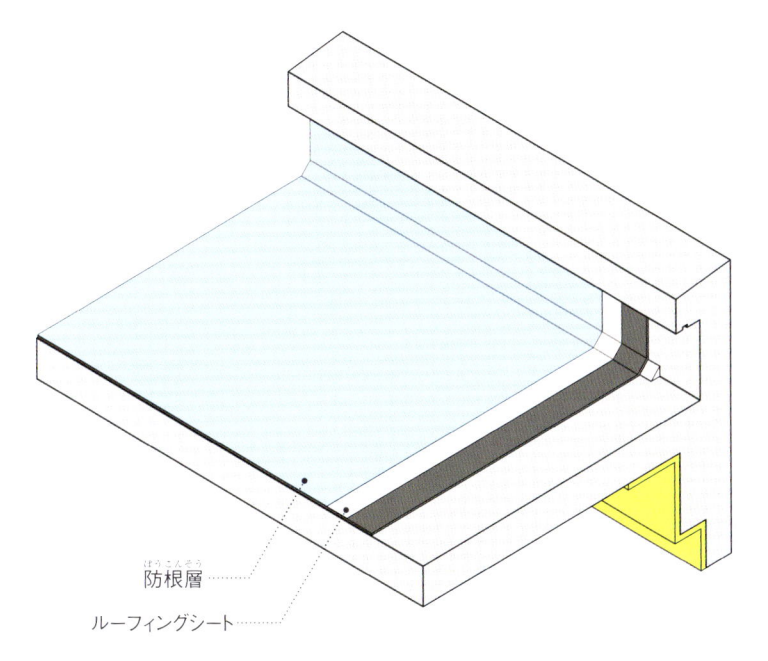

防根層
ルーフィングシート

3 土壌流出防止層と通気排水層をはがしてみると…

防根層とルーフィングシートを張る

植物の根が伸びて土壌を貫通し、防水層を破断するのを防ぐのが防根層です。その下のルーフィングシートは、さらに防水層を保護するためのものです。

4 防根層とルーフィングシートをはがしてみると…

アスファルト防水層がある

幅1mのアスファルトルーフィングを、溶かしたアスファルトで接着します。この作業を2〜3回繰り返し、厚さ8〜10mmの防水層を形成します。

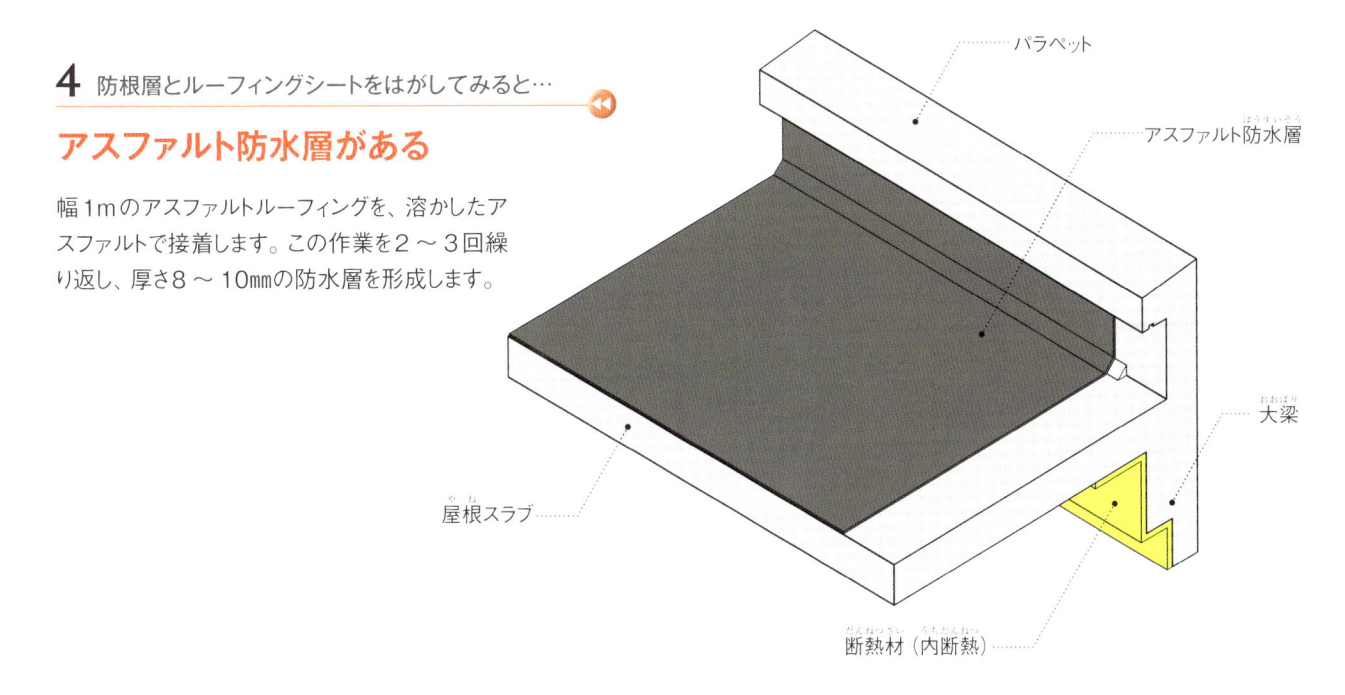

パラペット
アスファルト防水層
大梁
屋根スラブ
断熱材（内断熱）

外周壁仕上げの種類

外壁とその内側にある内壁とをあわせて外周壁といいます。外壁に求められる性能のなかでも、防水性（雨仕舞）と防火性は特に重要です。鉄筋コンクリートは表面のひび割れなどから水が浸入して内部の鉄筋に達すると、発錆の原因となり建物の寿命に悪影響を及ぼします。したがって防水に関しては、塗装を施したりタイルを張るなどしてその性能を高める必要があります。防火に関しては、鉄筋コンクリート自体が耐火性能をもつので特に問題はありません。

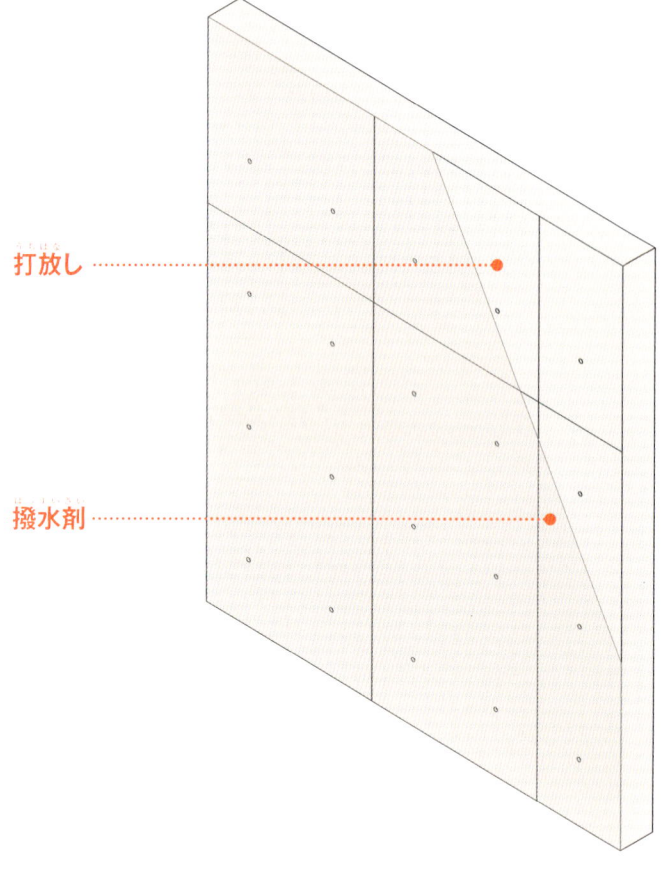

打放し

撥水剤

打放し仕上げ

コンクリート面をそのまま仕上げにしたもので、コンクリートの素材感が表現されます。型枠の目地、セパレーターのPコーン穴が意匠のアクセントになります。合板の型枠以外にも小幅板などを使うと異なった表情になります。打放し仕上げは、鉄筋コンクリートの耐久性、雨仕舞の維持が弱点になるので、かぶり厚さ（19頁参照）を増やしたり、撥水剤を塗装するなどの配慮が必要になります。

塗装仕上げ ▶▶ 46頁

塗装仕上げに使われる塗料には、アクリル、ウレタン、シリコン、フッソなどがあります。この順番で耐久性が高くなります。フッソの耐久性の維持期間は20年程度、アクリルの耐久性の維持期間は5年程度といわれています。塗装にはスプレー、はけ、ローラーが用いられ、さまざまな仕上げの表情が表現できます。

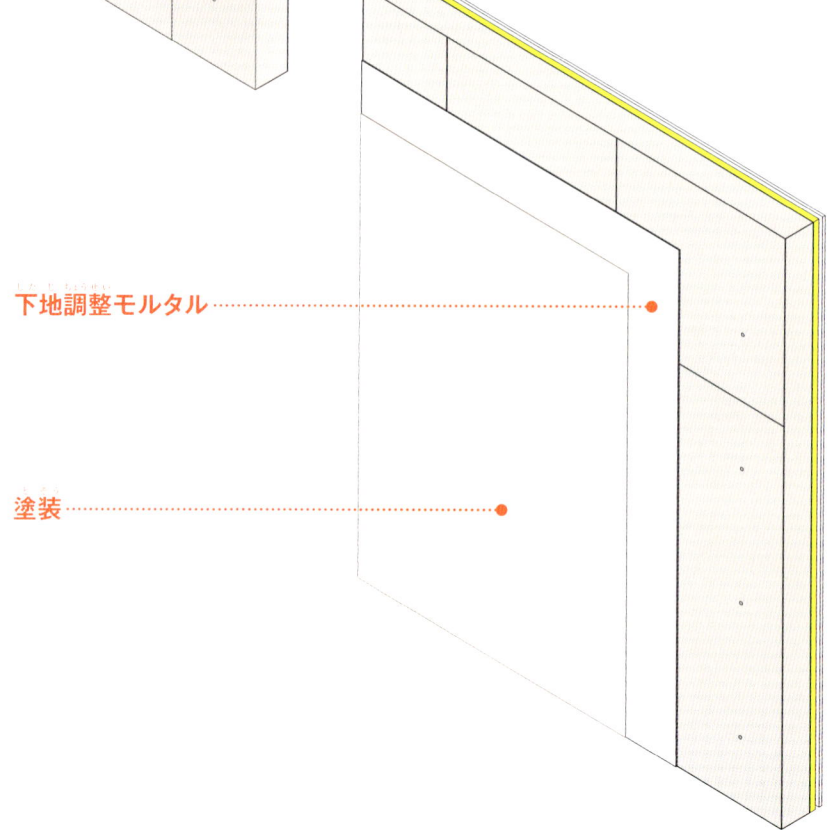

下地調整モルタル

塗装

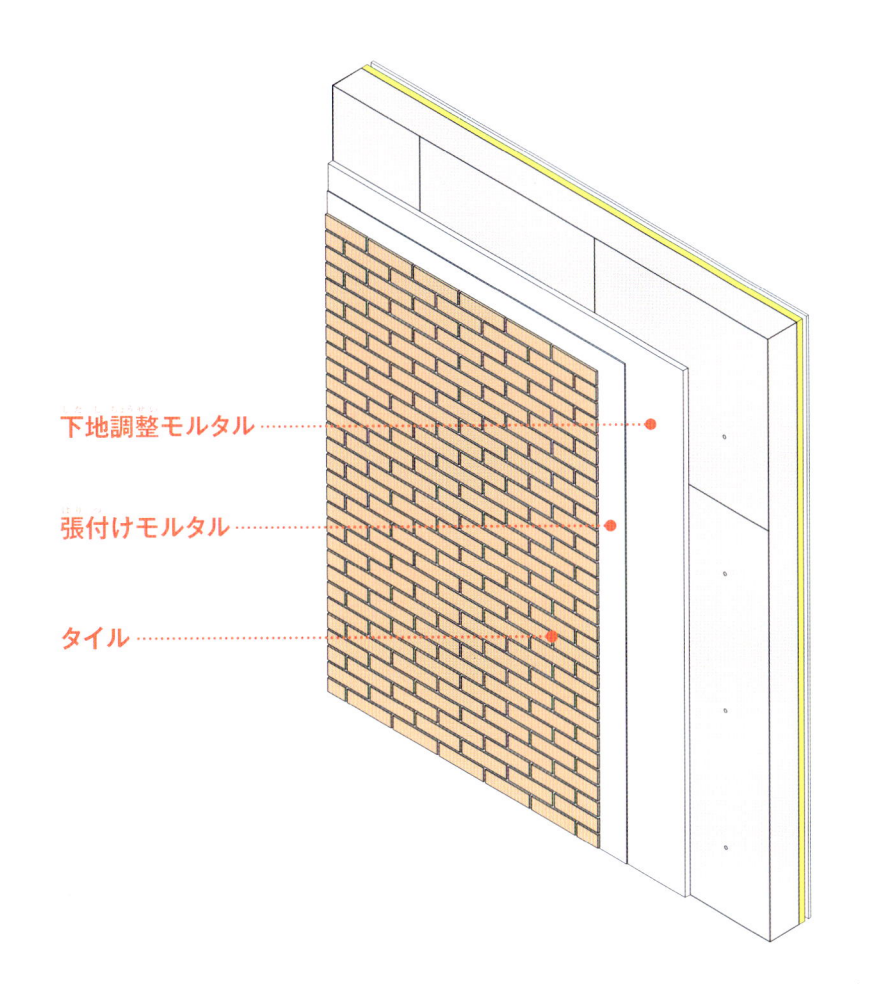

下地調整モルタル

張付けモルタル

タイル

タイル張り仕上げ

▶▶ 48頁

コンクリートを保護するためにタイルを張るのは好ましい仕上げといえますが、経年劣化によりタイルが剥落する例は少なくありません。圧着張り工法などさまざまな改良がされていますが、完全といえる工法はまだありません。タイルには、素地の質や吸水率の違いによって、陶器質タイル、せっ器質タイル、磁器質タイルがあり、この順番で吸水率が低くなります。外壁には吸水率の低い磁器質タイルが使用されます。

外断熱（タイル張り仕上げ） ▶▶ 50頁

コンクリート躯体の温度変化を少なくするには、内断熱より外断熱のほうが優れています。図は壁の外側に断熱材を張り、たて胴縁を設け、下地ボードを張り、タイルを接着剤で張って仕上げとした例です。仕上げはタイル以外にサイディング、石張りなどがあります。たて胴縁の隙間を利用して通気層としています。通気層は躯体からの湿気を排出したり、遮熱したりする効果があります。

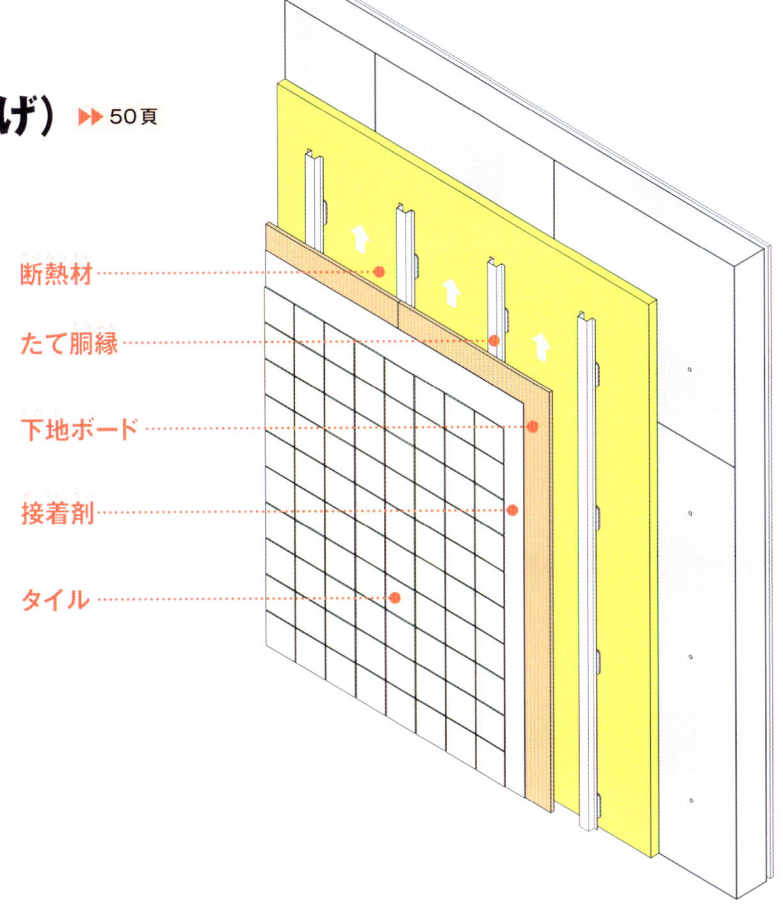

断熱材

たて胴縁

下地ボード

接着剤

タイル

外周壁（がいしゅうへき）―塗装仕上げ（とそうしあ）

コンクリート躯体（くたい）のひび割れなどは、下地調整モルタルで表面を平滑にして十分乾燥させることで処理します。

図の塗装は1層で表現しましたが、実際には塗装が厚くならないように数回に分けて行います。下塗りは、上塗り塗料に加え、下地の密着性を高めるためのシーラーという塗料を塗ります。作業は気温5℃以下、湿度85%以上の状態では行いません。

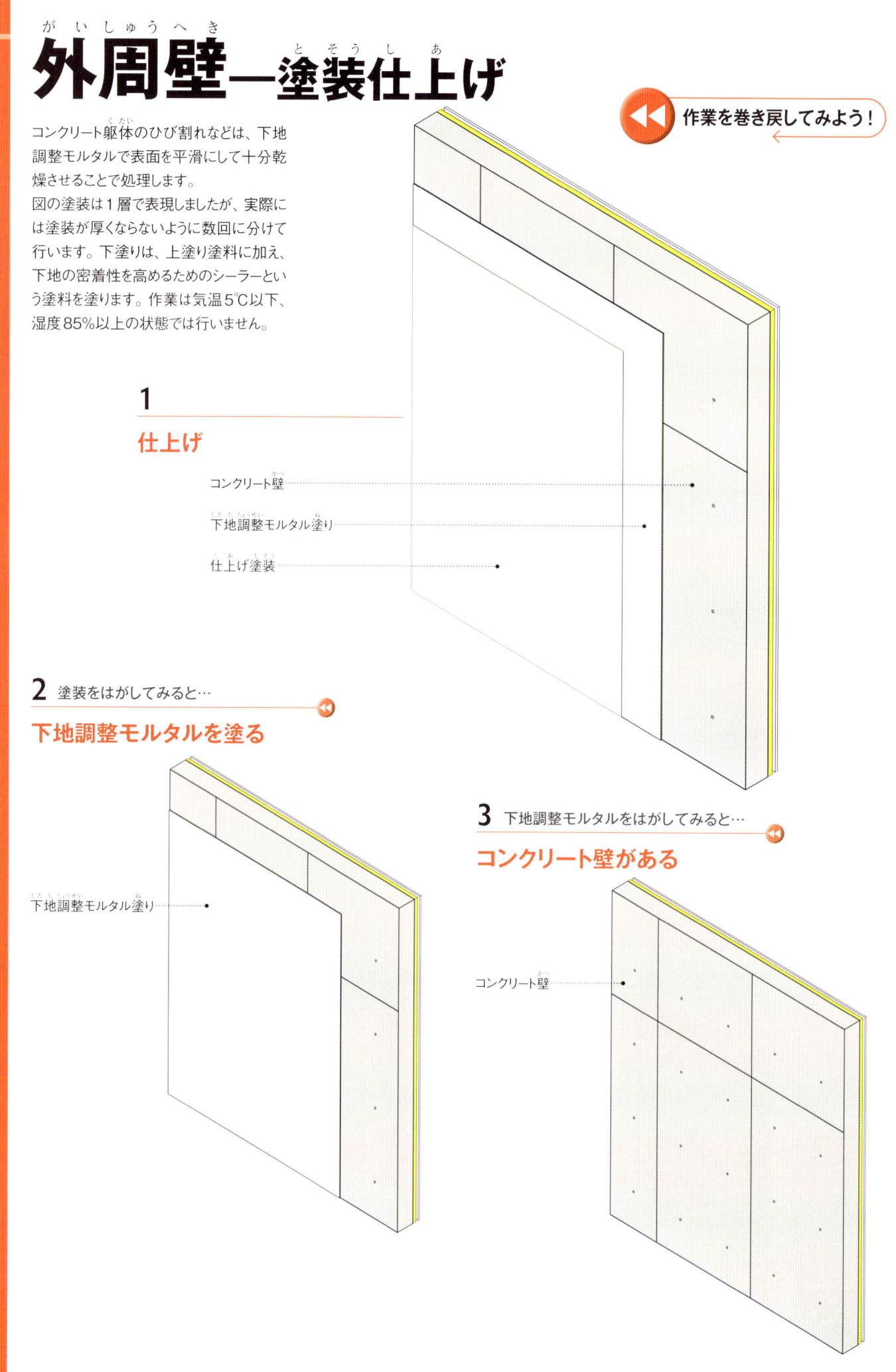

作業を巻き戻してみよう！

1 仕上げ

コンクリート壁（かべ）

下地調整（したじちょうせい）モルタル塗（ぬ）り

仕上（しあ）げ塗装（とそう）

2 塗装をはがしてみると…
下地調整モルタルを塗る

下地調整（したじちょうせい）モルタル塗（ぬ）り

3 下地調整モルタルをはがしてみると…
コンクリート壁がある

コンクリート壁（かべ）

内壁から見ると

作業を巻き戻してみよう！

1
仕上げ

内壁の仕上げは木造同様、クロス張りが多く、クロスの下には全面に石膏ボードを張ります。

石膏ボードの下地は木造同様、胴縁とする場合もありますが、現在は石膏系接着剤を団子状に点付けしたものによる工法が多用されています（GL工法と呼ばれます [※]）。

石膏ボードの継ぎ目は、パテ処理をして平滑にしてからクロスを張ります。図は断熱材を室内側に設けた内断熱の場合を示しています。

コンクリート壁
断熱材
石膏系接着剤
石膏ボード
ビニルクロス

2 ビニルクロスをはがしてみると…
石膏ボードを張る

石膏ボード
パテ

GL工法の作業
写真提供：吉野石膏

3 石膏ボードをはがしてみると…
断熱材と石膏系接着剤がある

断熱材
石膏系接着剤

※　GL工法では、石膏系接着剤の位置などについて規定があります

外周壁—タイル張り仕上げ

改良圧着張り工法

コンクリート壁のタイル張りには、改良圧着張り工法、接着剤張り工法、乾式工法、打ち込み工法［※］などがあります。ここでは改良圧着張り工法と乾式工法を紹介します。

改良圧着張り工法は、下地調整モルタルの上に張付けモルタルを塗り、タイルの裏面にも張付けモルタルを塗ったうえで、たたいて押さえながら張っていきます。タイルの張り付け後、目地モルタルを詰めます。

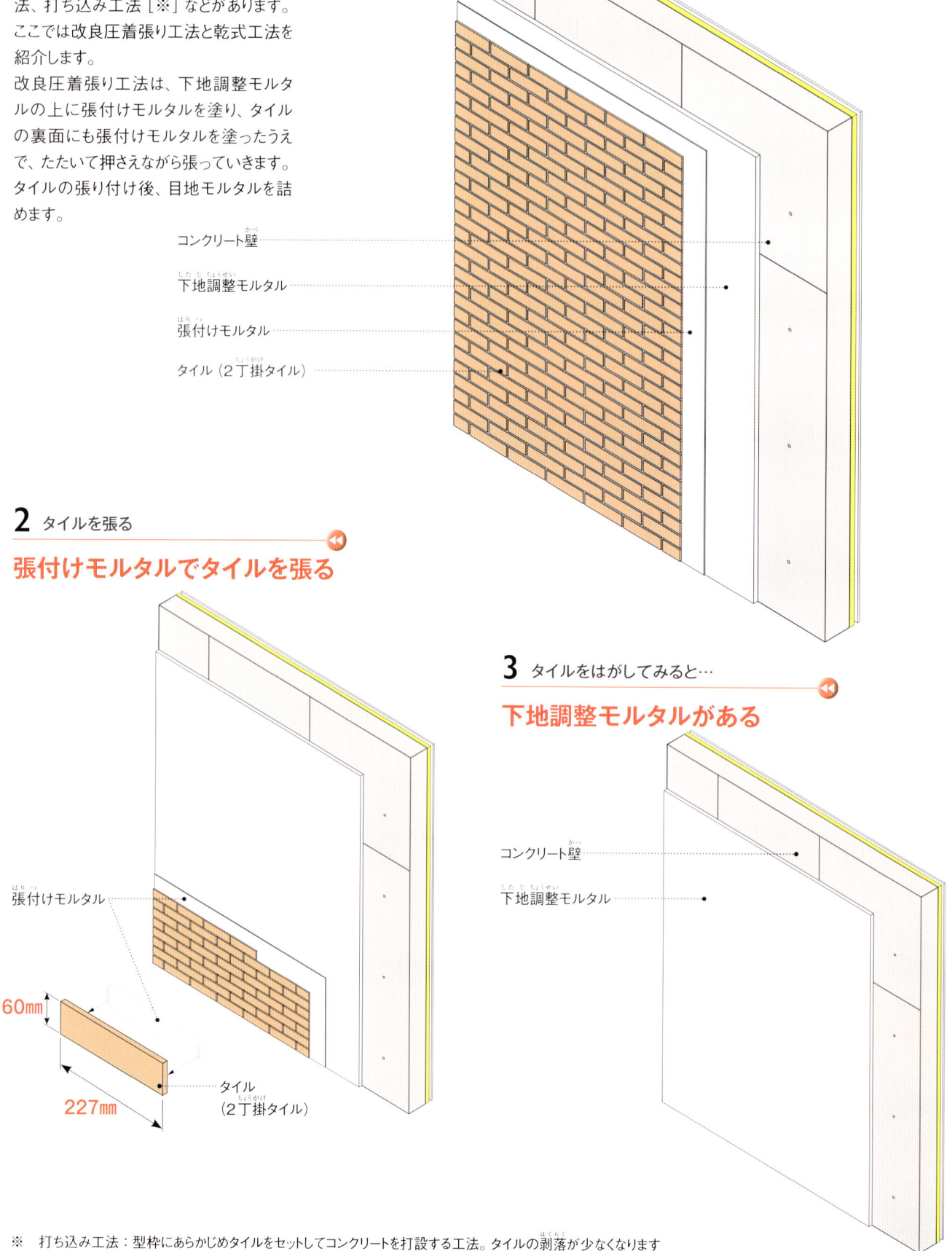

1 仕上げ

作業を巻き戻してみよう！

コンクリート壁

下地調整モルタル

張付けモルタル

タイル（2丁掛タイル）

2 タイルを張る

張付けモルタルでタイルを張る

張付けモルタル

60mm

227mm

タイル
（2丁掛タイル）

3 タイルをはがしてみると…

下地調整モルタルがある

コンクリート壁

下地調整モルタル

※ 打ち込み工法：型枠にあらかじめタイルをセットしてコンクリートを打設する工法。タイルの剥落が少なくなります

乾式工法

乾式工法では、下地調整モルタルや張付けモルタルを使いません。コンクリート壁にホールインアンカーで鋼製のたて胴縁を取り付け、金属製のレールをビスで胴縁に取り付けることで下地を構成します。このレールにタイルをはめ込んで張り、タイルの張り付け後、目地の処理をします。なお、タイルは専用のものが使われます。施工も簡便で工期も短縮できます。

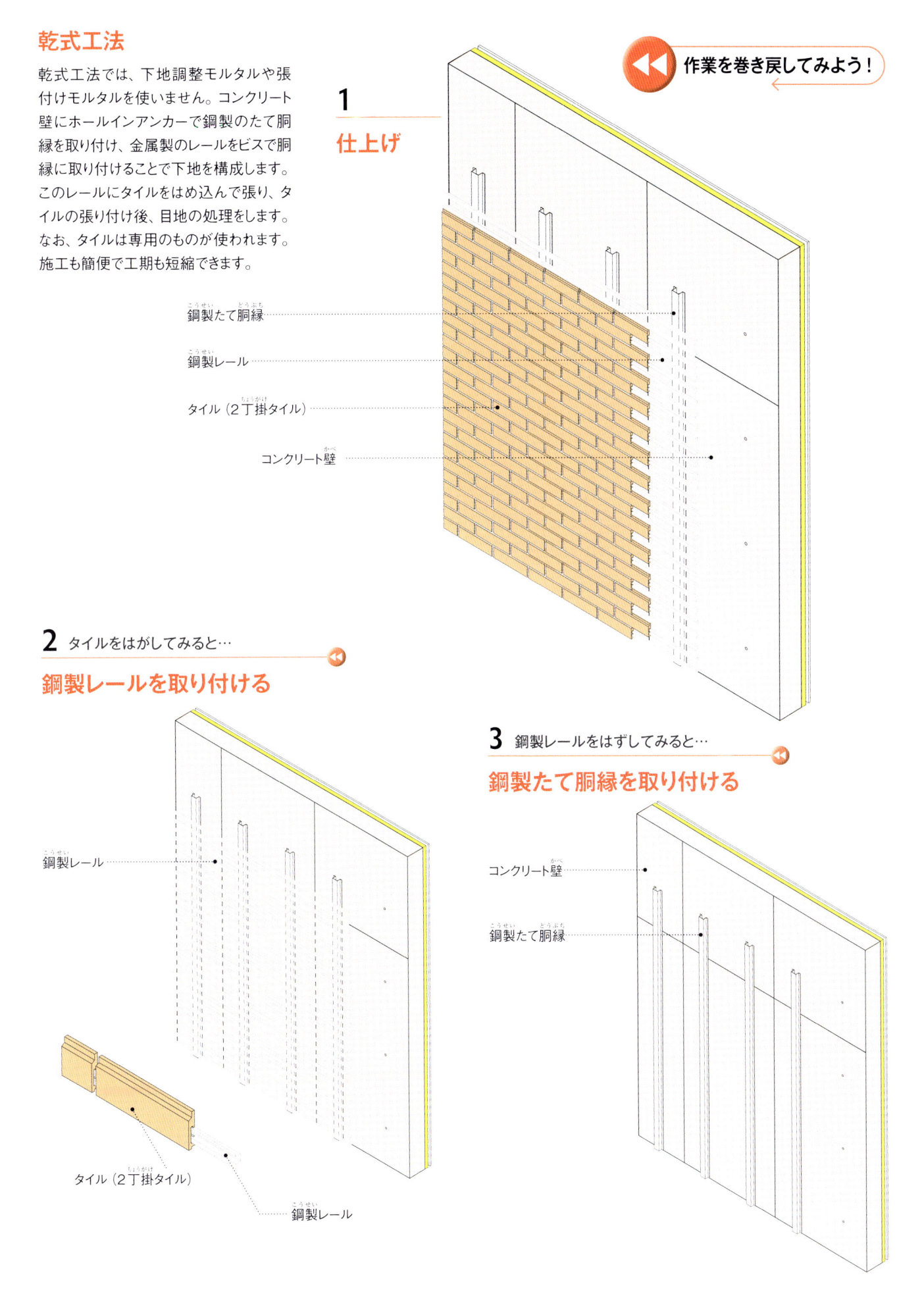

1 仕上げ

作業を巻き戻してみよう！

鋼製たて胴縁

鋼製レール

タイル（2丁掛タイル）

コンクリート壁

2 タイルをはがしてみると…

鋼製レールを取り付ける

鋼製レール

タイル（2丁掛タイル）

鋼製レール

3 鋼製レールをはずしてみると…

鋼製たて胴縁を取り付ける

コンクリート壁

鋼製たて胴縁

外周壁—外断熱

図はコンクリート壁の外側に、硬質ウレタンフォームなどのパネル状の断熱材を張り、鋼製のたて胴縁を取り付け、下地ボードを張り、タイルを接着剤で張った例です。仕上げはタイル以外のサイディングなどでも対応できます。

たて胴縁の隙間を通気層に利用します。通気層は躯体からの湿気の排出や遮熱に効果があります。仕組みは木造の通気構法と同じです。

作業を巻き戻してみよう！

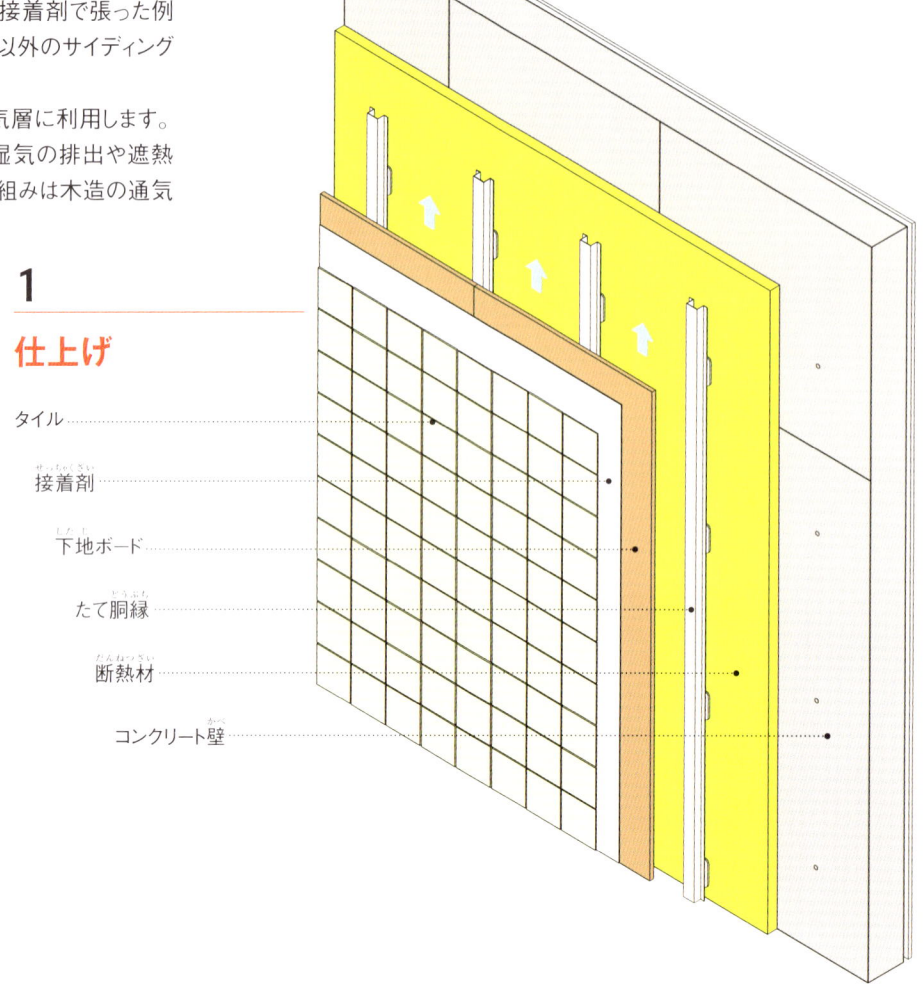

1

仕上げ

- タイル
- 接着剤
- 下地ボード
- たて胴縁
- 断熱材
- コンクリート壁

Point

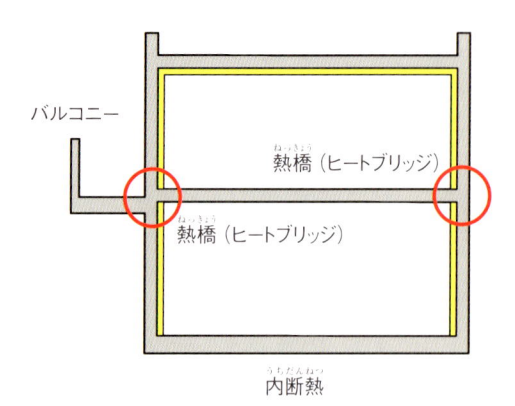

バルコニー

熱橋（ヒートブリッジ）

熱橋（ヒートブリッジ）

内断熱

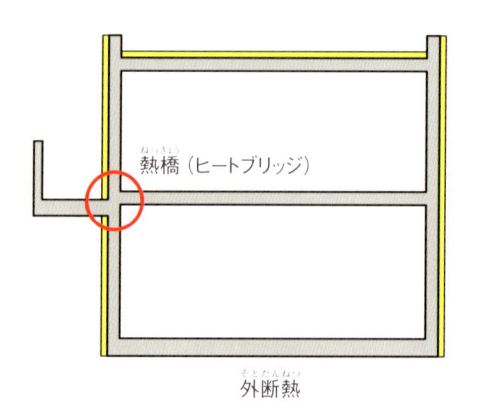

熱橋（ヒートブリッジ）

外断熱

外断熱と内断熱

外断熱は、コンクリートに対する外気温の影響が小さく、室温の変動が少ない利点があります。ただし、冷暖房の立ち上がり時は、コンクリート自体が温まりにくく、冷めにくい性質がある（これを熱容量が大きいといいます）ので、内断熱に比べ室温が適温になるの

に時間を要します。外断熱は、躯体の耐久性向上にも効果がありますが、外壁の外断熱は、別途仕上げが必要になるのでコストアップの一因になります。また、バルコニーなどでは、断熱層を連続させるのが難しいため、屋根の外断熱ほどは普及していません。

2 タイルをはがしてみると…

下地ボードを取り付ける

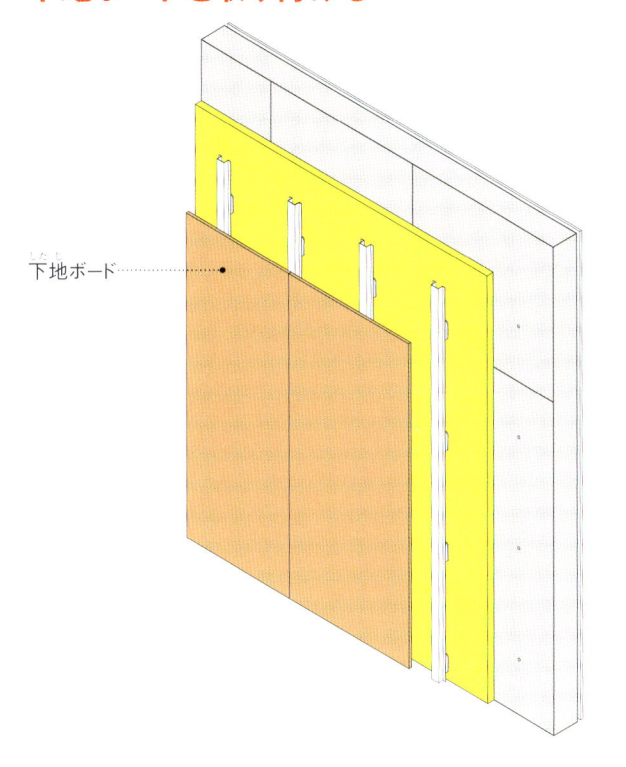

下地ボード‥‥‥

3 下地ボードをはがしてみると…

たて胴縁を取り付ける

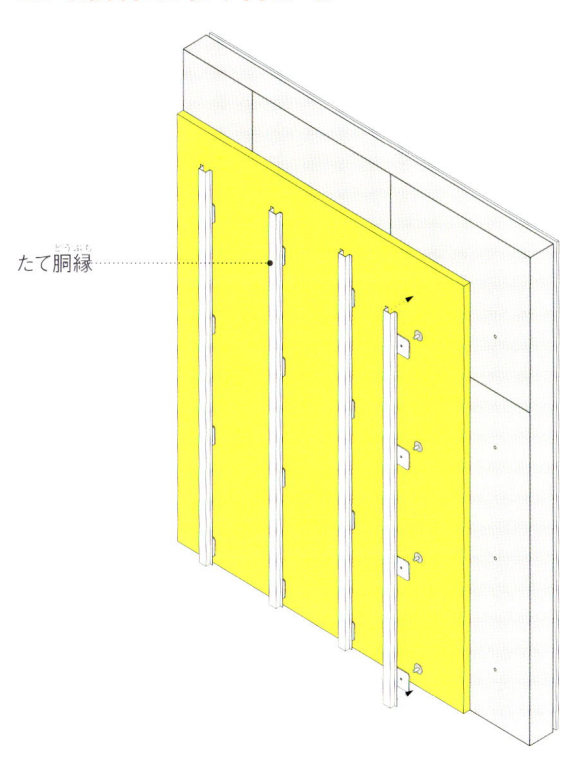

たて胴縁‥‥‥

4 たて胴縁をはずしてみると…

断熱材を張る

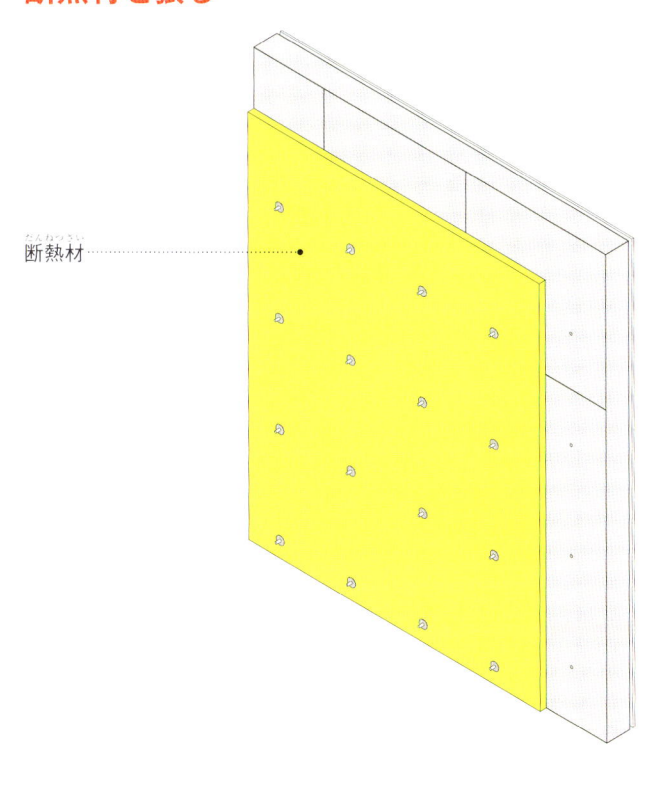

断熱材‥‥‥

5 断熱材をはがしてみると…

アンカーを取り付ける

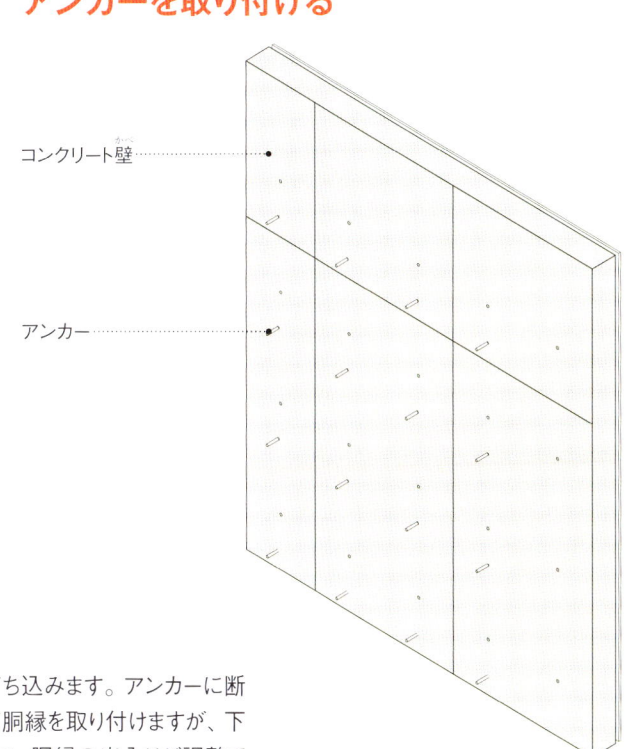

コンクリート壁‥‥‥

アンカー‥‥‥

コンクリート壁にアンカーを打ち込みます。アンカーに断熱材を固定して、鋼製のたて胴縁を取り付けますが、下地ボードが平滑に張れるように、胴縁の出入りが調整できるような仕組みになっています。

間仕切壁の種類

屋内にある部屋どうしを仕切る壁が間仕切壁です。共同住宅で住戸と住戸を仕切る壁は戸境壁（界壁）といいます。どちらも表裏ともに内壁となり、クロス、左官材、タイルなど、部屋の用途、好みにあわせてさまざまな材料で仕上げられます。

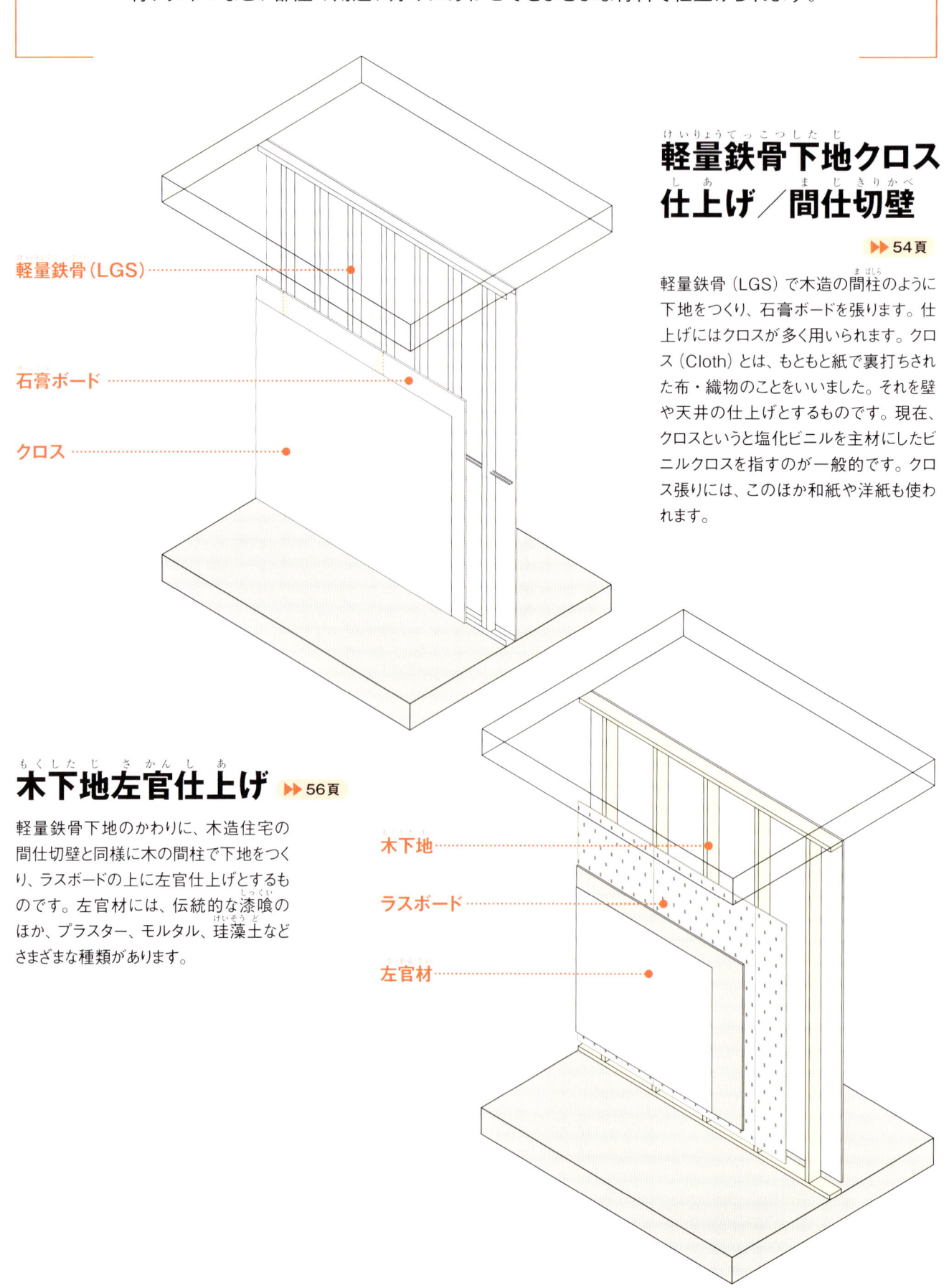

軽量鉄骨（LGS）

石膏ボード

クロス

軽量鉄骨下地クロス仕上げ／間仕切壁

▶▶54頁

軽量鉄骨（LGS）で木造の間柱のように下地をつくり、石膏ボードを張ります。仕上げにはクロスが多く用いられます。クロス（Cloth）とは、もともと紙で裏打ちされた布・織物のことをいいました。それを壁や天井の仕上げとするものです。現在、クロスというと塩化ビニルを主材にしたビニルクロスを指すのが一般的です。クロス張りには、このほか和紙や洋紙も使われます。

木下地左官仕上げ　▶▶56頁

軽量鉄骨下地のかわりに、木造住宅の間仕切壁と同様に木の間柱で下地をつくり、ラスボードの上に左官仕上げとするものです。左官材には、伝統的な漆喰のほか、プラスター、モルタル、珪藻土などさまざまな種類があります。

木下地

ラスボード

左官材

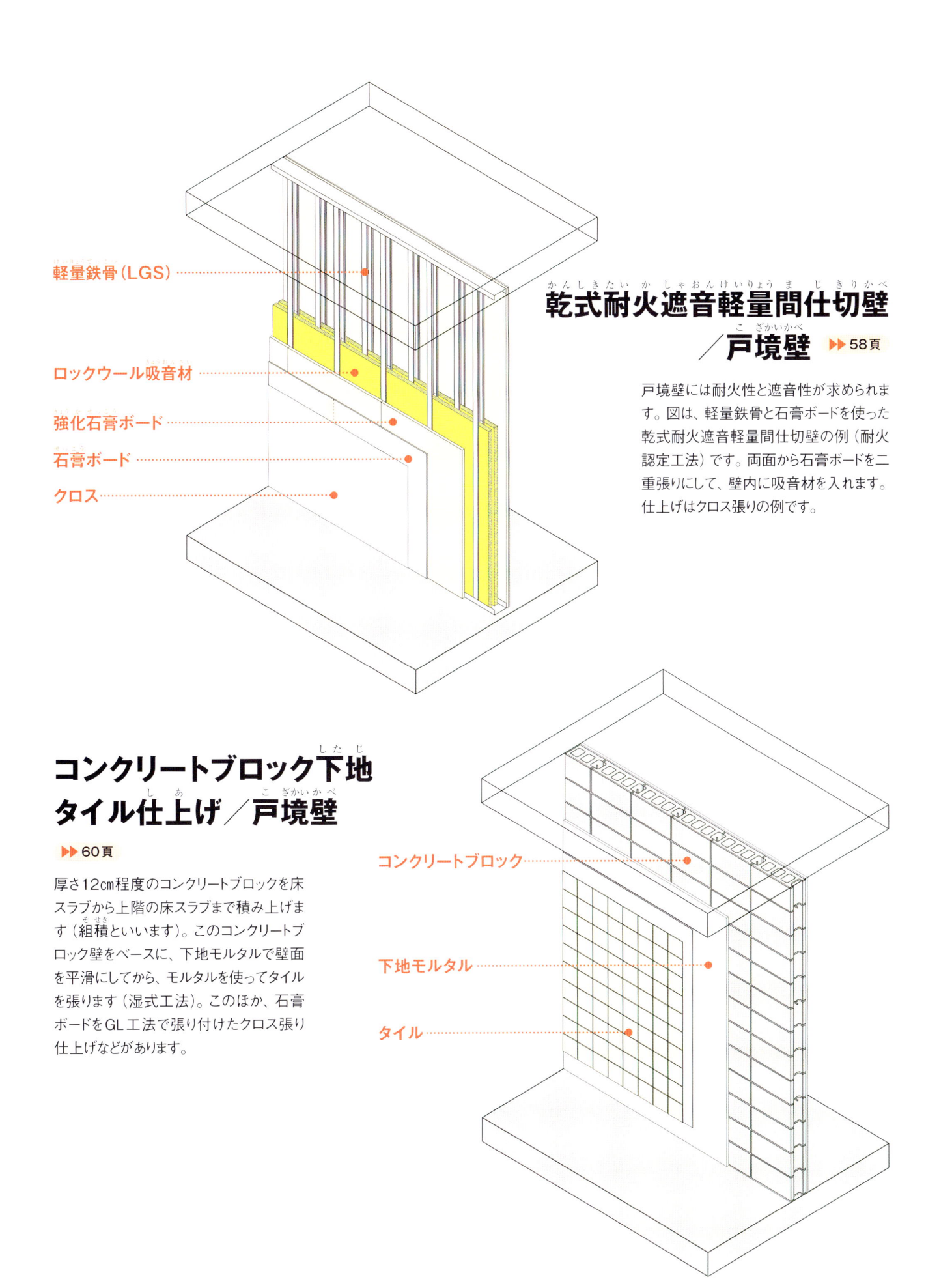

軽量鉄骨（LGS）

ロックウール吸音材

強化石膏ボード

石膏ボード

クロス

乾式耐火遮音軽量間仕切壁／戸境壁 ▶▶58頁

戸境壁には耐火性と遮音性が求められます。図は、軽量鉄骨と石膏ボードを使った乾式耐火遮音軽量間仕切壁の例（耐火認定工法）です。両面から石膏ボードを二重張りにして、壁内に吸音材を入れます。仕上げはクロス張りの例です。

コンクリートブロック下地タイル仕上げ／戸境壁

▶▶60頁

厚さ12cm程度のコンクリートブロックを床スラブから上階の床スラブまで積み上げます（組積といいます）。このコンクリートブロック壁をベースに、下地モルタルで壁面を平滑にしてから、モルタルを使ってタイルを張ります（湿式工法）。このほか、石膏ボードをGL工法で張り付けたクロス張り仕上げなどがあります。

コンクリートブロック

下地モルタル

タイル

53

間仕切壁──軽量鉄骨（LGS）下地クロス張り

RC造の間仕切壁の下地には、一般に軽量鉄骨（LGS）が用いられます。布、織物、ビニル、和紙、洋紙、いずれのクロス張りも下地には各種ボードの使用が可能で、石膏ボードが多く使われます。

◀◀ 作業を巻き戻してみよう！

1

仕上げ

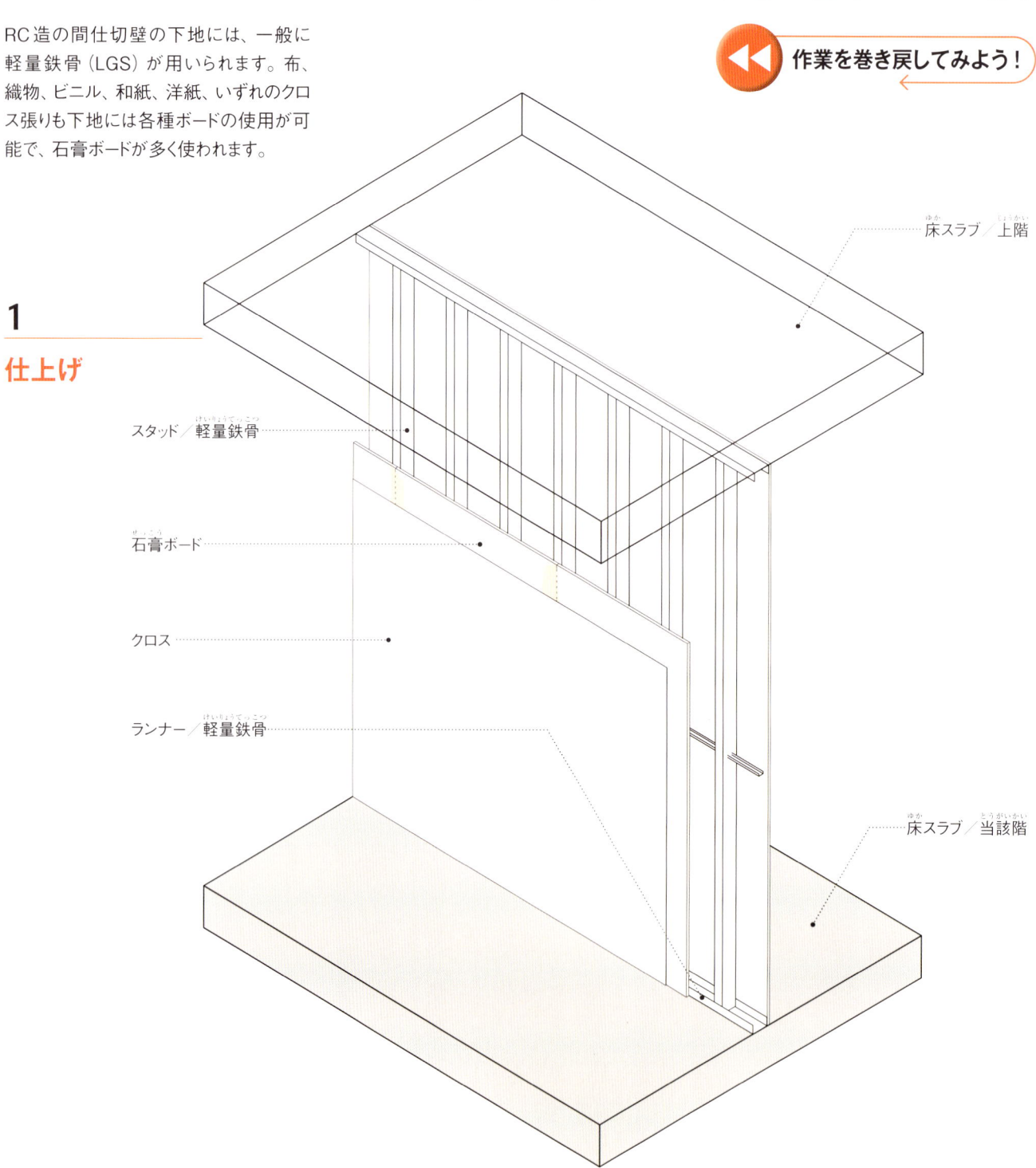

床スラブ／上階

スタッド／軽量鉄骨

石膏ボード

クロス

ランナー／軽量鉄骨

床スラブ／当該階

軽量鉄骨（LGS）の組み立て作業

石膏ボードはビスを用いて軽量鉄骨の胴縁に取り付けます。継ぎ目には、パテ処理がなされます。パテとは塗料の一種で、材料の凹みやキズなどを補修する材料のことです。パテ処理でボード面を平滑にしたあとクロスを張ります。場合によっては、パテ処理をする前にジョイントテープ（目地テープ）を張ることもあります。
軽量鉄骨（LGS）は、床にベースランナー、上階の床スラブの下面にシーリングランナーをアンカーピンで取り付け、その間にスタッドを取り付けます。スタッドの間隔は30〜45cmで、高さによっては中間に振れ止めを設けます。

パテ処理をする

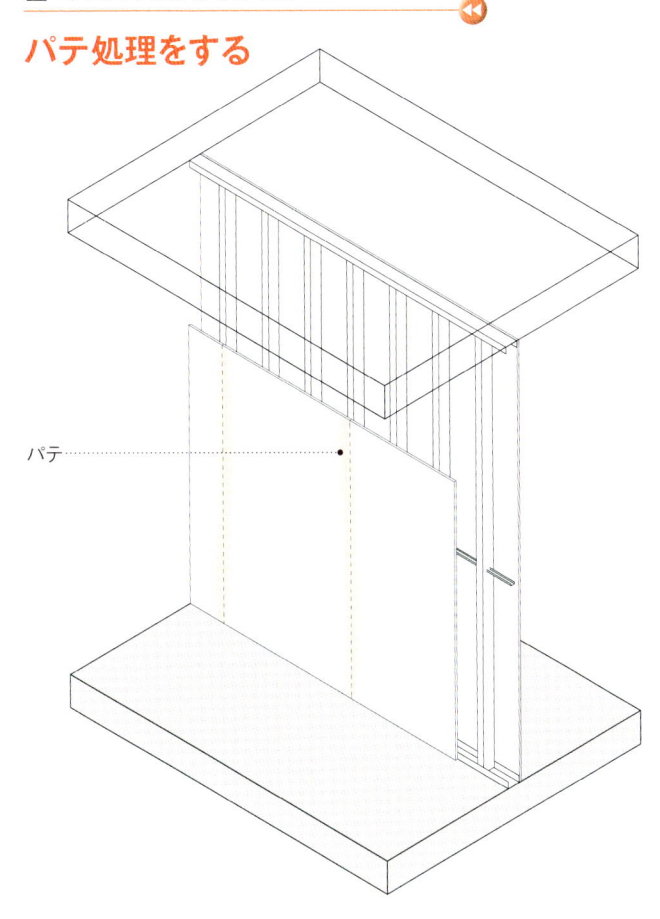

パテ

石膏ボードを張る

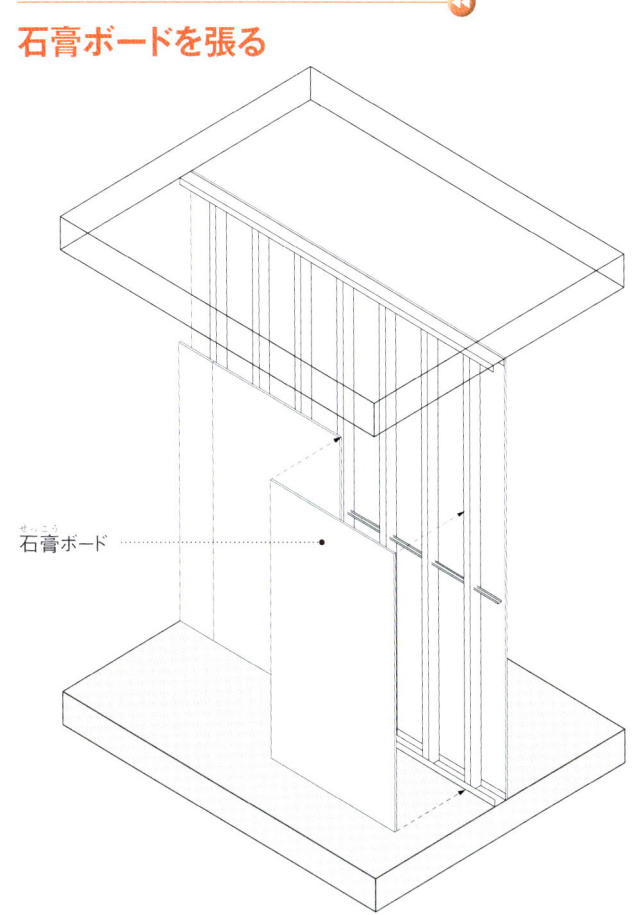

石膏ボード

軽量鉄骨の下地がある

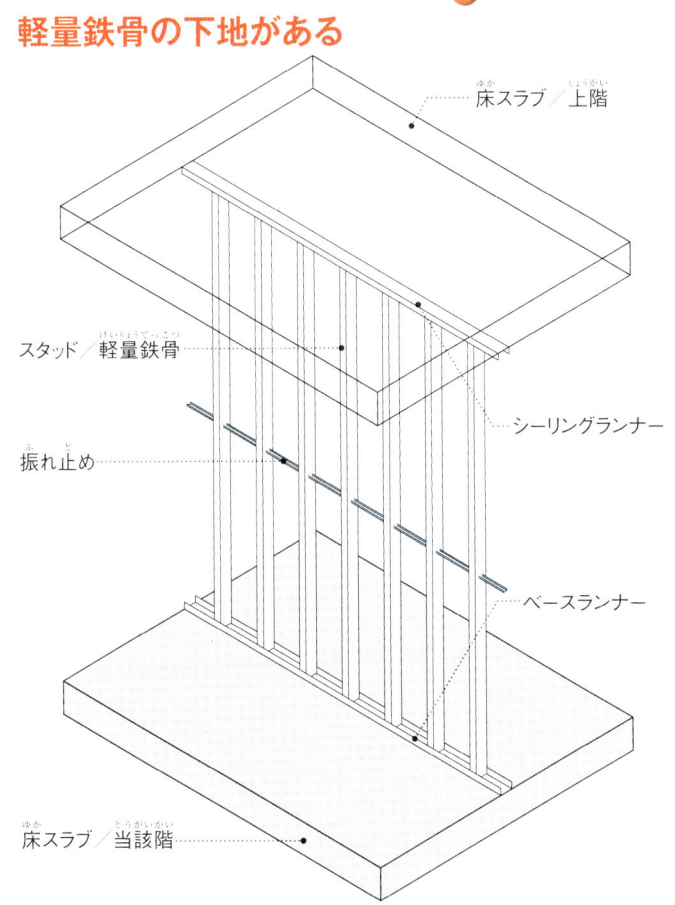

床スラブ／上階

スタッド／軽量鉄骨

シーリングランナー

振れ止め

ベースランナー

床スラブ／当該階

Point

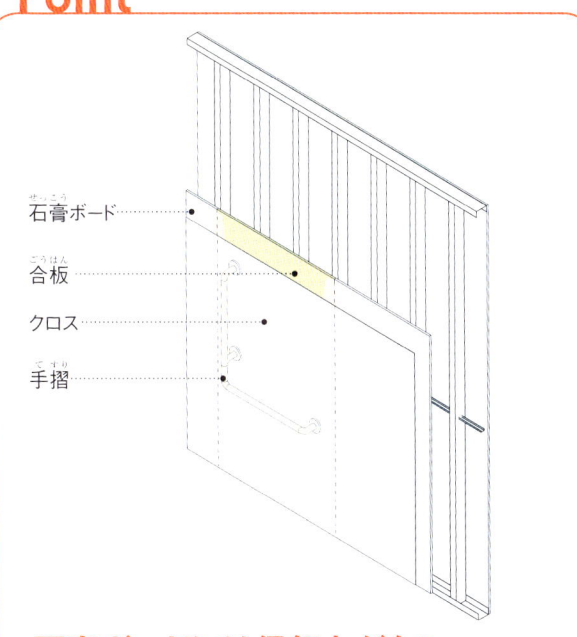

石膏ボード

合板

クロス

手摺

石膏ボードには保釘力がない

石膏ボードには釘やビスなどの保持力がありません（専用の取付金物はあります）。そこで、壁に棚や手摺をつけたい場合は、石膏ボードを介してスタッドに直接固定するか、下地として石膏ボードのかわりに合板などを用います。

55

間仕切壁―木下地左官仕上げ

木造住宅と同様の木下地の上に、漆喰などの左官材で仕上げる例です。左官仕上げは、乾燥に十分な養生期間を必要とするため、工期に大きく影響します。

作業を巻き戻してみよう！

1

仕上げ

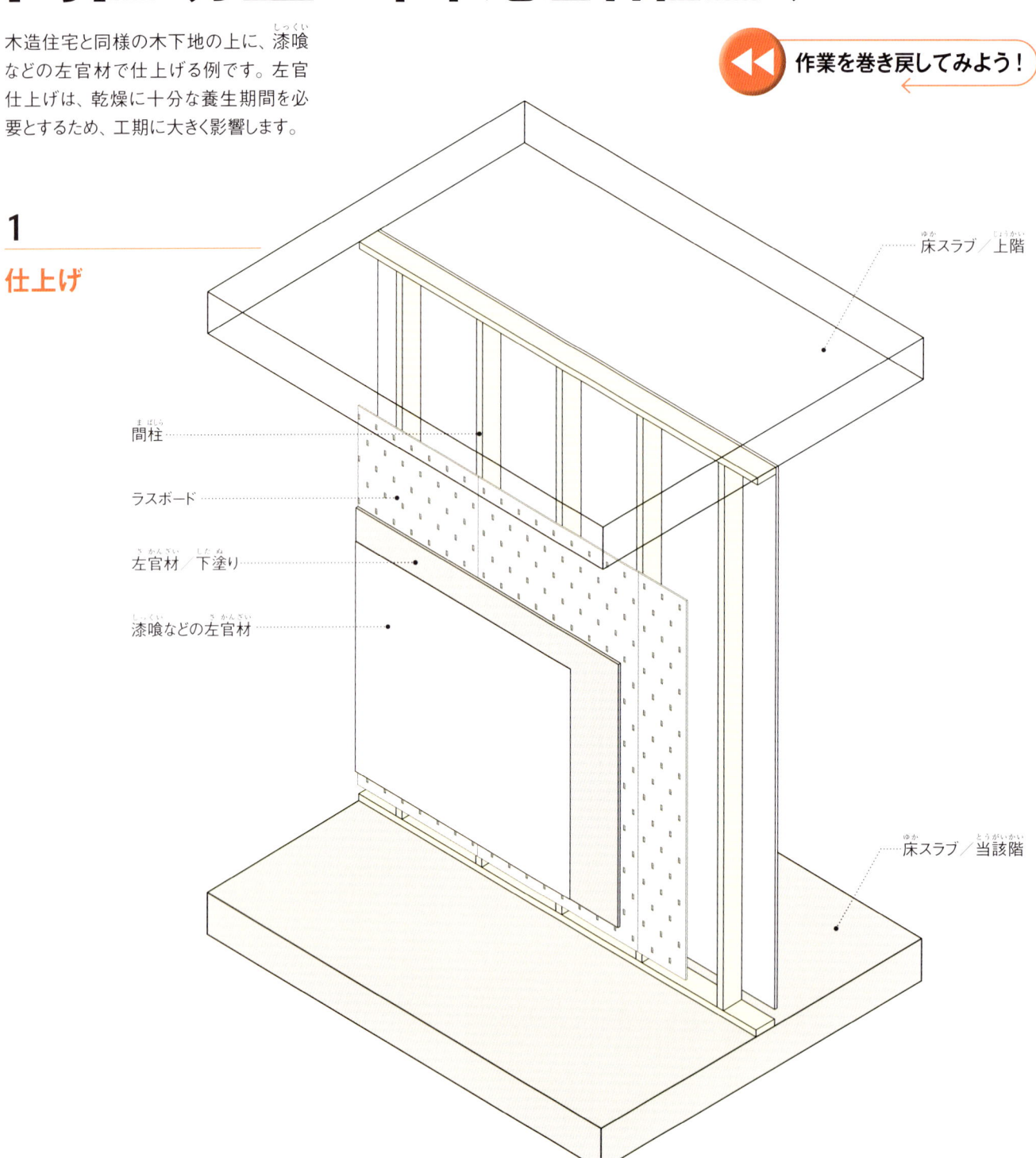

床スラブ／上階

間柱

ラスボード

左官材／下塗り

漆喰などの左官材

床スラブ／当該階

左官材は、乾燥収縮によるひび割れ防止のために、下塗り、中塗り、上塗りの3回程度に分けて塗り重ねます。
左官仕上げの下地には、かつて木摺 [※1] や小舞竹 [※2] が使われていましたが、現在は石膏ボードの表面を点状にへこませたラスボードを使用するのが一般的です。ラスボードはビスで間柱に取り付けます。漆喰仕上げの下塗りには、砂を混合したプラスターなどを塗ります

※1　木摺：幅36mm程度の小幅板を隙間をあけて張り、その上から下塗りをします。塗り壁と木摺の付着をよくするために、麻やシュロ毛などを使った「下げお」を木摺に取り付けます
※2　小舞竹：伝統的な構法で、割竹を格子状に渡して、シュロ縄で編んで、その上から塗り壁用の粘土を塗り込めます（詳しくは「建物できるまで図鑑　木造住宅」（エクスナレッジ刊）に解説があります）

2 左官材の仕上げをとると…

左官材の下塗りをする

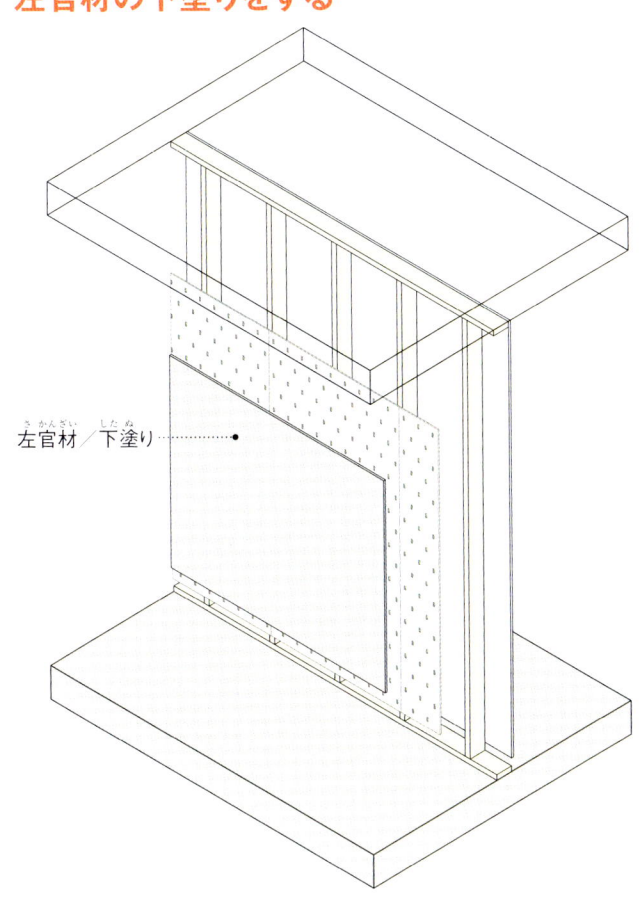

左官材／下塗り

3 左官材の下塗りをとると…

ラスボードを張る

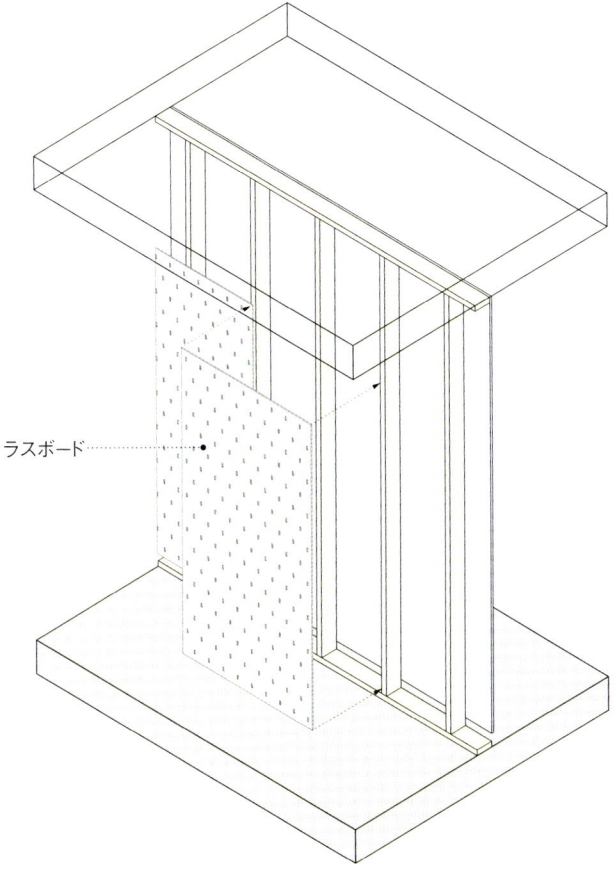

ラスボード

4 ラスボードをはがしてみると…

木下地がある

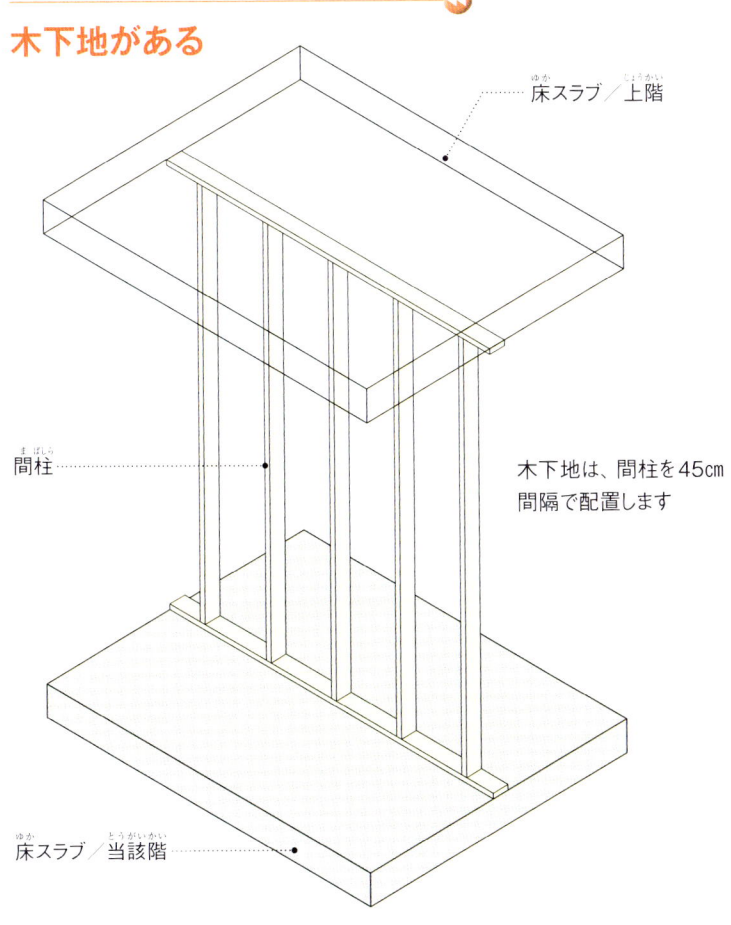

床スラブ／上階

間柱

木下地は、間柱を45cm
間隔で配置します

床スラブ／当該階

Point

LGS下地と木下地

RC造・鉄骨造ではLGS下地、木造
では木下地が用いられるのが一般的
です。RC造・鉄骨造は躯体の精度
がよいため、ボルト、ビス、溶接などに
よる取付けが容易なLGSが向いて
います。一方の木造は、躯体の精度
がRC造・鉄骨造ほどよくないため、
現場で部分的に削れ、調整のしやす
い木下地のほうが向いています。な
お、LGSは木に見られるような反り
や曲がり、湿度の変動による割れな
どがなく安定しているため、組み立て
に熟練の能力を必要としません。

間仕切壁—乾式耐火遮音軽量間仕切壁

間仕切壁などに使用される強化石膏ボードは、一般的な石膏ボードにガラス繊維などを加えて、耐火性能を高めたものです。間仕切壁はLGSの下地の上に、これらの石膏ボードを両面から二重張りします。石膏ボードはビスでLGSに取り付けます。

作業を巻き戻してみよう！

1

仕上げ

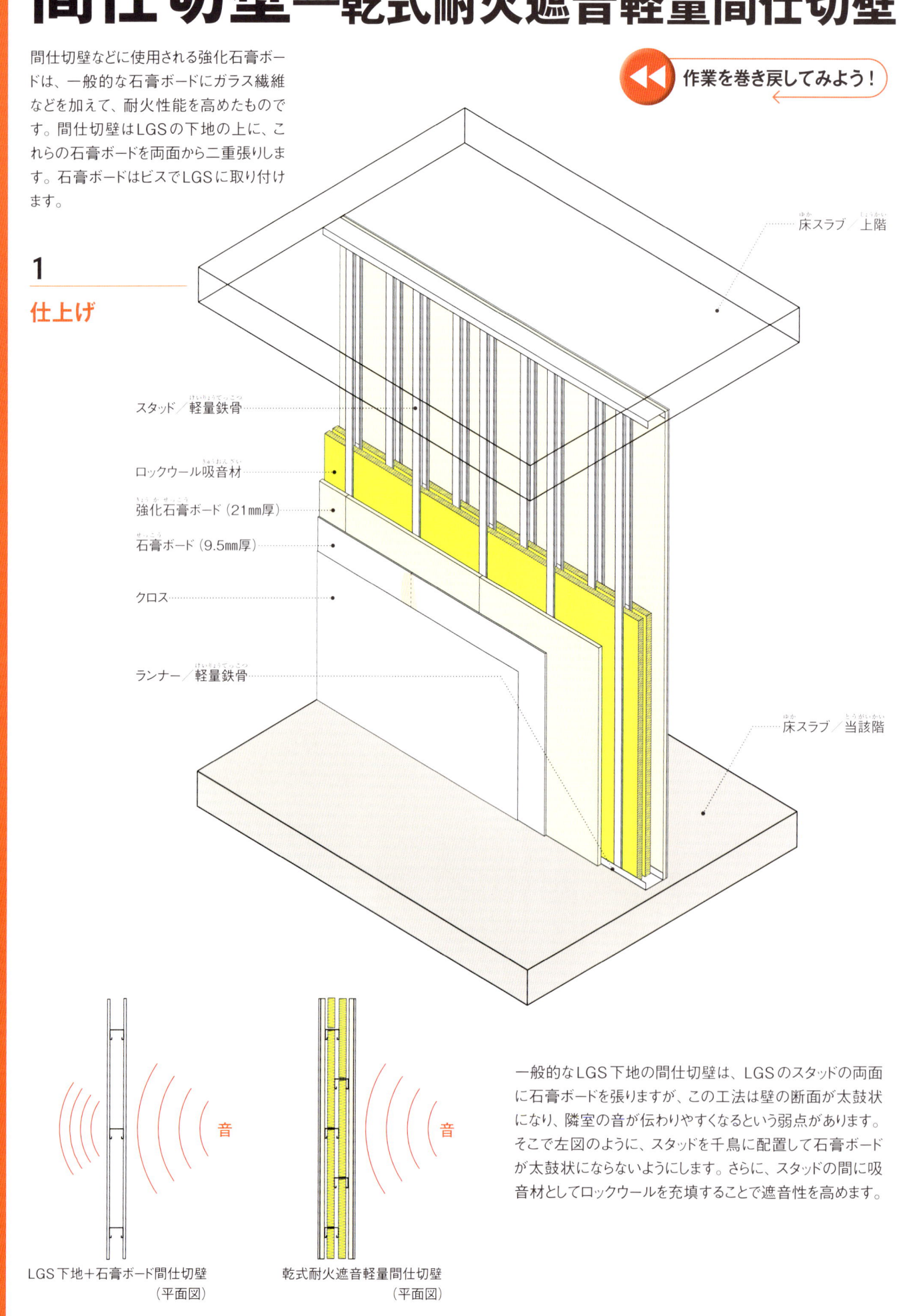

スタッド／軽量鉄骨

ロックウール吸音材

強化石膏ボード（21mm厚）

石膏ボード（9.5mm厚）

クロス

ランナー／軽量鉄骨

床スラブ／上階

床スラブ／当該階

音

音

LGS下地＋石膏ボード間仕切壁
（平面図）

乾式耐火遮音軽量間仕切壁
（平面図）

一般的なLGS下地の間仕切壁は、LGSのスタッドの両面に石膏ボードを張りますが、この工法は壁の断面が太鼓状になり、隣室の音が伝わりやすくなるという弱点があります。そこで左図のように、スタッドを千鳥に配置して石膏ボードが太鼓状にならないようにします。さらに、スタッドの間に吸音材としてロックウールを充填することで遮音性を高めます。

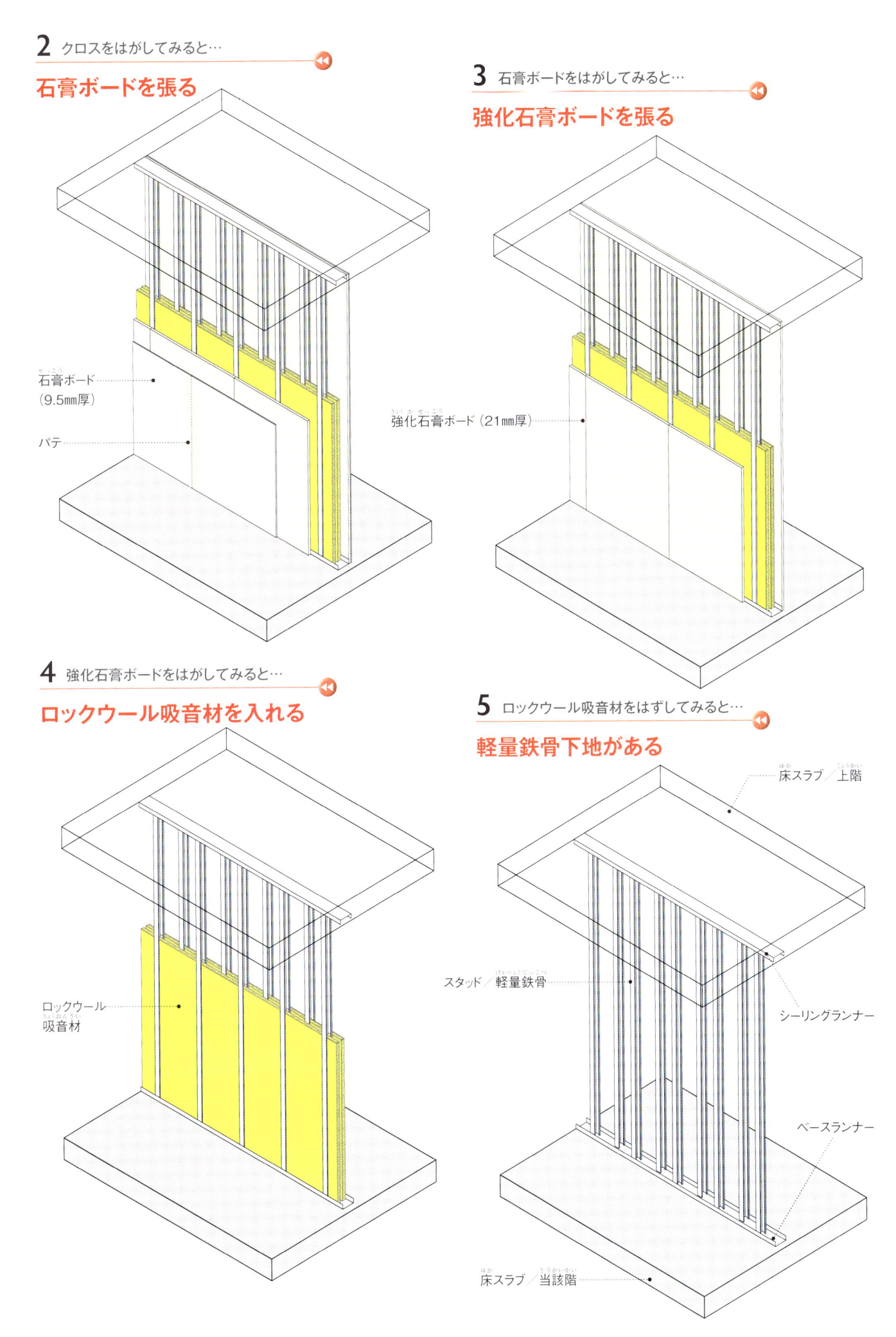

2 クロスをはがしてみると…

石膏ボードを張る

石膏ボード
（9.5mm厚）

パテ

3 石膏ボードをはがしてみると…

強化石膏ボードを張る

強化石膏ボード（21mm厚）

4 強化石膏ボードをはがしてみると…

ロックウール吸音材を入れる

ロックウール
吸音材

5 ロックウール吸音材をはずしてみると…

軽量鉄骨下地がある

床スラブ／上階

スタッド／軽量鉄骨

シーリングランナー

ベースランナー

床スラブ／当該階

間仕切壁—コンクリートブロック下地

コンクリートブロックはモルタルを介して積み上げます（組積といいます）。コンクリートなので耐火性、遮音性があります。

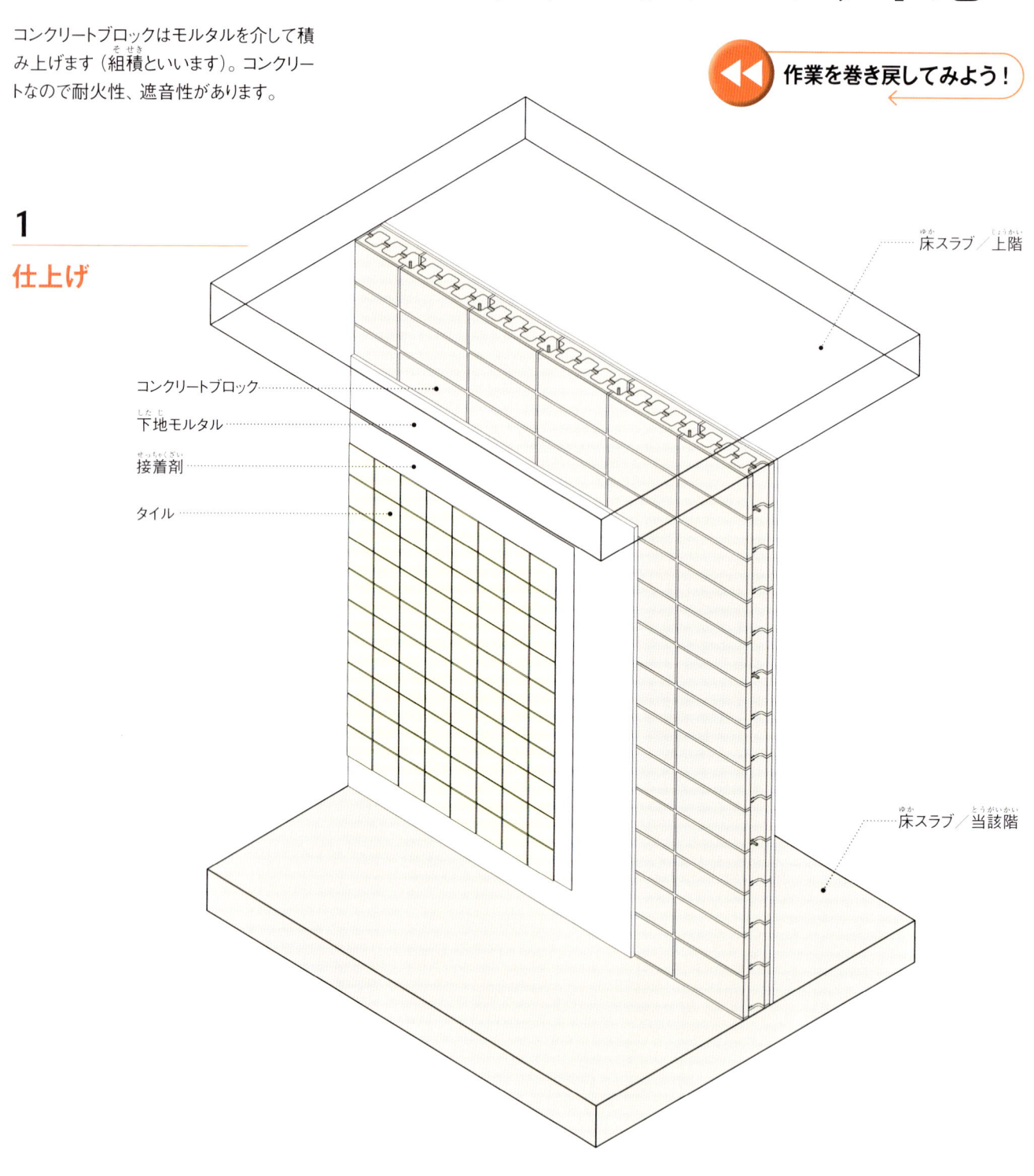

作業を巻き戻してみよう！

1

仕上げ

床スラブ／上階

コンクリートブロック

下地モルタル

接着剤

タイル

床スラブ／当該階

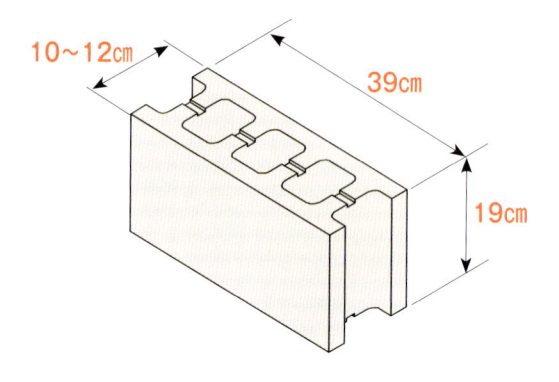

10〜12cm

39cm

19cm

帳壁用コンクリートブロックの形状

コンクリートブロックの間仕切壁には、帳壁（23頁参照）用のブロックを使用します。帳壁用以外に耐力壁用のブロックもありますが、幅と高さ寸法（39cm×19cm）は共通です。

2 タイルをはがしてみると…

下地モルタルを塗る

下地モルタル………•

---

3 下地モルタルをはがしてみると…

コンクリートブロックを積む

コンクリートブロック………•

床スラブ／上階

さし筋

主筋とさし筋を溶接

主筋（D10）

配力筋（D10）

コンクリートブロックの積み方

地震時の壁の倒壊を防ぐために、壁には主筋と配力筋を入れ、躯体のさし筋と溶接して固定します。コンクリートブロックは、モルタルを介して積み上げますが、たて・横目地幅は10mmです。

床スラブ／当該階

天井—軽量鉄骨（LGS）下地クロス張り

天井は上階の床スラブから吊ります。
RC造の天井の下地には、一般的に軽量鉄骨（LGS）が使われます。仕上げは壁と同様、石膏ボード下地のクロス張りが一般的です。石膏ボードはビスでLGSに取り付けます。

作業を巻き戻してみよう！

1
仕上げ

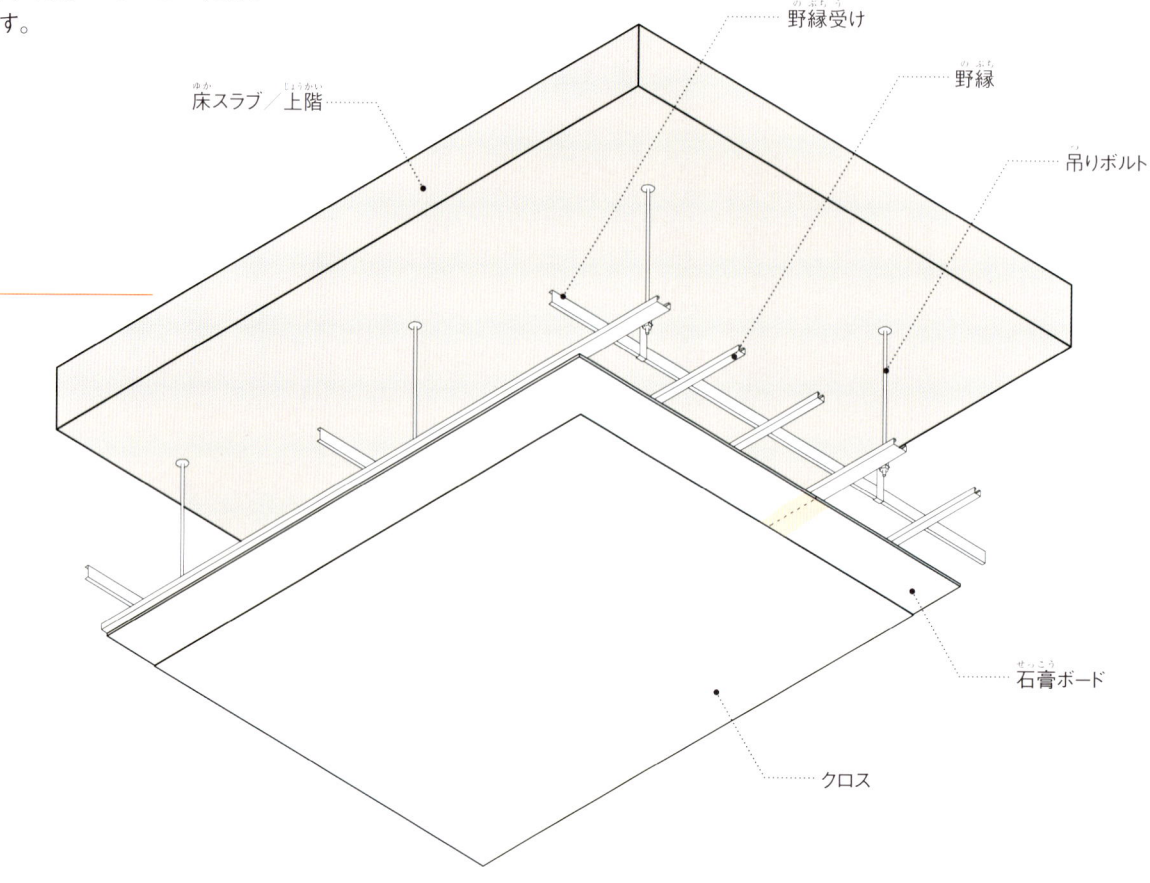

床スラブ／上階
野縁受け
野縁
吊りボルト
石膏ボード
クロス

直張り天井

野縁を直接躯体に取り付けて石膏ボードを張るのが直張り天井です。階高 [※] が抑えられるのでコスト低減に有効ですが、遮音性が低く、設備の配線・配管スペースの確保も難しいため、施工に工夫が必要です。

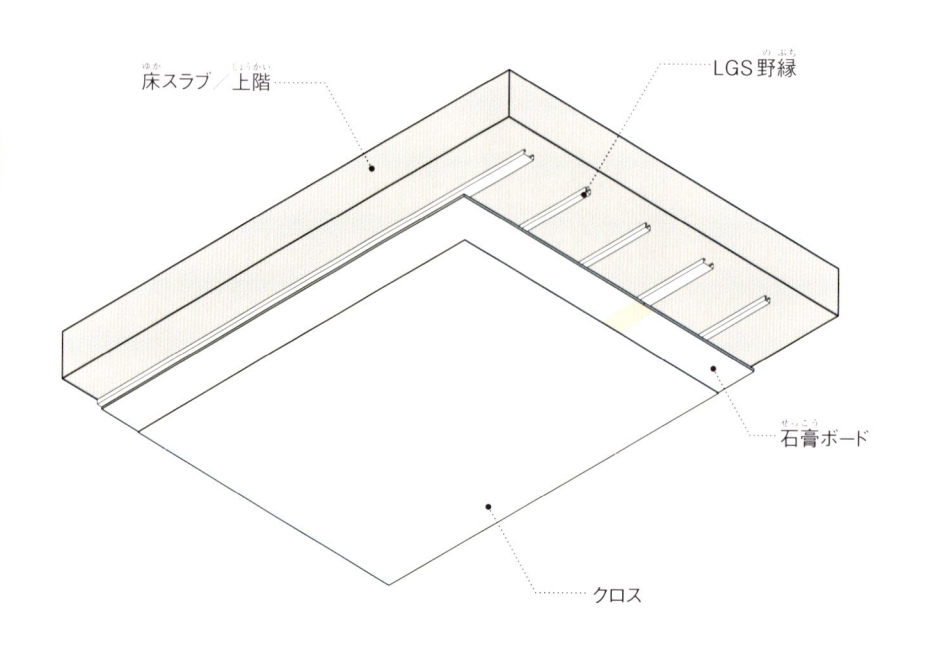

床スラブ／上階
LGS野縁
石膏ボード
クロス

※　階高：当該階の床から上階の床までの高さ寸法のこと

2 クロスをはがしてみると…

パテ処理をする

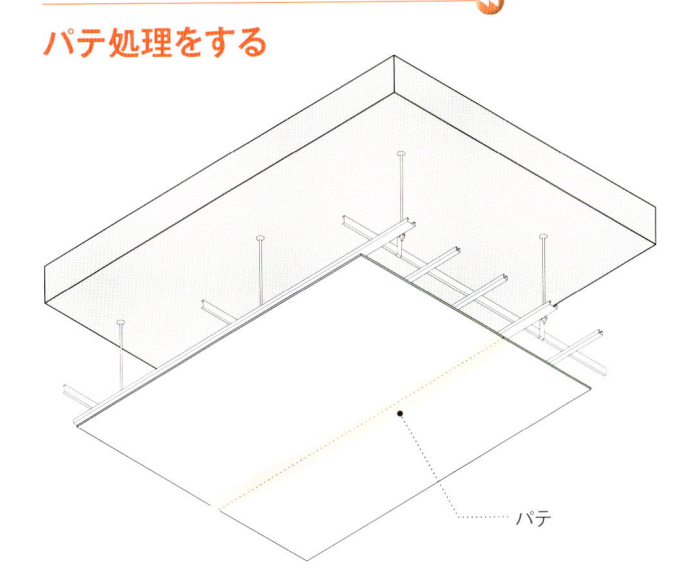

パテ

壁のクロス張りと同様に、石膏ボードの
継ぎ目にはパテ処理を行います。

3 パテ処理の前は…

石膏ボードを張る

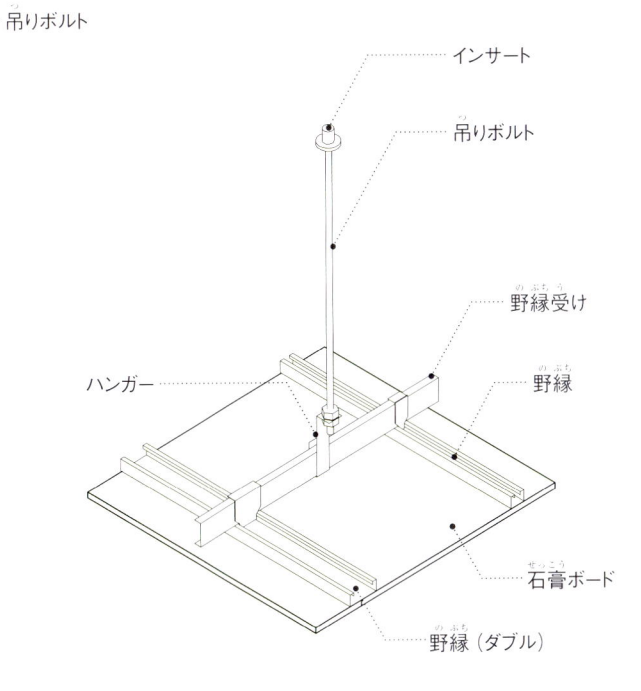

石膏ボード

4 石膏ボードをはがしてみると…

軽量鉄骨の下地がある

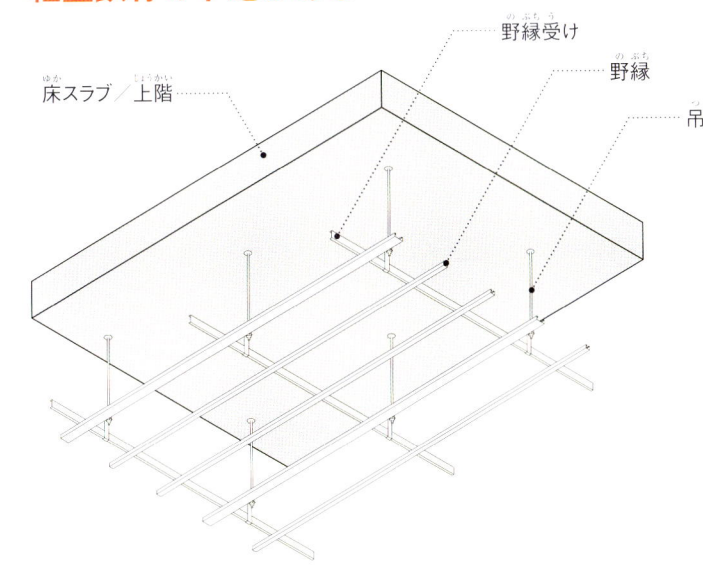

野縁受け

野縁

吊りボルト

床スラブ／上階

インサート

吊りボルト

ハンガー

野縁受け

野縁

石膏ボード

野縁（ダブル）

LGSの下地は図のような構成です。石膏ボードを直接支えている
材を野縁といいます。野縁は30 〜 45cm間隔で配置します。野
縁は野縁受けに支えられ、野縁受けは吊りボルトに支えられます。
吊りボルトは上階の床スラブにあらかじめ埋込んでおいたインサート
（6頁参照）にねじ込んで固定します。

床—転ばし床

◀◀ 作業を巻き戻してみよう！

RC造では、コンクリートの床がベースになります。フローリングなど木質系の仕上げにする場合は、コンクリートの床の上に木造の床のように、大引、根太を組み合わせて下地を構成します。これを転ばし床といいます。図は1階床を転ばし床にした場合で、根太の間に断熱材を入れています。

1

仕上げ

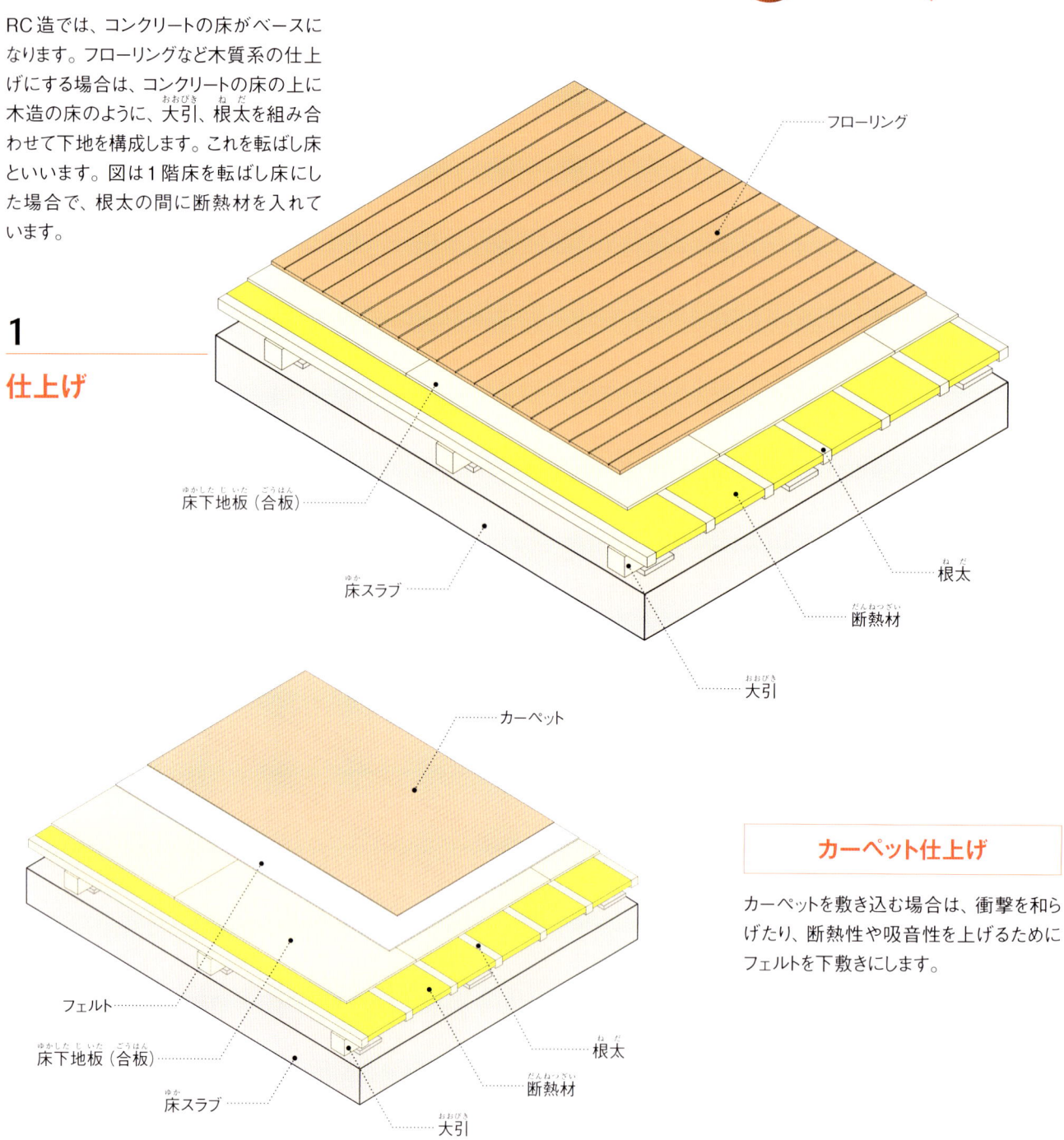

フローリング

床下地板（合板）

床スラブ

根太

断熱材

大引

カーペット

カーペット仕上げ

カーペットを敷き込む場合は、衝撃を和らげたり、断熱性や吸音性を上げるためにフェルトを下敷きにします。

フェルト

床下地板（合板）

床スラブ

根太

断熱材

大引

Point

フローリングについて

フローリングの種類は大きく2つに分けられます。1つは無垢の単板でフローリングボード（単層フローリング）といい、厚み1.5cm×幅9cm×長さ100cm程度の材です。もう1つは合板などの上に薄板を張った複合フローリングです。いずれも合板などの下地板を併用する工法が主流ですが、根太に直接張る工法もあります。

無垢フローリング「コンビット® オークソリッド　オーク90」（ウッドワン）

複合フローリング「ナラ　クリア塗装」（ウッドワン）

写真提供：ウッドワン

2 フローリングをはがしてみると…

下地の合板を張る

フローリング、カーペットなどの仕上材を受けるための下地板があります。下地板には合板が多く使われ、根太に釘やビスで取り付けます。

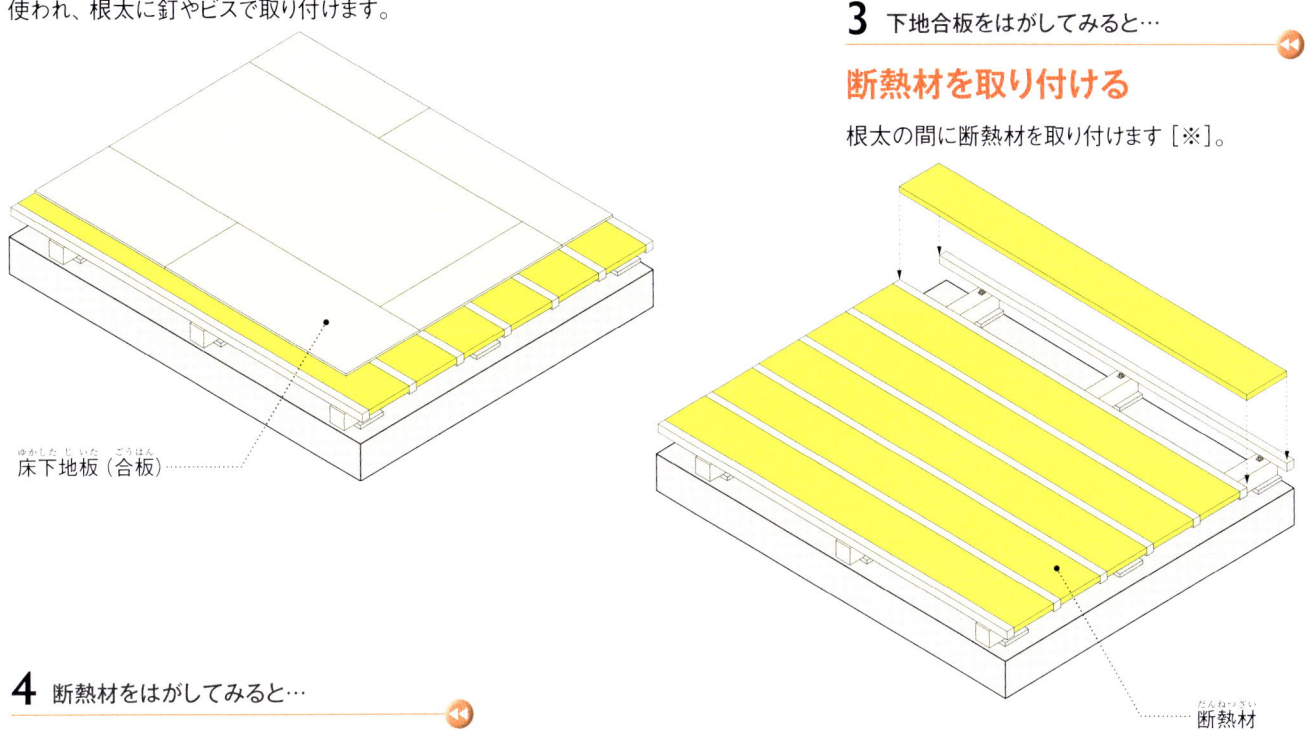

床下地板（合板）

3 下地合板をはがしてみると…

断熱材を取り付ける

根太の間に断熱材を取り付けます［※］。

断熱材

4 断熱材をはがしてみると…

根太を取り付ける

4×4.5cm程度の断面寸法をもつ根太を30〜45cm間隔で、大引と直交するように、釘やビスを使って大引に取り付けます。

30〜45cm

根太

5 根太をはがしてみると…

大引を取り付ける

大引は90cm間隔に配置します。大引とコンクリートはボルトなどで固定します。飼いモルタルは大引のレベルを調整するためのものです。

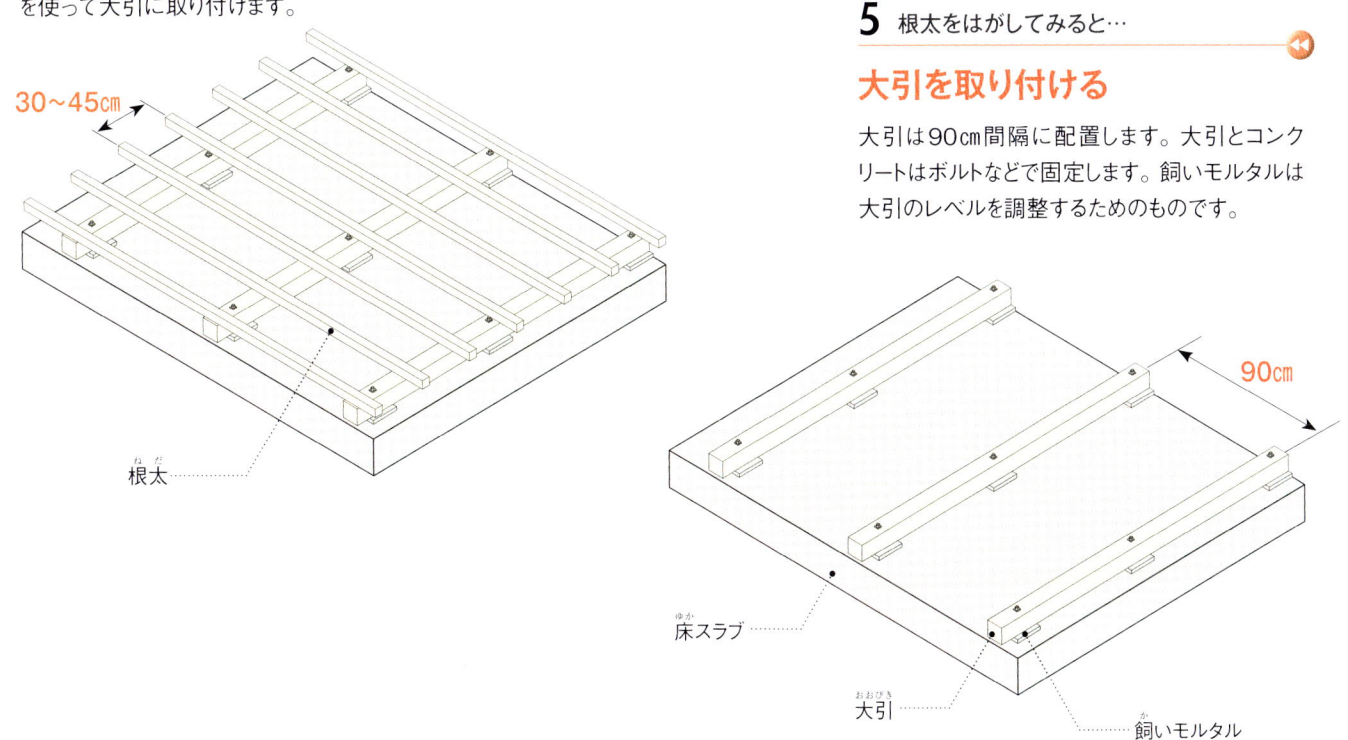

90cm

床スラブ

大引

飼いモルタル

※　断熱材の材質によって取付け方法が異なります。スタイロフォームなど発泡系の断熱材は伸縮性を利用して、根太の間に挟み込むようにします。グラスウールなど繊維系の断熱材は、専用のクリップを根太に取り付けて落とし込みます（詳しくは「建物できるまで図鑑　木造住宅」（エクスナレッジ刊）で解説しています）

床—置き床

転ばし床は、子供が跳びはねたときなどの「ドスン」という床衝撃音が下階に伝わりやすく、共同住宅では特に問題になりがちです。そこで、床衝撃音の遮音特性を向上するために開発されたのが、置き床の構法です。

作業を巻き戻してみよう！

1

仕上げ

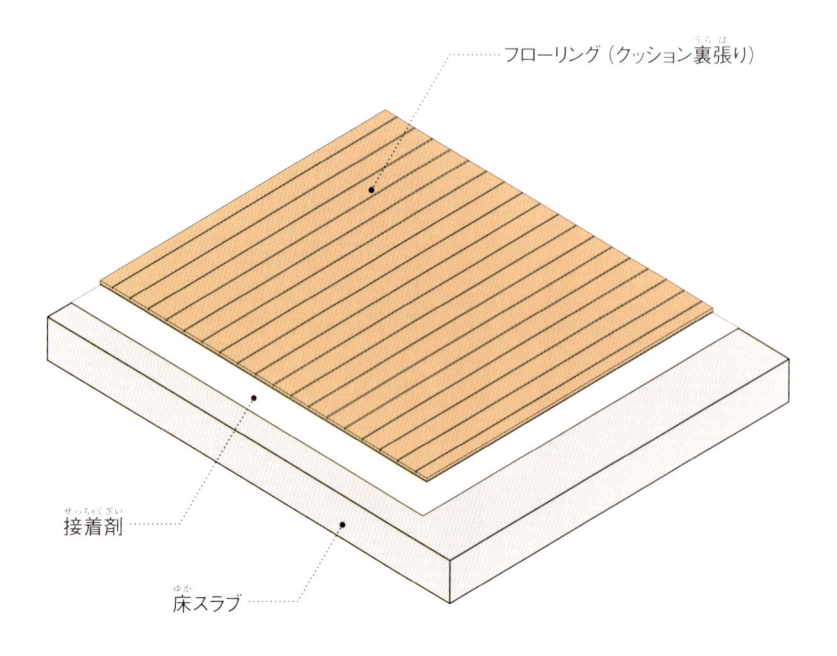

フローリング

置き床／パネル

配管・配線

床スラブ

置き床／支柱

フローリング（クッション裏張り）

接着剤

床スラブ

直張りのフローリング仕上げ

コンクリートの床にフローリングを直張りする構法があります。これは緩衝材を裏打ちしたフローリングを接着剤で張るもので、床衝撃音の遮音特性に優れています。

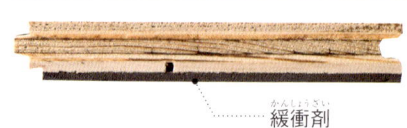

緩衝剤

直張り用フローリング　グランドフローリング「ナラ　クリア塗装」（ウッドワン）

写真提供：ウッドワン

2 フローリングをはがしてみると…

置き床のパネルがある

パネルの材料には、パーティクルボード［※］などが使用されます。パネルの継ぎ目の段差を吸収するために、上に合板などを張ることもあります。

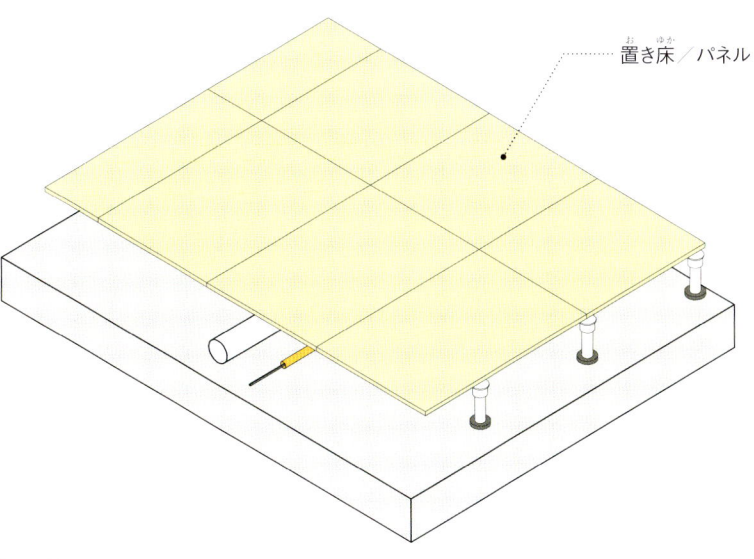

置き床／パネル

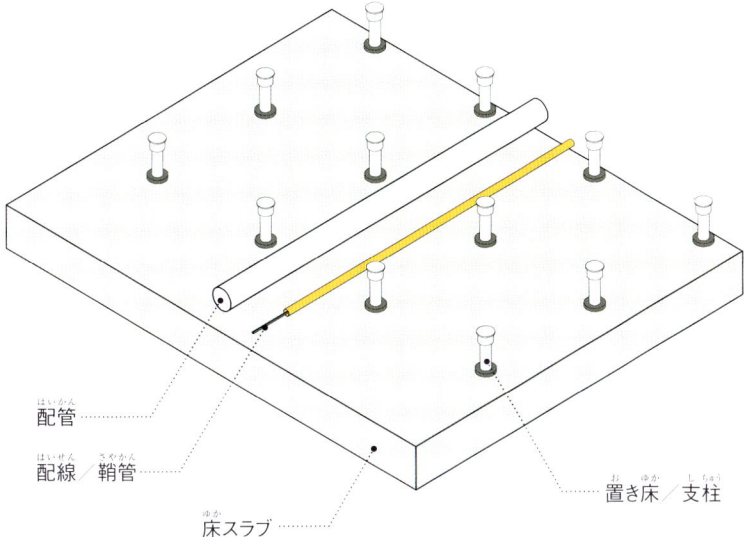

配管
配線／鞘管
床スラブ
置き床／支柱

3 置き床のパネルをはがしてみると…

支柱がある

支柱には緩衝材が取り付けられており、高さも調整できます。コンクリートと置き床の間は配管・配線スペースに利用します。

Point

電気式床暖房の仕組み

最近は床暖房の採用が増えています。床暖房には温水式と電気式がありますが、電気式のほうが施工が簡便です。電気式の施工は置き床のパネルの上に、不陸をより少なくするための下地合板を張ります。その上に厚さ1mm未満の発熱シートを敷き込んだうえで、フローリングを張ります。

このとき、発熱体を釘で損傷しないように注意が必要です。また、フローリング材は床暖房対応のものを使用しないと熱によって反りが生じます。

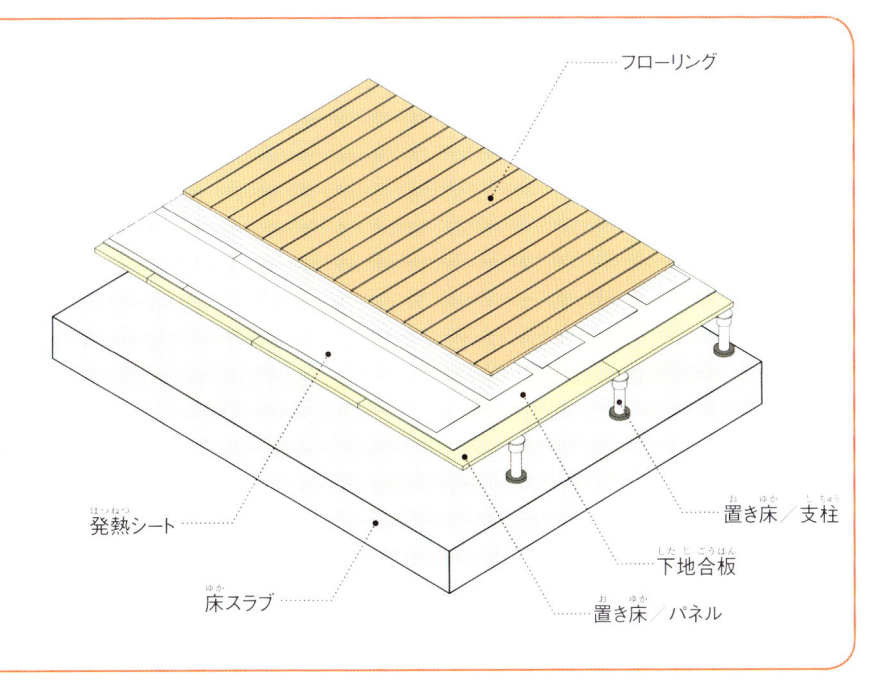

フローリング
発熱シート
床スラブ
置き床／支柱
下地合板
置き床／パネル

※ パーティクルボード：木材の木片を接着剤と混合して、熱圧成型した木質ボードの一種です

引違いサッシ

ひきちがい

作業を巻き戻してみよう！

ガラスの入った障子［※］と枠とが一体化されたサッシ（多くはアルミ合金製）を使用するのは木造と同じですが、RC造ではサッシ枠などの形状が多少異なります。図は引違いサッシの例です。他の開閉方式の窓についても、取付け方法は共通です。

1

仕上げ

コンクリート壁

アルミサッシ

水切り皿板

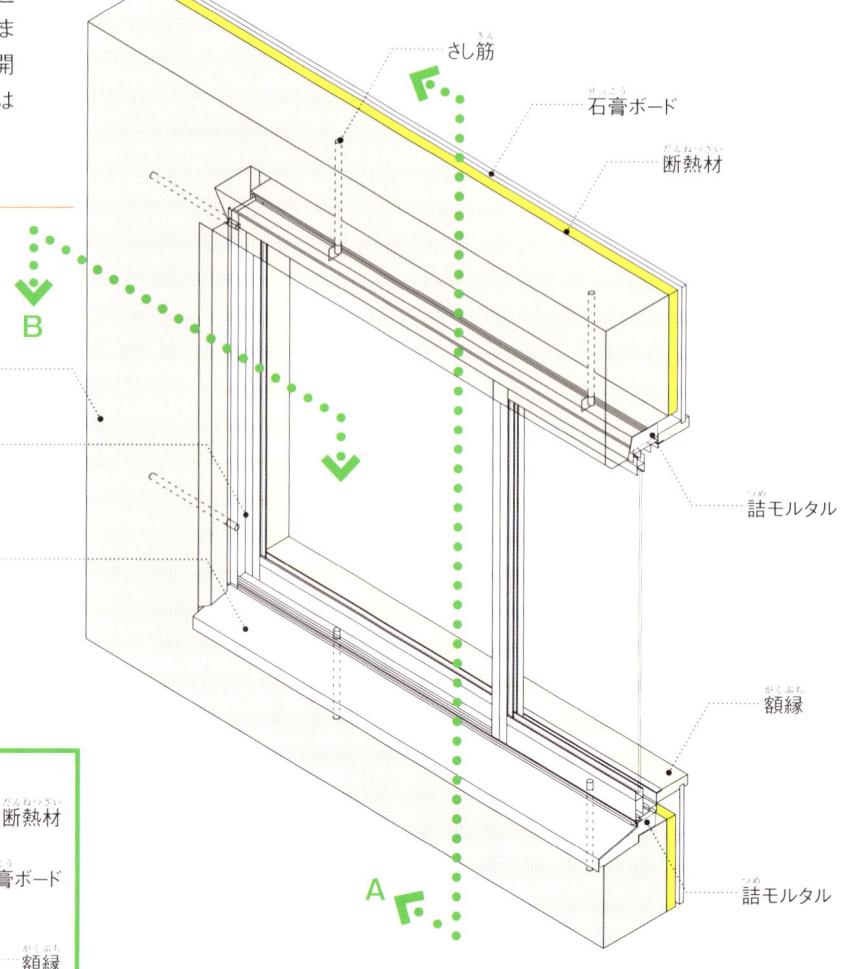

さし筋
石膏ボード
断熱材
詰モルタル
額縁
詰モルタル
B
A

断面図-A

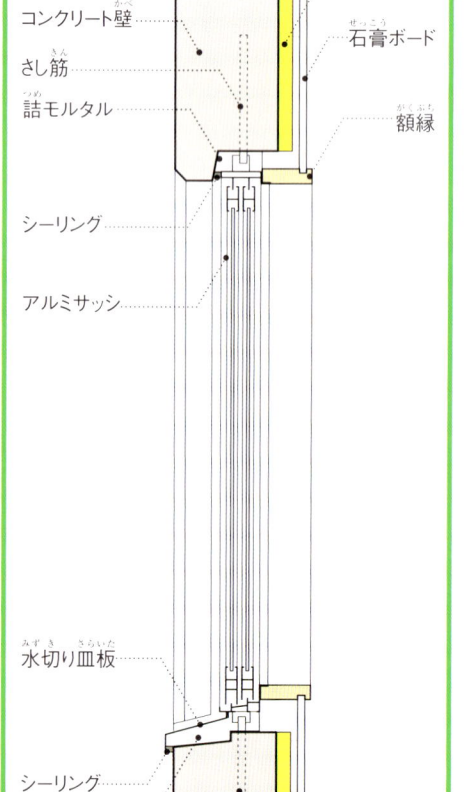

コンクリート壁
さし筋
詰モルタル
シーリング
アルミサッシ
水切り皿板
シーリング
詰モルタル
さし筋

断熱材
石膏ボード
額縁

断面図-B

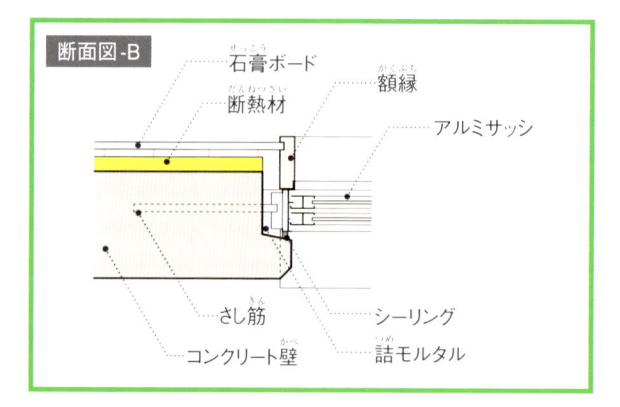

石膏ボード
額縁
断熱材
アルミサッシ
さし筋
シーリング
コンクリート壁
詰モルタル

Point

窓の開閉方式の種類

窓の開閉方式には、引違い、開き、回転、滑り出しなどがあります。その性能や使い勝手は、開閉方式に大きく左右されます。日本で多い引違い窓は、開く際に余分なスペースがいらないという長所がありますが、その一方、高い気密性を確保しにくいという短所があります。

※　障子：一般的に障子といえば、和室にある和紙の張ってある建具をいいますが、「サッシの障子」というときは、ガラスが取り付けられる廻りの枠を指します

2 石膏ボード・断熱材をはがしてみると…

詰モルタルとシーリングを充填する

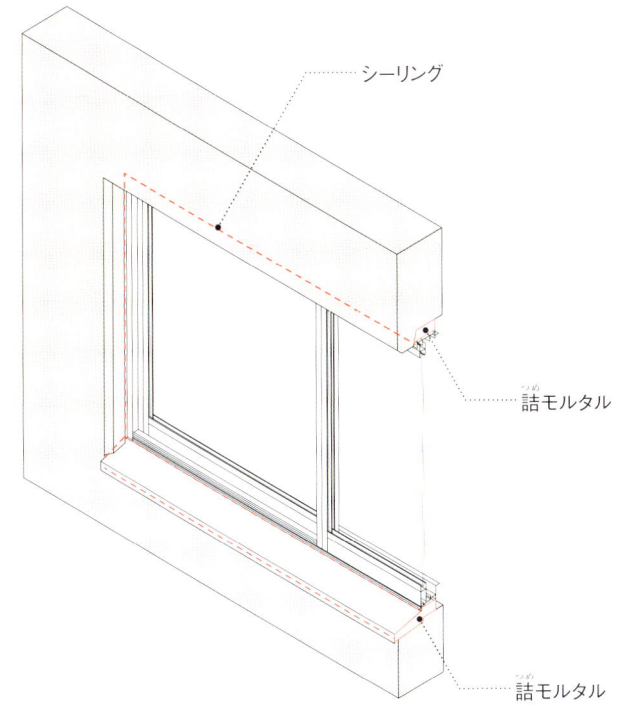

シーリング

詰モルタル

詰モルタル

サッシ枠と躯体との隙間に詰モルタルを充填します。
躯体とサッシ枠との取り合い部で、雨漏りなどの不具合が生じやすいのは木造と同様です。不具合を防ぐために、サッシ廻り、水切りなどの裏にはシーリングを充填します。

3 詰モルタル・シーリングをとると…

水切り皿板を取り付ける

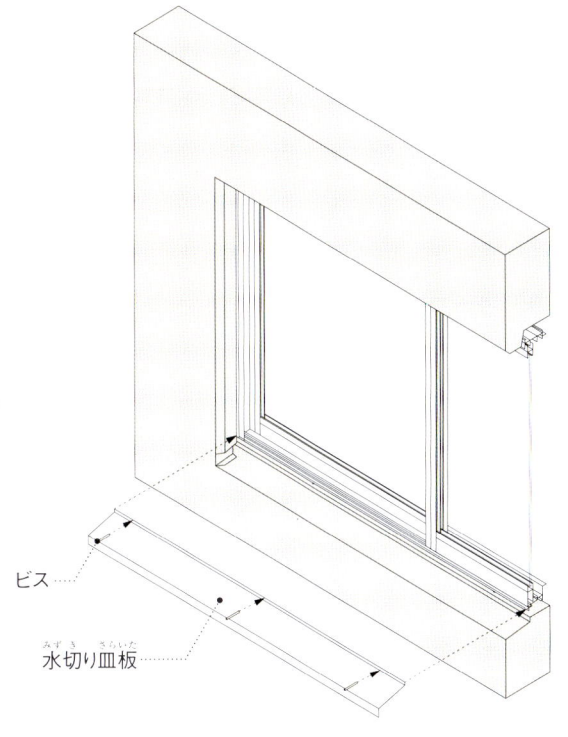

ビス

水切り皿板

水切り皿板は、外壁やサッシの表面を流れてきた雨水が内部に入らないように、文字どおり水を切る役割を果たします。サッシと同様にアルミ製で、サッシにはビスで固定します。

4 水切り皿板をはずしてみると…

アルミサッシを取り付ける

さし筋

アンカー

木造の場合は、柱などに釘とビスでサッシを固定しますが、RC造では現場で溶接によって固定します。躯体側のさし筋とサッシ枠の取付けアンカーを溶接します。

5 アルミサッシをはずしてみると…

コンクリート躯体がある

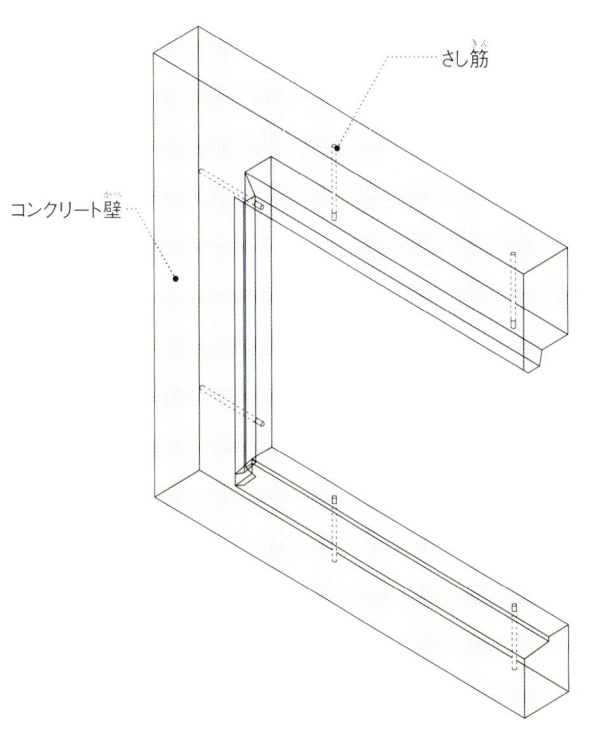

さし筋

コンクリート壁

さし筋はコンクリートを打設する前にあらかじめ躯体に埋め込んでおきます。

室内ドア

内部開口部の開閉方式のほとんどは、開き戸と引戸です。最近は和室の減少とともに開き戸の採用が増えています。間仕切壁の種類にはRC造、軽量鉄骨、木下地がありますが、図はRC造の間仕切壁に開き戸を取り付けた例です。床は転ばし床のフローリング仕上げです。

1 仕上げ

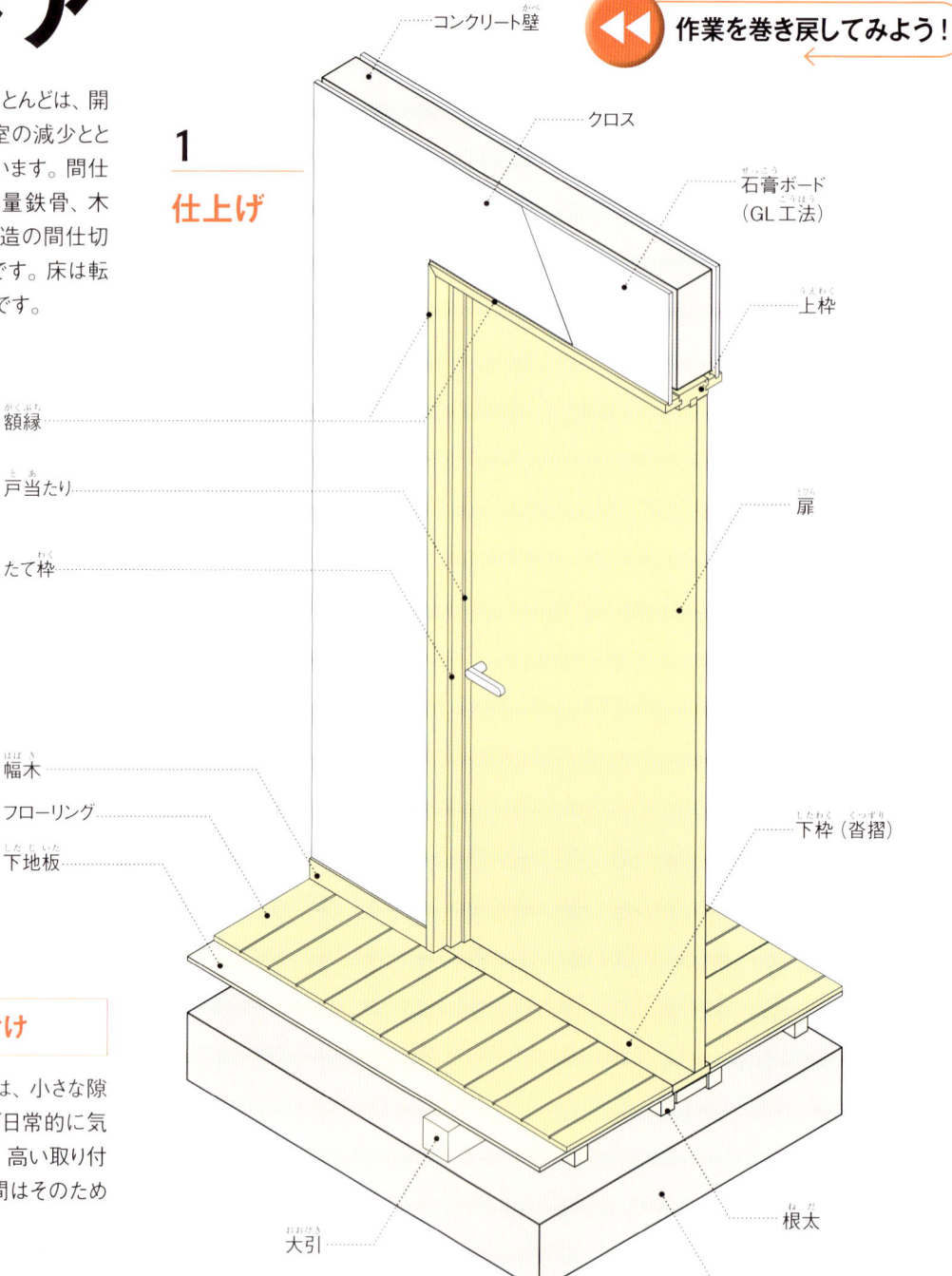

作業を巻き戻してみよう！

- コンクリート壁
- クロス
- 石膏ボード（GL工法）
- 上枠
- 額縁
- 戸当たり
- たて枠
- 扉
- 幅木
- フローリング
- 下地板
- 下枠（沓摺）
- 大引
- 根太
- コンクリート床

建具枠の取り付け

建具の枠とコンクリート壁とは、小さな隙間を設けて固定します。扉が日常的に気持ちよく開閉できるためには、高い取り付け精度が求められます。隙間はそのための調整代です。

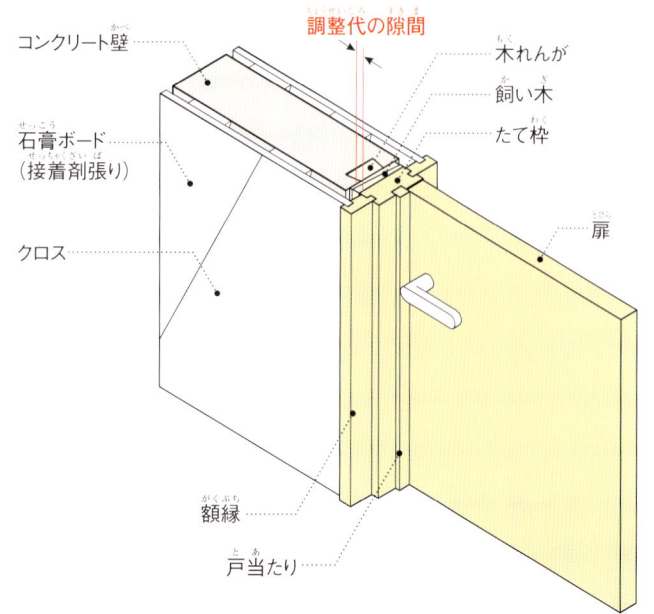

- コンクリート壁
- 石膏ボード（接着剤張り）
- クロス
- 調整代の隙間
- 木れんが
- 飼い木
- たて枠
- 扉
- 額縁
- 戸当たり

Point

枠の問題点

建具の枠は、扉を閉めたときの気密性や遮音性を確保する役割を果たします。以前は下枠（沓摺）も凸の形状でしたが、最近ではバリアフリー（床段差の解消）の観点からフラットにすることが増えています。しかしこの場合は、床と扉の間に隙間が生じるため、気密性や遮音性が損なわれます。また、ドア（開き戸）の場合は、扉を開けたときの戸当たりの出、扉の厚み、ドアハンドルの出などにより、実際の開口幅が狭くなります。車椅子を利用する際は、扉の幅ではなく実際の開口幅が重要になりますから、実際の有効幅を考慮して扉の寸法を決めなければなりません。

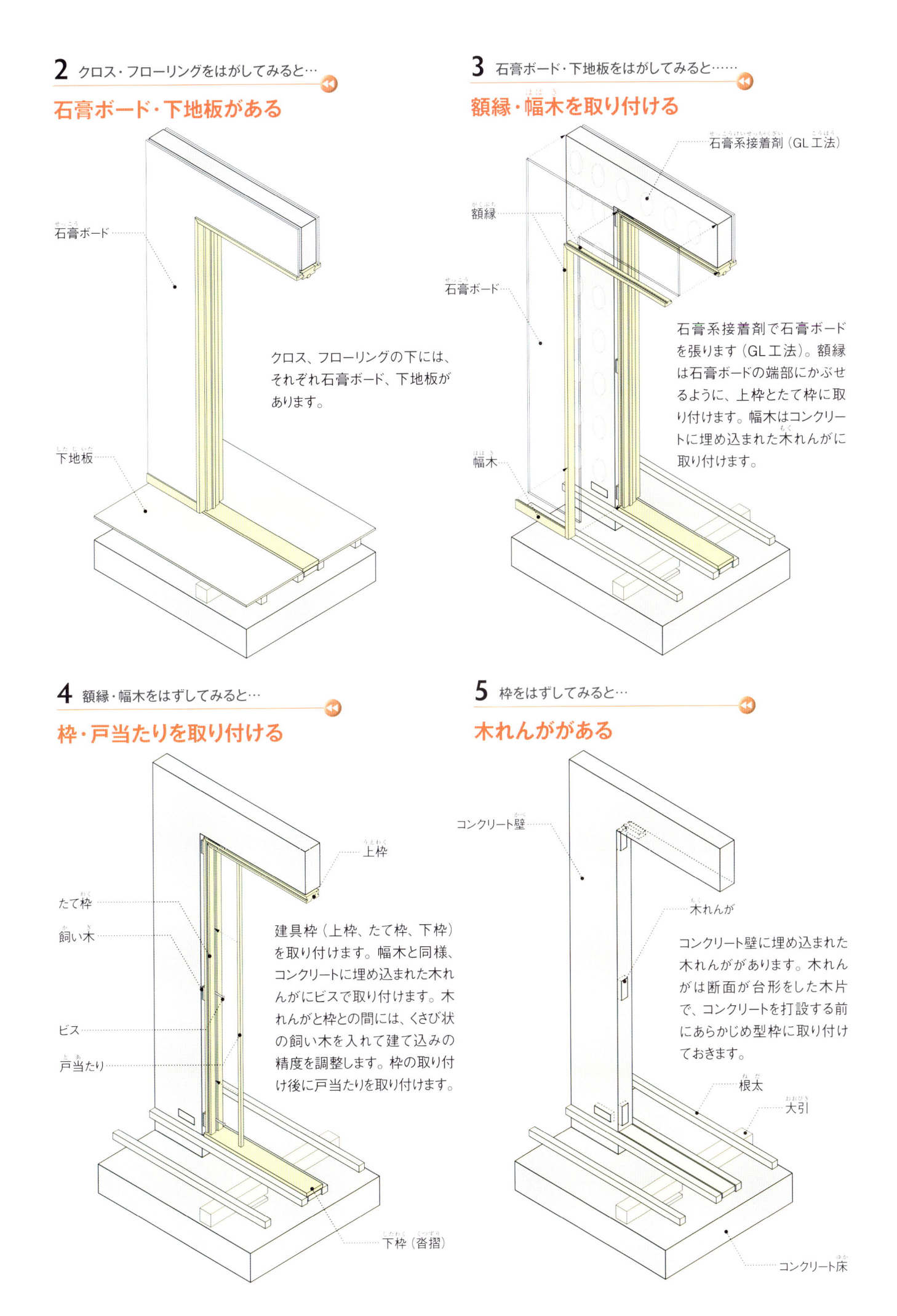

2 クロス・フローリングをはがしてみると…

石膏ボード・下地板がある

石膏ボード

下地板

クロス、フローリングの下には、それぞれ石膏ボード、下地板があります。

3 石膏ボード・下地板をはがしてみると……

額縁・幅木を取り付ける

石膏系接着剤（GL工法）

額縁

石膏ボード

幅木

石膏系接着剤で石膏ボードを張ります（GL工法）。額縁は石膏ボードの端部にかぶせるように、上枠とたて枠に取り付けます。幅木はコンクリートに埋め込まれた木れんがに取り付けます。

4 額縁・幅木をはずしてみると…

枠・戸当たりを取り付ける

上枠

たて枠

飼い木

ビス

戸当たり

下枠（沓摺）

建具枠（上枠、たて枠、下枠）を取り付けます。幅木と同様、コンクリートに埋め込まれた木れんがにビスで取り付けます。木れんがと枠との間には、くさび状の飼い木を入れて建て込みの精度を調整します。枠の取り付け後に戸当たりを取り付けます。

5 枠をはずしてみると…

木れんががある

コンクリート壁

木れんが

根太

大引

コンクリート床

コンクリート壁に埋め込まれた木れんががあります。木れんがは断面が台形をした木片で、コンクリートを打設する前にあらかじめ型枠に取り付けておきます。

第3章 鉄骨造の建物ができるまで

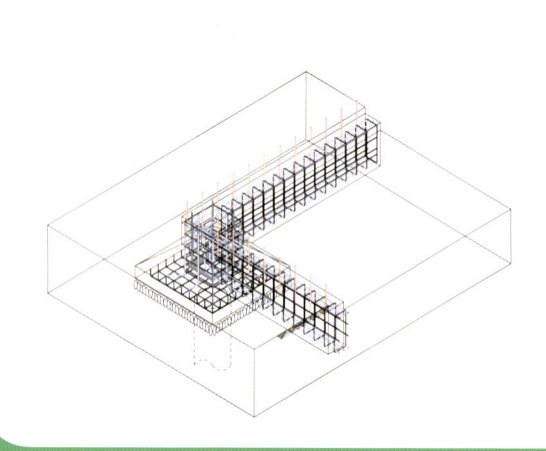

01 基礎をつくる

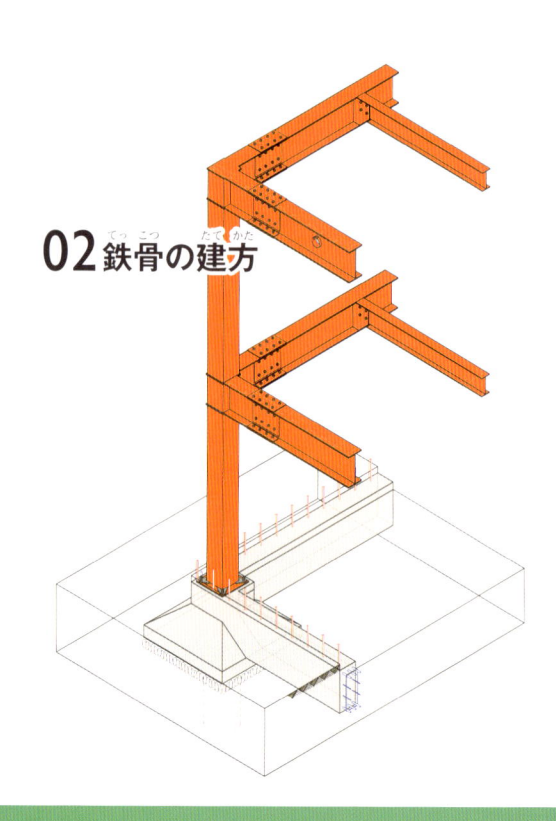

02 鉄骨の建方

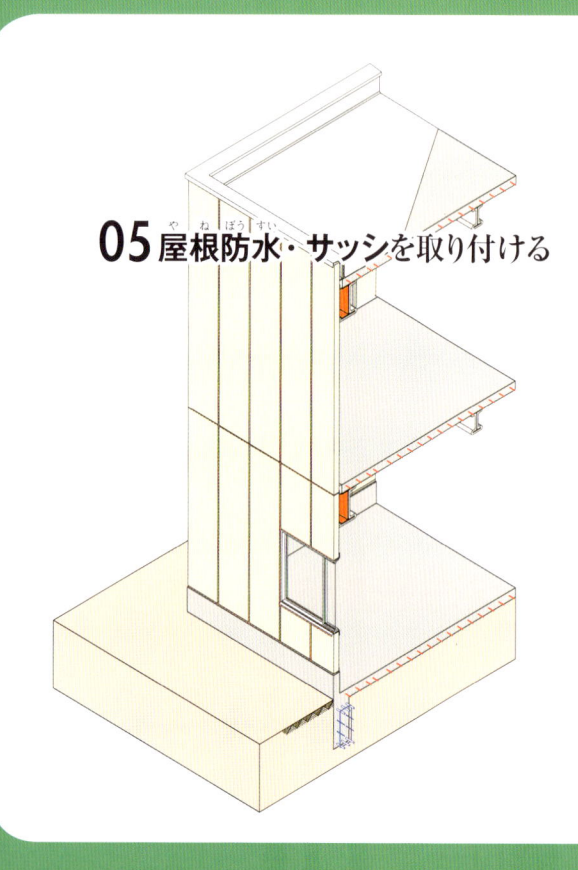

05 屋根防水・サッシを取り付ける

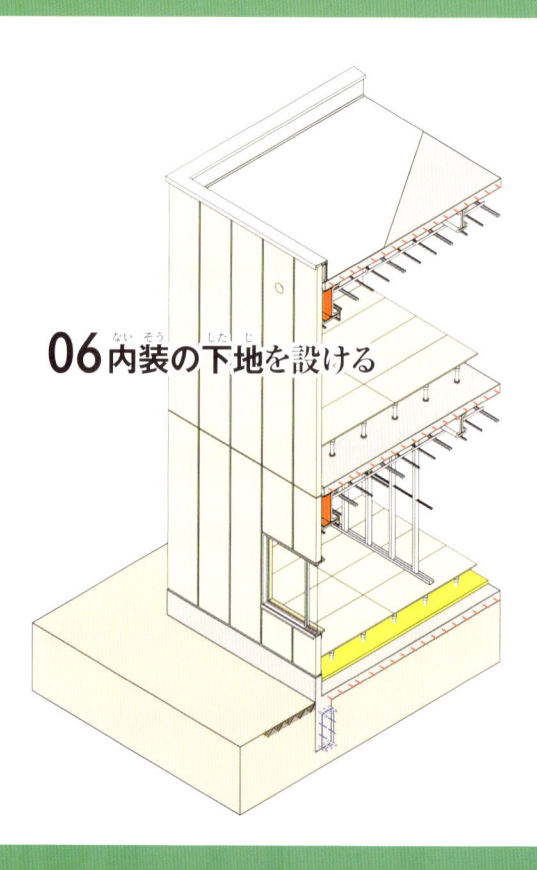

06 内装の下地を設ける

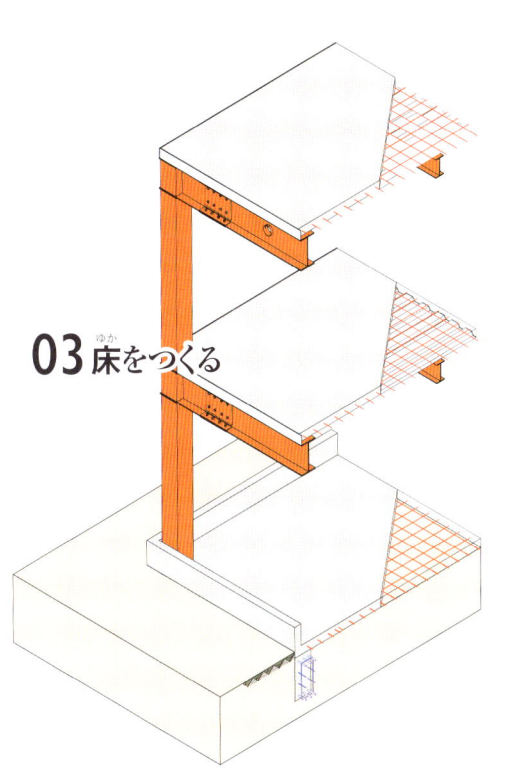

03 床をつくる

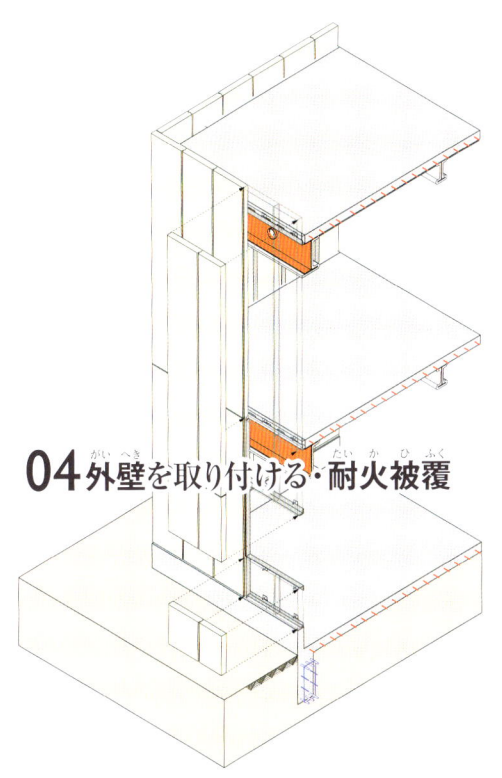

04 外壁を取り付ける・耐火被覆

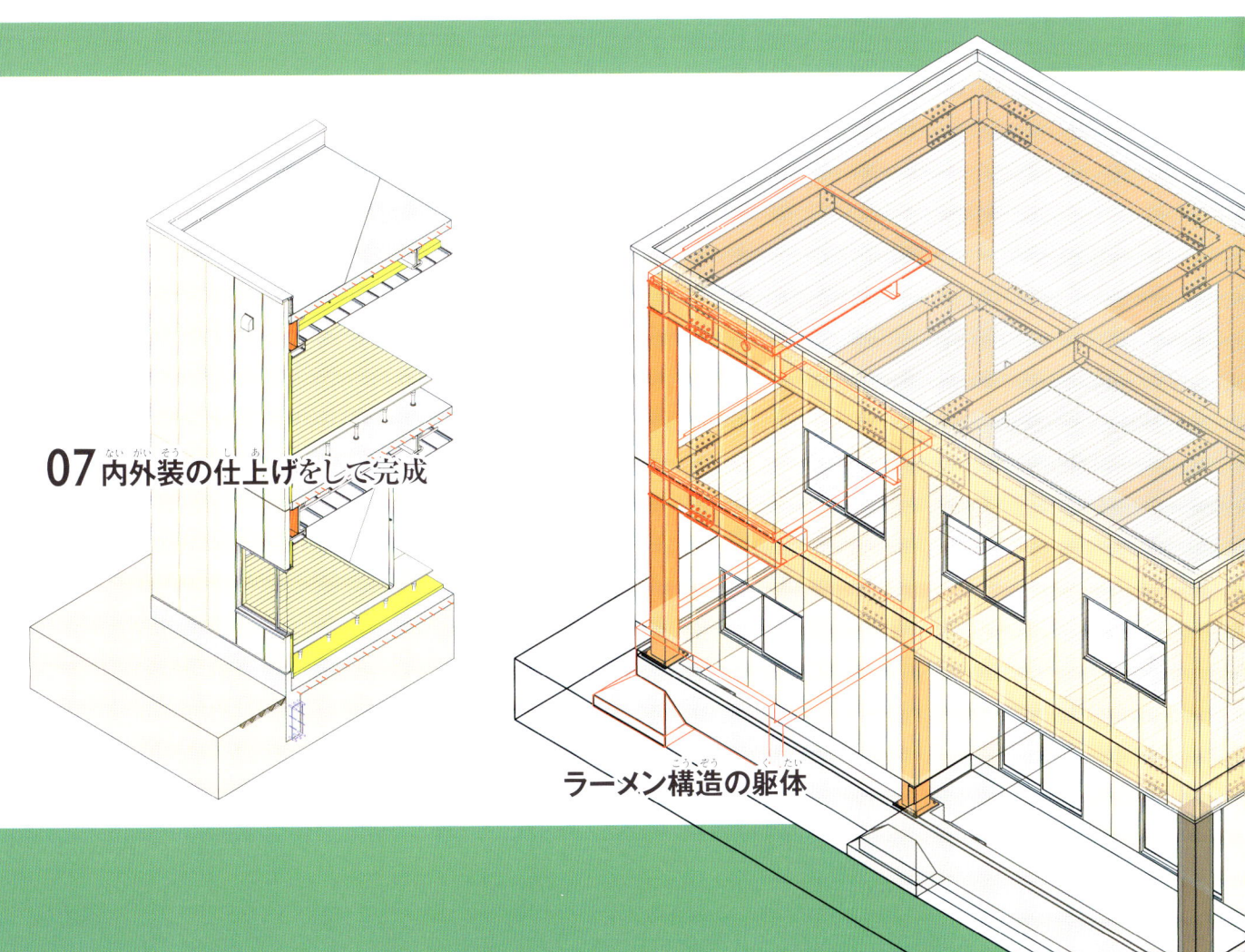

07 内外装の仕上げをして完成

ラーメン構造の躯体

鉄骨造の特徴

鉄骨造の特性

鉄そのものは紀元前から使用されていた素材ですが、鋼材［※］が建築に本格的に使用されるのは19世紀後半からです。
鉄骨造は、Steel（鋼）を略してS造ともいいます。

鋼材の利点

- 強度が高い
- 剛性が高い（変形しにくい）
- 靭性が高い（破断しにくく粘り強い）
- 品質が安定している
  →構造材料として優れている

鋼材の弱点

- 錆が不安定→防錆塗装やメッキが必要
- 火熱に弱い→ロックウールなどの耐火被覆（83頁参照）で鋼材の温度上昇を防ぐ。このほかに、所定の温度に達すると被膜が発泡する耐火塗料や、鋼材自体に耐火性を有した耐火鋼（FR鋼）がある
- 断熱が弱点→熱伝導率が高いので、ヒートブリッジ（31頁参照）ができやすく、外周部が断熱上の弱点になりやすい。外断熱など断熱構法の工夫が必要になる

鋼材の種類

鋼材には重量鉄骨と軽量鉄骨があります。重量鉄骨は厚さが6mm以上の鋼材のことで、6mm未満の鋼材は軽量鉄骨といいます。一般に、ラーメン構造には重量鉄骨、ピンブレース構造には軽量鉄骨が使用されます。

表は構造部材に用いられる代表的な形鋼の種類をまとめたものです（9・10頁参照）。

名称	通称	形状	寸法表示
等辺山形鋼	アングル	A ⌞ t, A	L-A×A×t
溝形鋼	チャンネル	A ⊏ t1, B, t2	⊏-A×B×t1×t2
H形鋼	—	A I t1, B, t2	H-A×B×t1×t2
リップ溝形鋼	Cチャンネル	A ⊏ t, B, C, C	⊏-A×B×C×t
鋼管	—	D ○ t	φ-D×t
角形鋼管	—	A ▢ t, B	▢-A×B×t
平鋼	フラットバー	t, B	FB-B×t

鉄骨造の構造方式

鉄骨造の代表的な構造方式には、柱・梁を剛接合するラーメン構造、木造の在来軸組構法と同様に柱・梁と筋かい（ブレース）で構成するピンブレース構造、三角形を組み合わせたトラス構造の3つがあります。

ラーメン構造は、事務所ビル、店舗ビルや共同住宅に使用され、広く普及しています。

ピンブレース構造は住宅によく用いられます。鉄骨系のプレハブ住宅の多くは軽量形鋼（LGS）によるピンブレース構造です。

この章ではラーメン構造の建物を中心に解説していきますが、参考としてピンブレース構造の概要も適宜まとめています（91頁参照）。

ラーメン構造

剛接合／梁／柱

ピンブレース構造

ピン接合／梁／ブレース／柱

※　鋼材：鋼（Steel）とは、鉄（Iron）を主成分にした炭素の含有量が0.3〜2%の合金をいいます

鉄骨造の施工方法

施工方法が多少異なるラーメン構造とピンブレース構造ですが、基礎の上に柱を立て、梁を架け渡し、床・屋根をつくる工程は共通です。図はラーメン構造の工程を示したものです。各部材は工場で加工製作されて現場に搬入され、そのまま現場で組み立てられます（建方）。

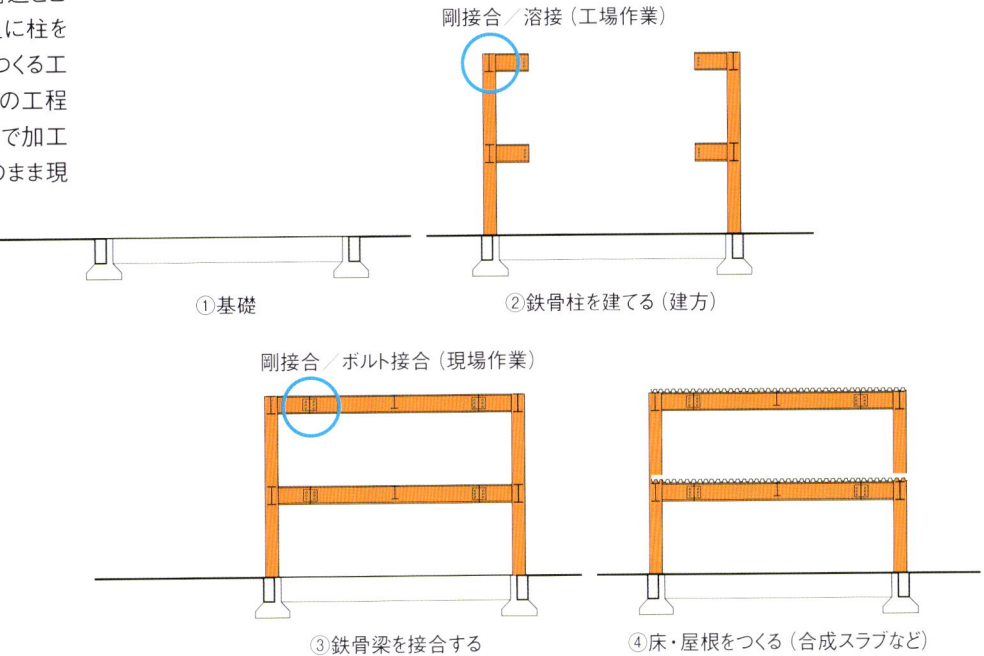

①基礎　　②鉄骨柱を建てる（建方）

③鉄骨梁を接合する　　④床・屋根をつくる（合成スラブなど）

鋼材の接合

かつてはリベット接合という方法もありましたが、現在はボルト接合と溶接が用いられます。ボルト接合には、高力ボルト接合と普通ボルト接合があります。溶接は工場作業、ボルト接合は現場作業で行うのが主流です。

高力ボルト接合

引っ張り耐力が大きい高力ボルト（ハイテンションボルト）を用いる接合で、所定の力で締め付け、接合部材間の摩擦力を利用します。構造上主要な部分の接合に用いられます（11頁参照）。

普通ボルト接合

ボルト自体のせん断力で接合するもので、施工・解体は容易ですが、長期間継続して使用しているとボルトが緩みやすいため、ある規模以上の建物の、構造上主要な部分には使用できません（11頁参照）。

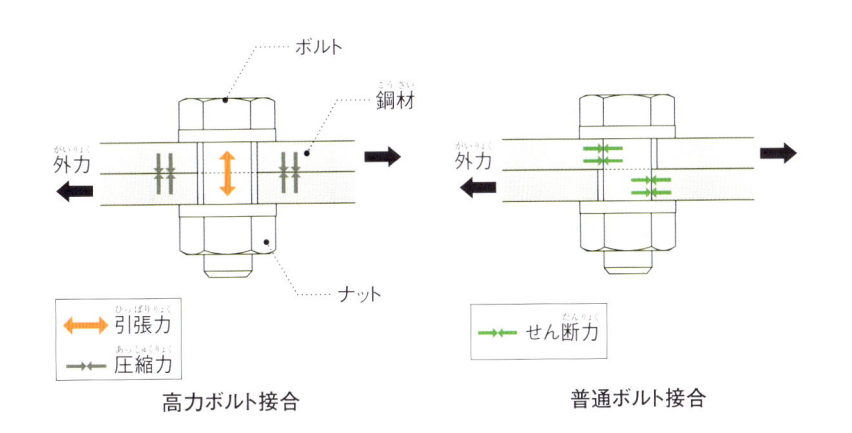

高力ボルト接合　　　　普通ボルト接合

溶接

ボルト接合は、ボルト孔によって部材に断面欠損が生じますが、溶接には欠損がありません。ただし、熱によるひずみが生じやすい、強度が施工に左右されやすいという欠点があります。図は、主要部材の接合に用いられる突合せ溶接の例です。

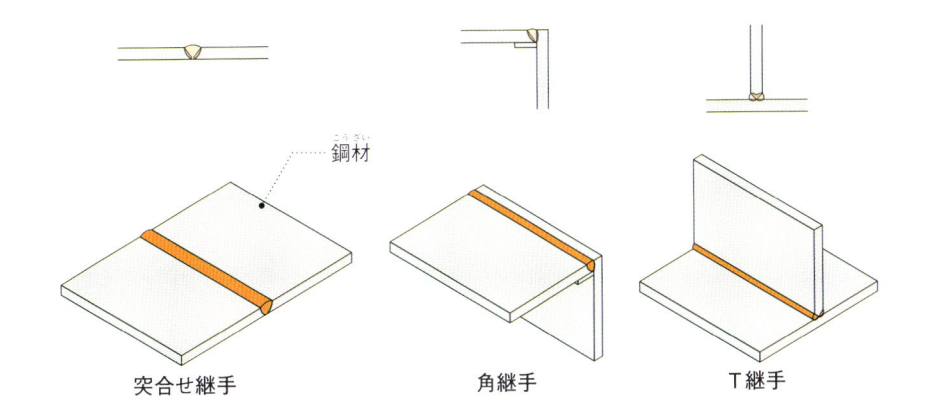

突合せ継手　　　　角継手　　　　T継手

基礎（きそ）をつくる

ラーメン構造の建物を支える基礎をつくります。ここでは独立基礎の例を示しています。RC造と同様に鉄筋と型枠を組み立て、アンカーボルトなどを固定してコンクリートを打設します。

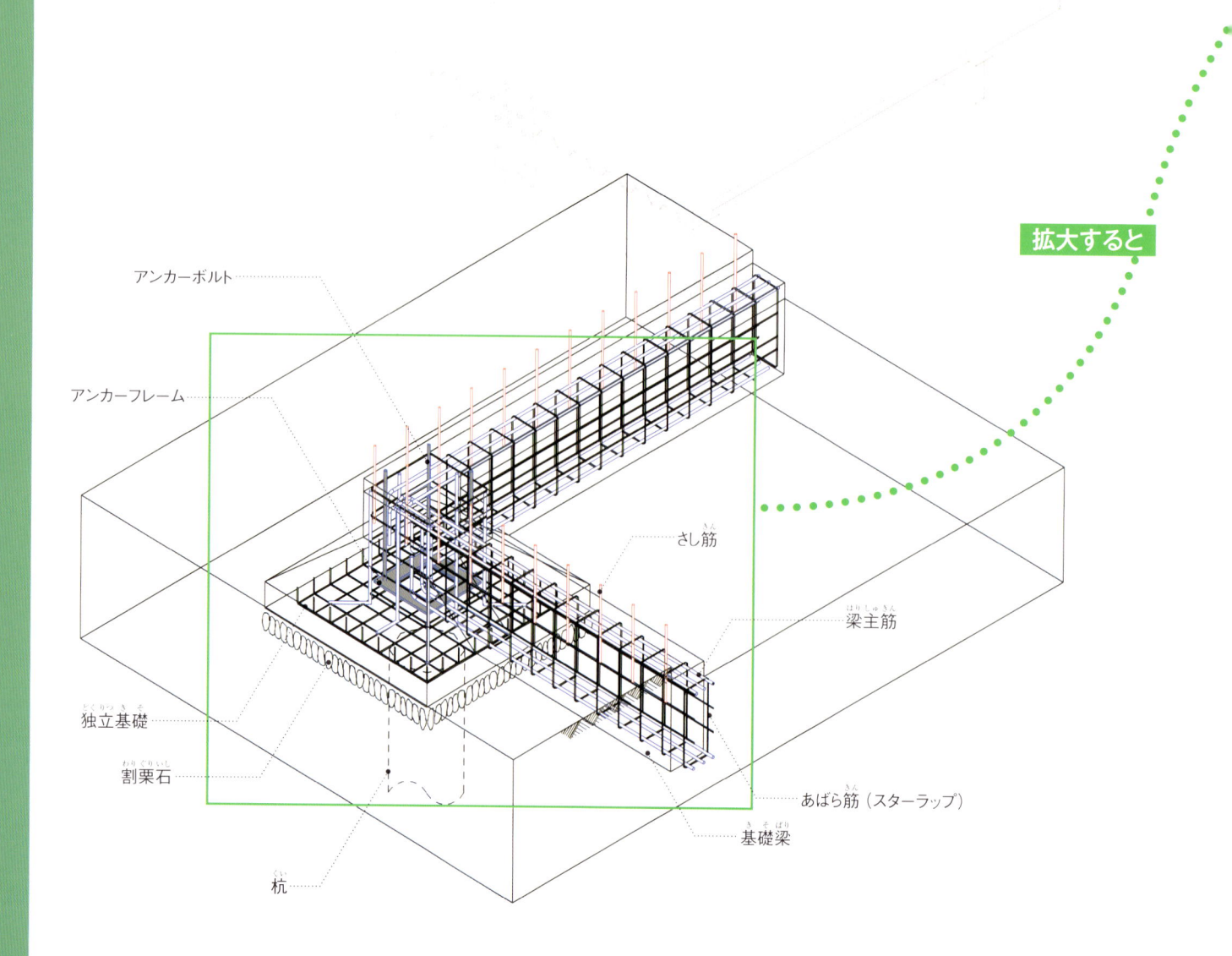

拡大すると

アンカーボルト

アンカーフレーム

さし筋

梁主筋（はりしゅきん）

独立基礎

割栗石（わりぐりいし）

あばら筋（スターラップ）

基礎梁（きそばり）

杭

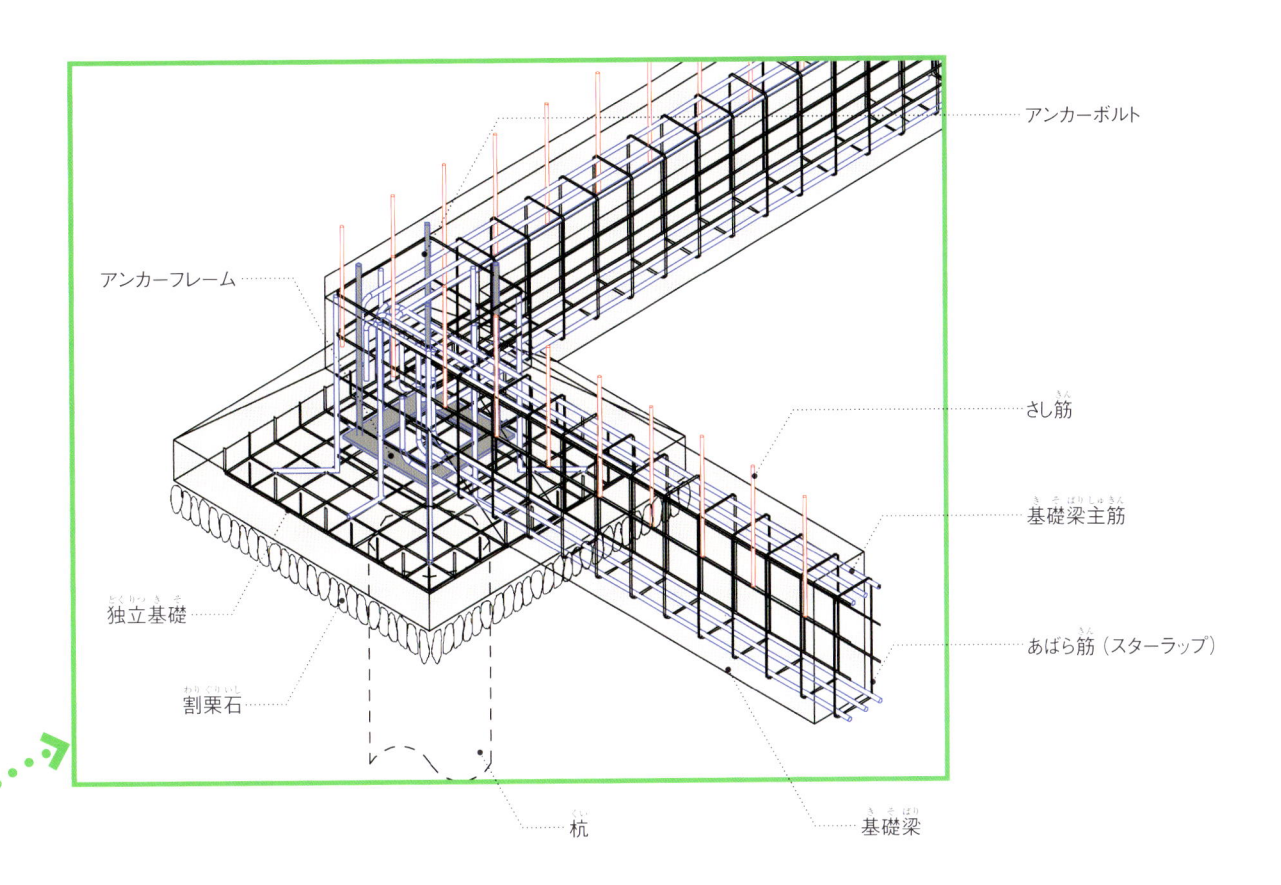

アンカーフレーム

アンカーボルト

さし筋

基礎梁主筋（きそばりしゅきん）

あばら筋（スターラップ）

独立基礎（どくりつきそ）

割栗石（わりぐりいし）

杭（くい）

基礎梁（きそばり）

地業工事・基礎工事

基礎は建物重量と地盤の強さ（地耐力（ちたいりょく）といいます）により、鉄骨造では木造の基礎より大きく、RC造の基礎より少し小振りなものを使用するのが一般的です。ここでは、相当良い地盤を前提に独立基礎の例を示しました（地盤の強さによっては、基礎の下に杭を設けます）。

基礎工事の前段階で、基礎を支える地盤に割栗石を敷き込む（割栗地業（わりぐりじぎょう））のはRC造と同じです。その後、基礎部分の配筋と型枠工事を行いコンクリートを打設、コンクリート硬化後に脱型（だっけい）すれば、基礎工事は完了です。工事の概要はRC造の基礎工事と同じですが、鉄骨造では配筋のときに柱を固定するアンカーボルトや柱脚金物（ちゅうきゃく）をあらかじめ取り付けておきます。なお、基礎の上にみえる「さし筋（きん）」は、外壁のパネルを受ける立ち上がりの部分が基礎と一体になるように、あらかじめ基礎のコンクリート打設前に設けておくものです。

基礎配筋と露出形式の柱脚金物の例

柱脚の形式

鉄骨柱が基礎と取り合う部分を柱脚といいます。柱脚の固定方法には、ピン接合［※1］と剛接合［※2］があります。ピン接合はピンブレース構造（91頁参照）に、剛接合はラーメン構造の建物に用いられます。かつての剛接合の柱脚は、柱脚部分を根巻コンクリートで埋め込んでいましたが、現在はピン接合に類似した露出形式の柱脚固定工法が広く普及しています。

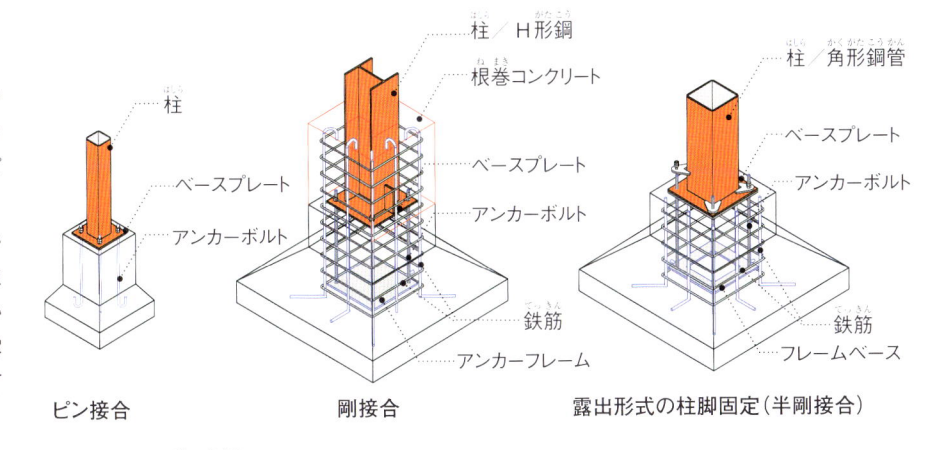

柱（はしら）

ベースプレート

アンカーボルト

ピン接合

柱／H形鋼（はしら）

根巻（ねまき）コンクリート

ベースプレート

アンカーボルト

鉄筋

アンカーフレーム

剛接合

柱／角形鋼管（はしら／かくがたこうかん）

ベースプレート

アンカーボルト

鉄筋

フレームベース

露出形式の柱脚固定（半剛接合）

※1　ピン接合：柱と基礎（梁）が自由に回転できる接合で、英語でPin Joint（ピン　ジョイント）といいます
※2　剛　接　合：柱と基礎（梁）が自由に回転できないように固く接合されている接合で、英語でRigid Joint（リジッド　ジョイント）といいます

鉄骨の建方

基礎工事が終わると鉄骨軸組の工事に移ります。これを建方といいます。柱や梁といった個々の部材は工場で加工・製作されて搬入され、現場では組み立てるだけです。低層の建物では柱・梁の建方は1日で終了します。

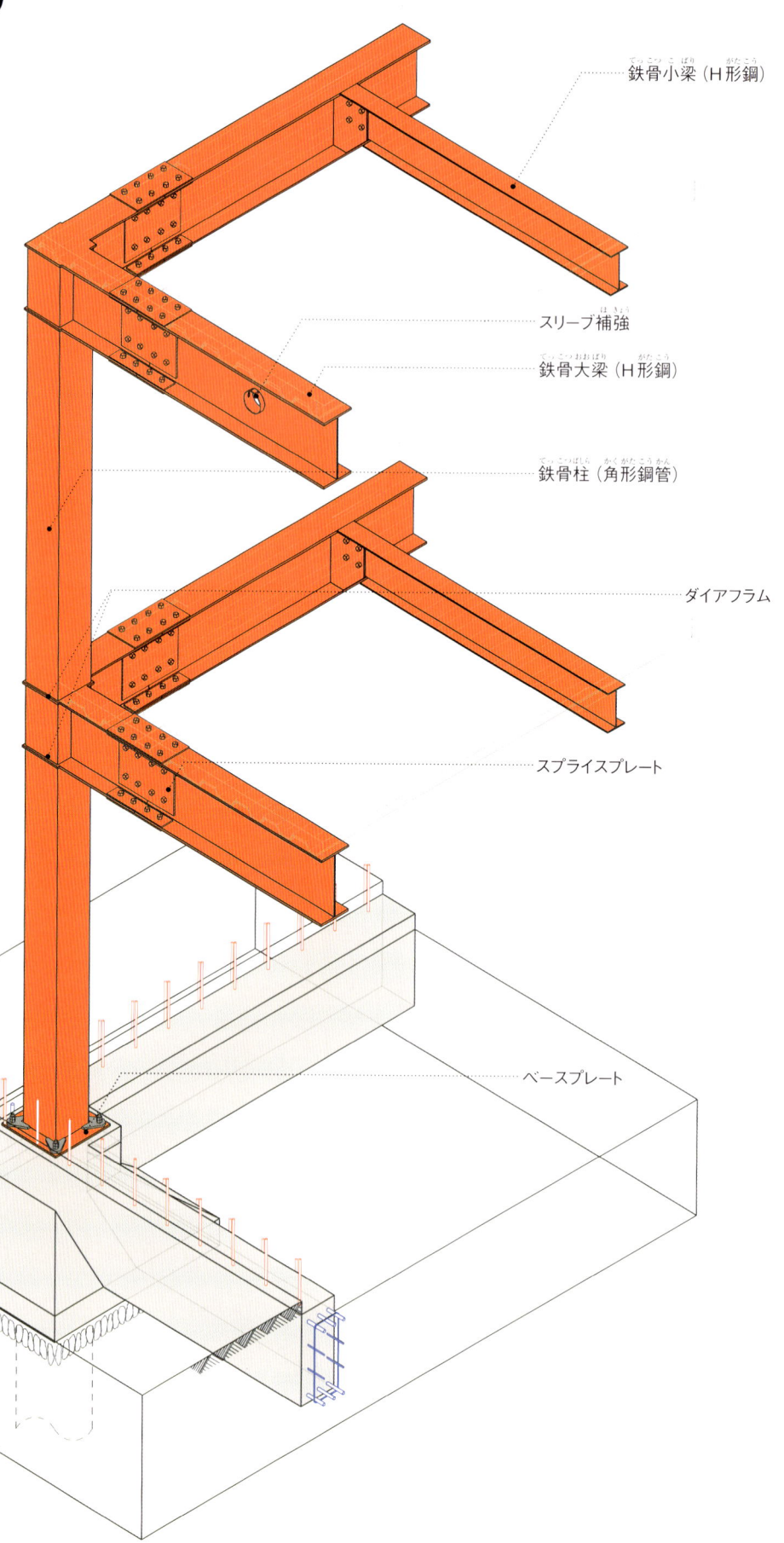

鉄骨小梁（H形鋼）

スリーブ補強

鉄骨大梁（H形鋼）

鉄骨柱（角形鋼管）

ダイアフラム

スプライスプレート

ベースプレート

鋼材の接合

低層の建物では梁は曲げに強いH形鋼を用い、柱は曲げにも圧縮にも強い角形鋼管を用いるのが主流です。

柱と梁の接合部は剛接合にする必要があります。そのため、あらかじめ工場で梁の端部を柱に溶接しておき、現場ではその梁の端部と梁の本体部分との接合部（継手といいます）を高力ボルト［※1］（75頁参照）で接合する方法が一般的です。大梁と小梁の接合はガセットプレートを介してピン接合になります（11頁参照）。ボルトには普通ボルト（75頁参照）もあります。これは施工・解体が容易なボルトですが、長期間の使用によってボルトに緩みが生じやすいなどの欠点があるため、構造上主要な部分の使用については、建物規模による制限があります。

鉄骨建方
工場で加工した部材を、クレーンを使って現場で組み立てる

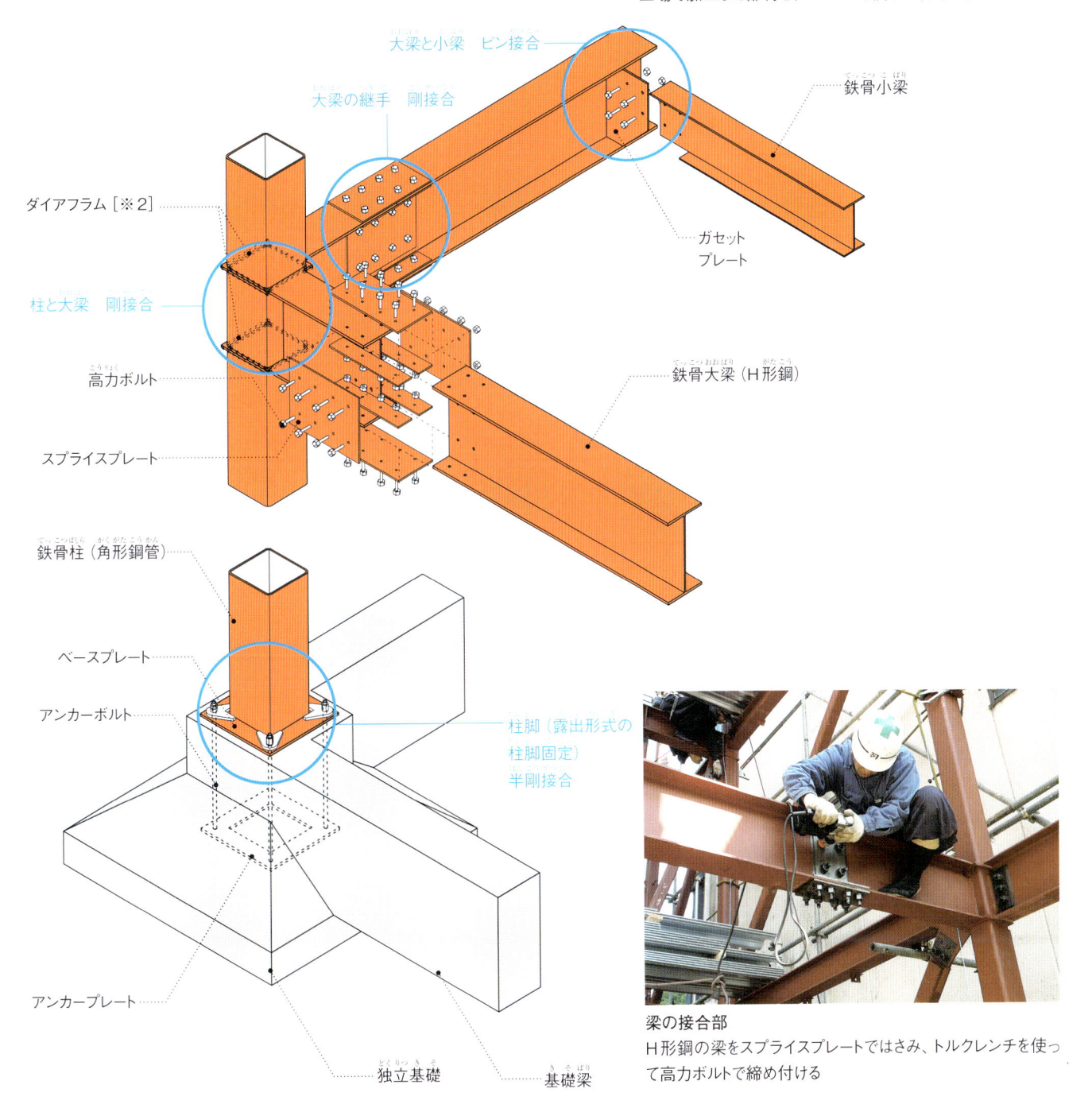

大梁と小梁　ピン接合
大梁の継手　剛接合
ダイアフラム［※2］
柱と大梁　剛接合
高力ボルト
スプライスプレート
鉄骨小梁
ガセットプレート
鉄骨大梁（H形鋼）

鉄骨柱（角形鋼管）
ベースプレート
アンカーボルト
柱脚（露出形式の柱脚固定）半剛接合
アンカープレート
独立基礎
基礎梁

梁の接合部
H形鋼の梁をスプライスプレートではさみ、トルクレンチを使って高力ボルトで締め付ける

※1　高力ボルト：引っ張り耐力が大きく、ハイテンションボルトともいいます。接合する鋼材を強く締め付けて、摩擦力によって接合します
※2　ダイアフラム：梁からの力を柱に伝えるための補強板。梁の端部をダイアフラムに溶接します

床（ゆか）をつくる

軸組の建方が終わったら床工事に入ります。ここでは2階床と屋根について、ラーメン構造によく用いられるデッキプレートを使った合成スラブのつくり方を示します。

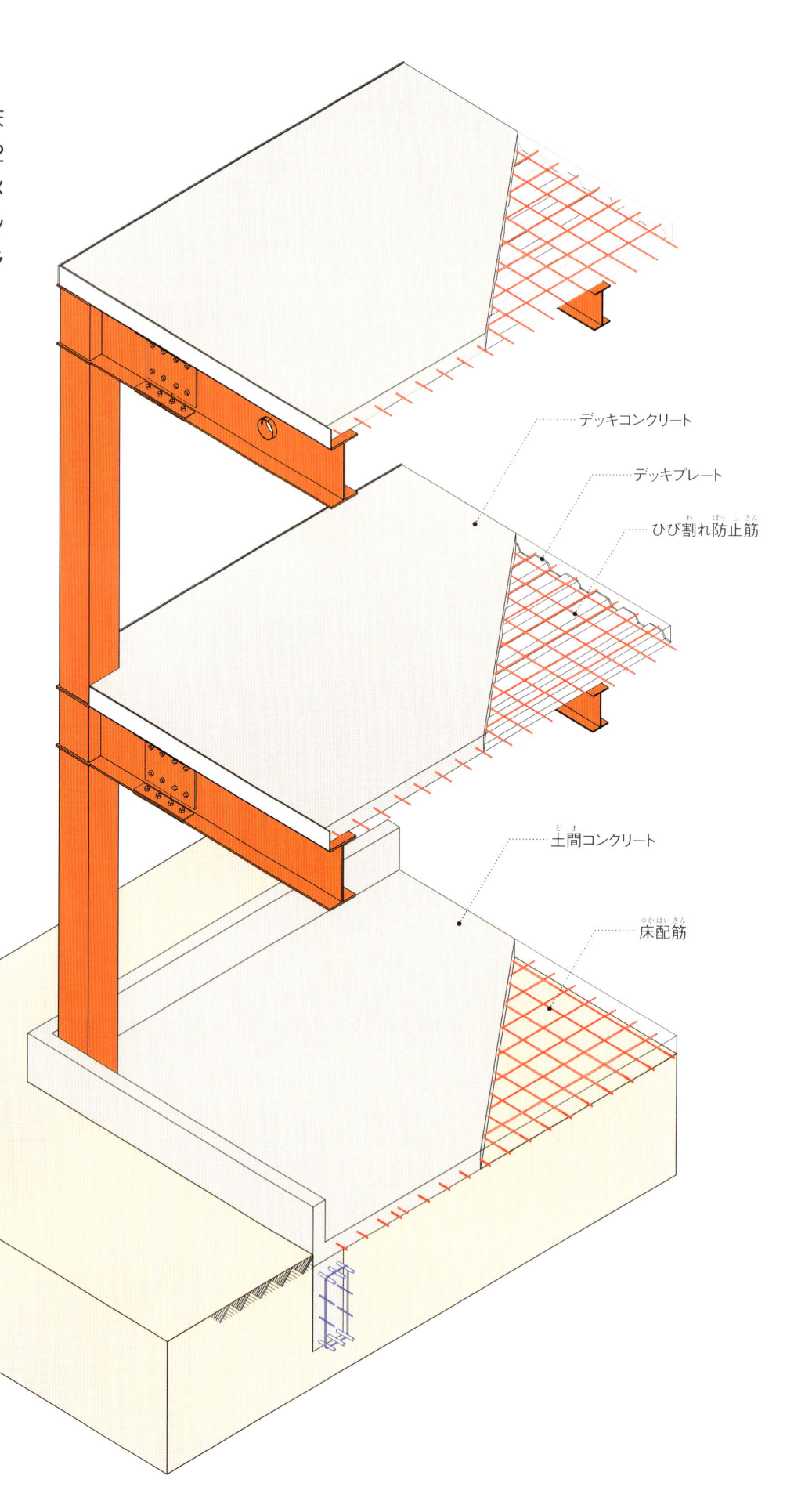

- デッキコンクリート
- デッキプレート
- ひび割れ防止筋（わ　ぼう　し　きん）
- 土間コンクリート（ど　ま）
- 床配筋（ゆか　はい　きん）

1　デッキプレートを取り付ける

床にコンクリートを打設するための型枠を兼ねて、凹凸のある鋼板であるデッキプレートを敷き込みます。床を建物躯体として機能させるためには、梁、デッキプレートと、その上につくるRC造部分の3つを合成スラブとして一体化する必要があります。そのために、図のようにデッキプレートと梁を溶接で固定したり、梁にスタッドボルトを取り付けたりします（最下図参照）。

スタッドボルトを取り付ける様子

2　ひび割れ防止筋を敷く

デッキプレートの上にひび割れ防止筋を敷きます。RC造の床の配筋とは異なり、コンクリートのひび割れを防止するための鉄筋なので径が6mm程度の溶接金網です。一方、最下階の床は地盤を均して砂利を敷き、その上に鉄筋を配します。その際は、立上り部分の配筋と型枠の組立も同時に行われます。

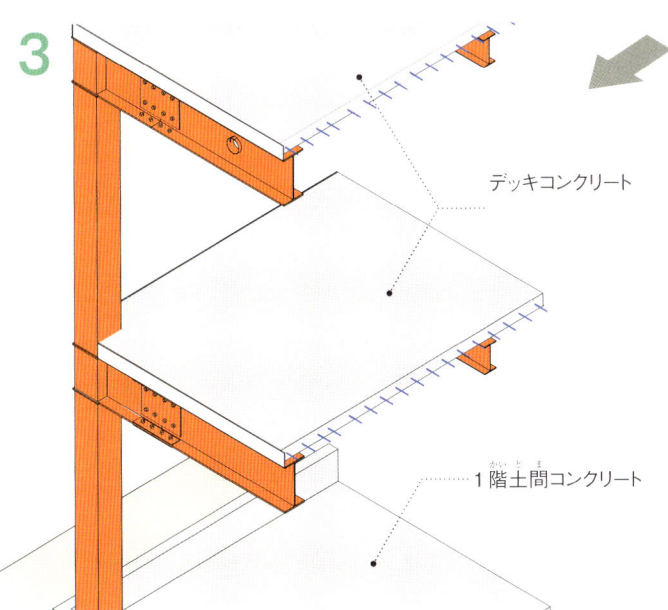

3　コンクリートを打設する

次に上階、最下階のコンクリートを打設します。最下階のコンクリートはラーメン構造のRC造の図と同様、地盤に直に支えられる構造で土間コンクリートといいます。

合成スラブにおける床と梁の一体化

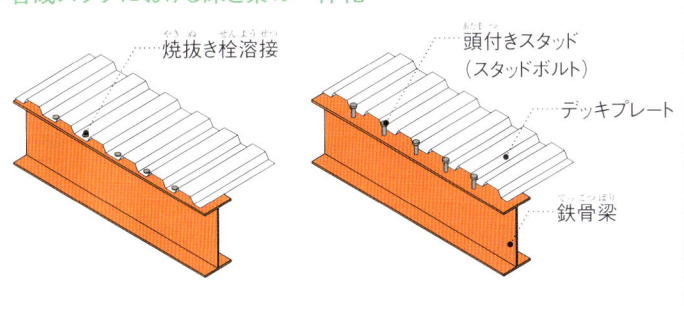

合成スラブの焼抜き栓溶接
梁とデッキプレートを焼抜き栓溶接で固定。その後、ひび割れ防止筋を敷いてコンクリートを打設する

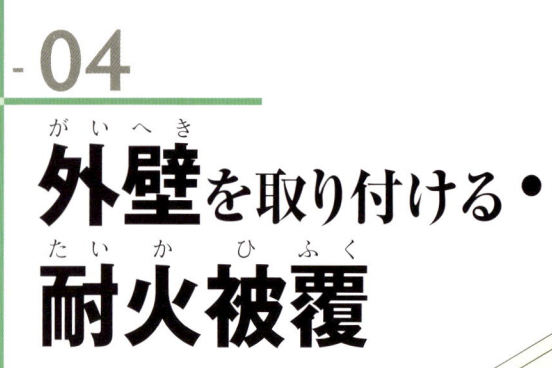

外壁を取り付ける・耐火被覆

続いて外壁工事です。外壁はALCパネルのような既製の壁パネルを、上下の鉄骨の梁やRC造の立上りに取り付けるのが一般的です。必要に応じ、この段階で鉄骨の周囲に耐火被覆工事も実施されます。

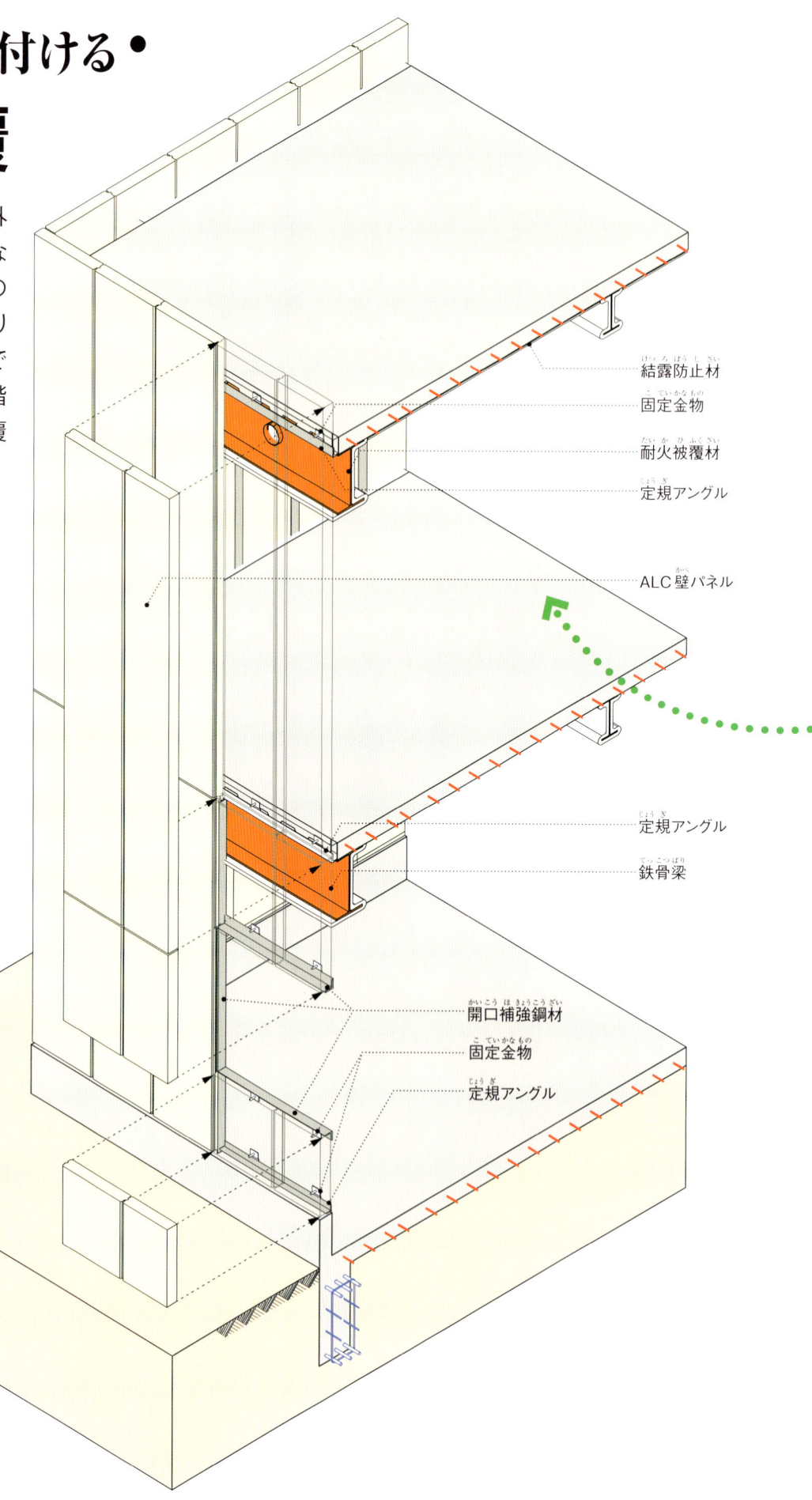

結露防止材

固定金物

耐火被覆材

定規アングル

ALC壁パネル

定規アングル

鉄骨梁

開口補強鋼材

固定金物

定規アングル

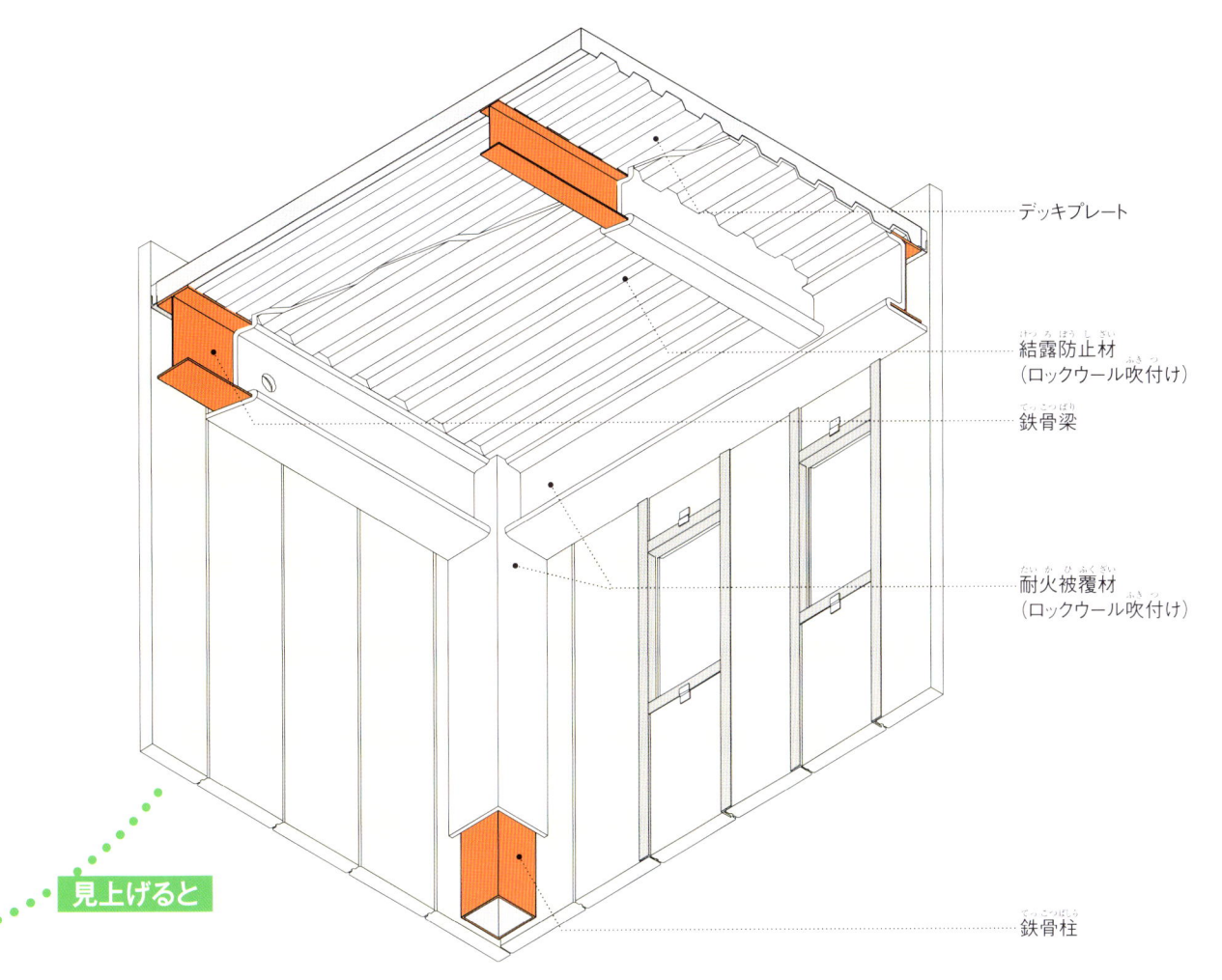

デッキプレート

結露防止材
（ロックウール吹付け）

鉄骨梁

耐火被覆材
（ロックウール吹付け）

見上げると

鉄骨柱

外壁工事

ALCパネル（13頁参照）は厚さ100㎜、幅600㎜程度で、鉄骨梁に専用の金物で取り付けます。地震時に構造体が変形すると、その変形にALCパネルが追従できるような取り付け方をしておきます。図はALCパネルの縦張りでロッキング方式といわれるものです。また、サッシが取り付く部分は、山形鋼（アングル）で補強します。

耐火被覆

鉄骨造を耐火建築物［※］とする場合には、主要構造部を火熱から守るために耐火被覆を施します。一般にはロックウールを吹き付けます。下図に各種工法を示しました。なお、合成スラブの場合は、デッキプレートの耐火被覆は省略できます。また、屋根のデッキプレートには、結露防止の目的でロックウールなどの防露材を設けます。

ロックウール吹付けによる耐火被覆

耐火被覆工法の種類

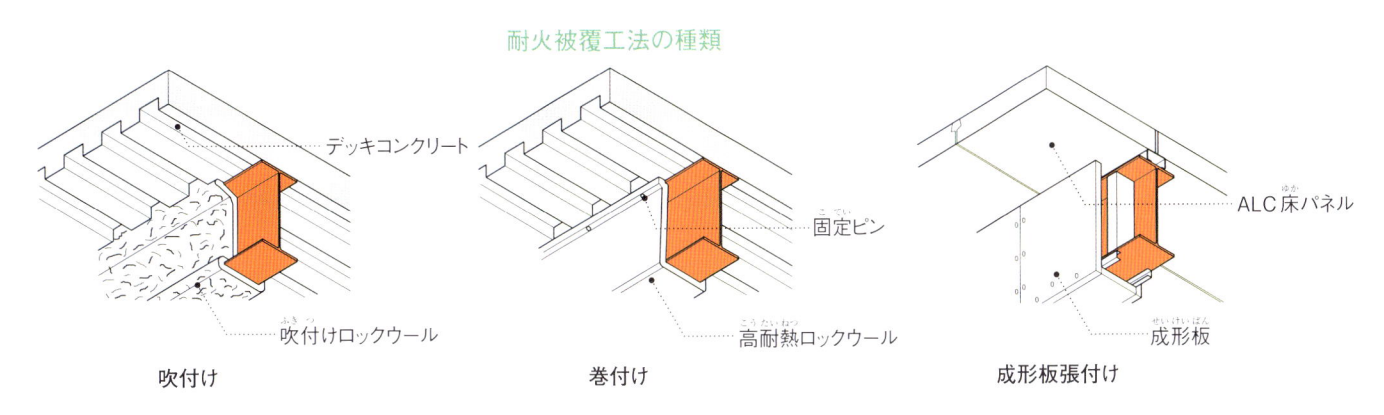

デッキコンクリート

吹付けロックウール

吹付け

固定ピン

高耐熱ロックウール

巻付け

ALC床パネル

成形板

成形板張付け

※　耐火建築物：壁、柱、床、梁、屋根などの主要構造部が一定の耐火性能を有した建築物を「耐火建築物」といいます

屋根防水・サッシを取り付ける

外壁のパネル工事が終わると、屋根の防水工事です。RC造に準じた方法で防水層を形成します。サッシを取り付け、外壁とサッシ廻りにシーリング［※］を打てば、風雨を防ぐことができます。

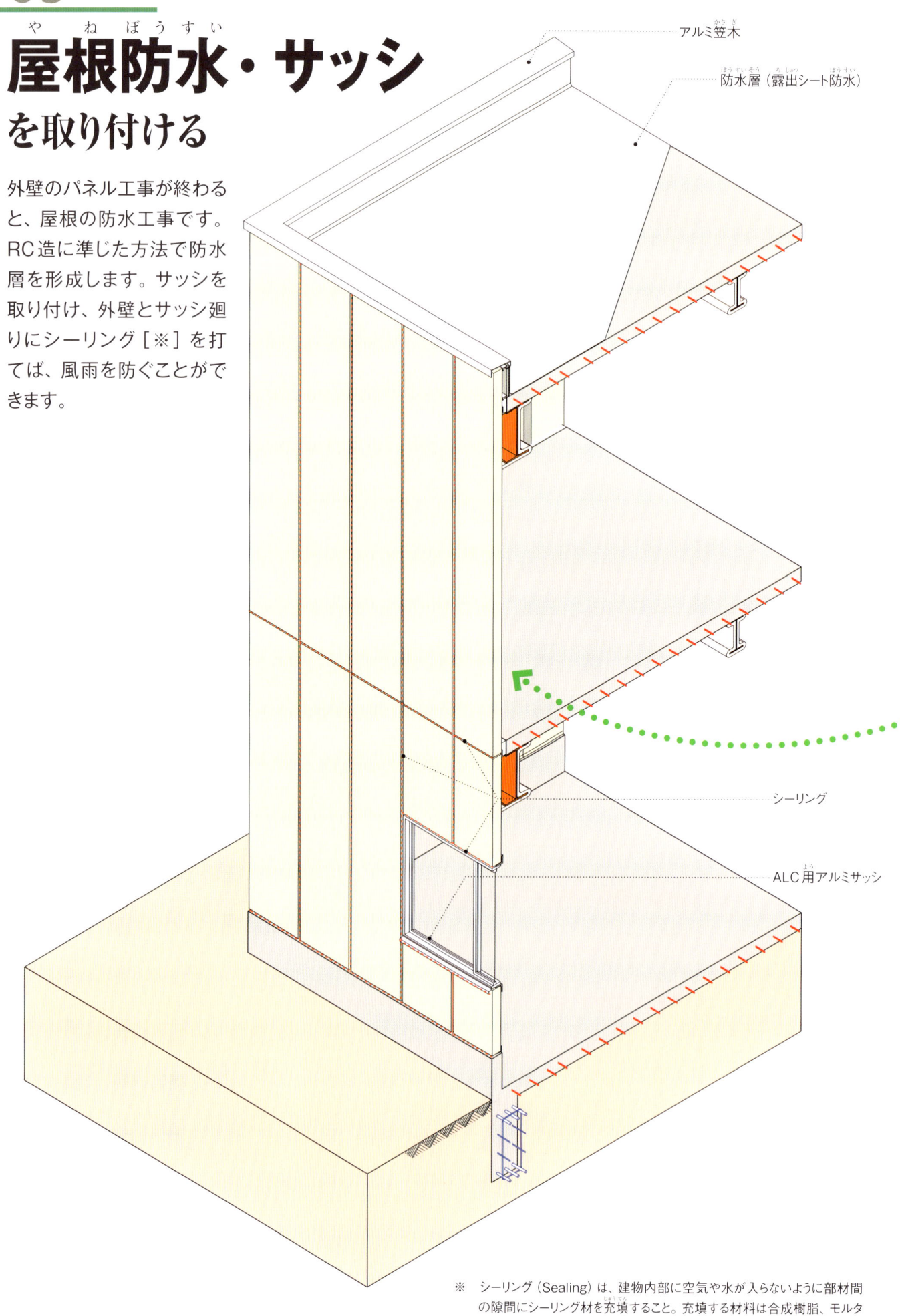

アルミ笠木

防水層（露出シート防水）

シーリング

ALC用アルミサッシ

※ シーリング（Sealing）は、建物内部に空気や水が入らないように部材間の隙間にシーリング材を充填すること。充填する材料は合成樹脂、モルタル、油性パテなど多種多様で、適材適所に使用されます

断面図

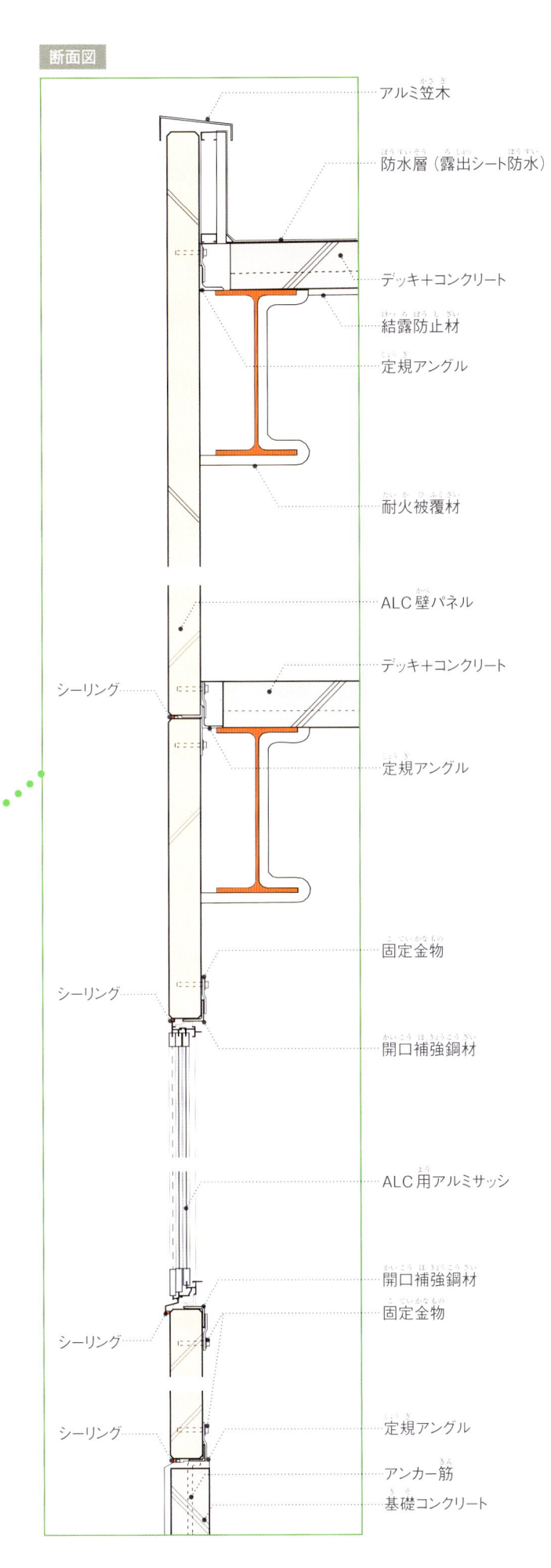

- アルミ笠木
- 防水層（露出シート防水）
- デッキ＋コンクリート
- 結露防止材
- 定規アングル
- 耐火被覆材
- ALC壁パネル
- デッキ＋コンクリート
- 定規アングル
- シーリング
- シーリング
- 固定金物
- 開口補強鋼材
- ALC用アルミサッシ
- 開口補強鋼材
- 固定金物
- シーリング
- シーリング
- 定規アングル
- アンカー筋
- 基礎コンクリート

シート防水

屋根防水工事

RC造のページでは、アスファルト防水の例を示しましたが、ここではシート防水の例を示します。シート防水は、合成ゴム、塩化ビニル、ポリエチレンなどの合成高分子材のシートを、屋根スラブに接着剤で張るものです。アスファルト防水に比べ、紫外線劣化をしにくいので、保護コンクリートを省略して露出防水とすることも多くあります。パラペット部分は、シート防水を立ち上げ、笠木をかぶせて雨仕舞とします。屋根面に断熱層を設けていないので、この場合は内断熱となります。

屋根の排水

陸屋根は排水のために、1/50～1/100（1mにつき5cmから1cm）の勾配を設けます（鉄骨梁で勾配をとります）。屋根の水下（勾配の低い部分）に孔をあけてドレンから排水するのはRC造と同様です。

サッシ取り付け工事

ALC用サッシは、あらかじめ取り付けた開口補強鋼材（アングル）に溶接で固定します。サッシ廻りの隙間にはモルタルを詰めます。

シーリング工事

ALCパネルの目地やサッシ廻りをシーリングします。

アルミサッシの取付け

内装の下地
を設ける

屋根、外壁といった外部の
工事が一段落しました。次
は床、内壁、天井の内装の
下地づくりです。工事の内
容はRC造や木造の工事に
共通しています。

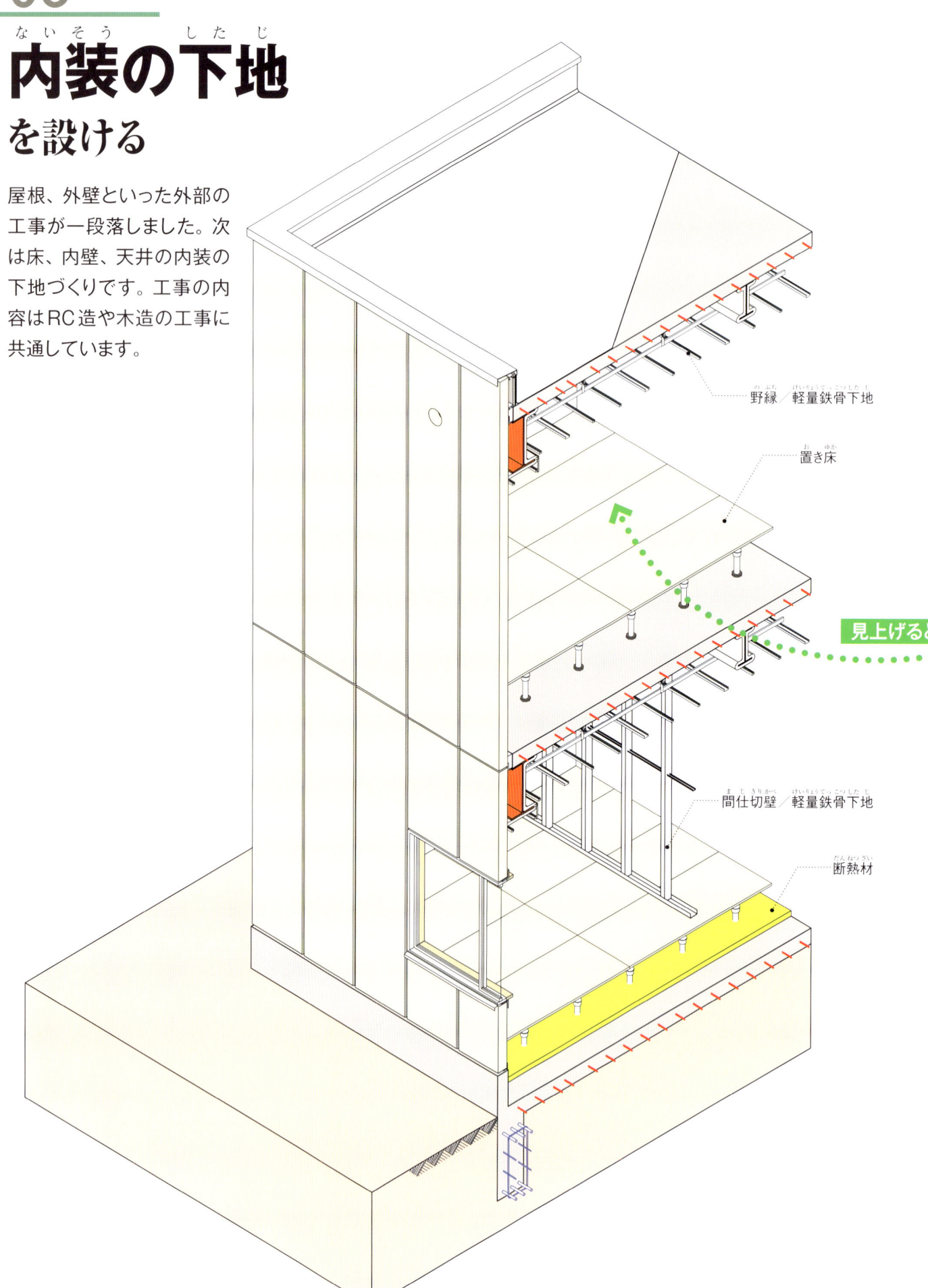

野縁／軽量鉄骨下地

置き床

見上げると

間仕切壁／軽量鉄骨下地

断熱材

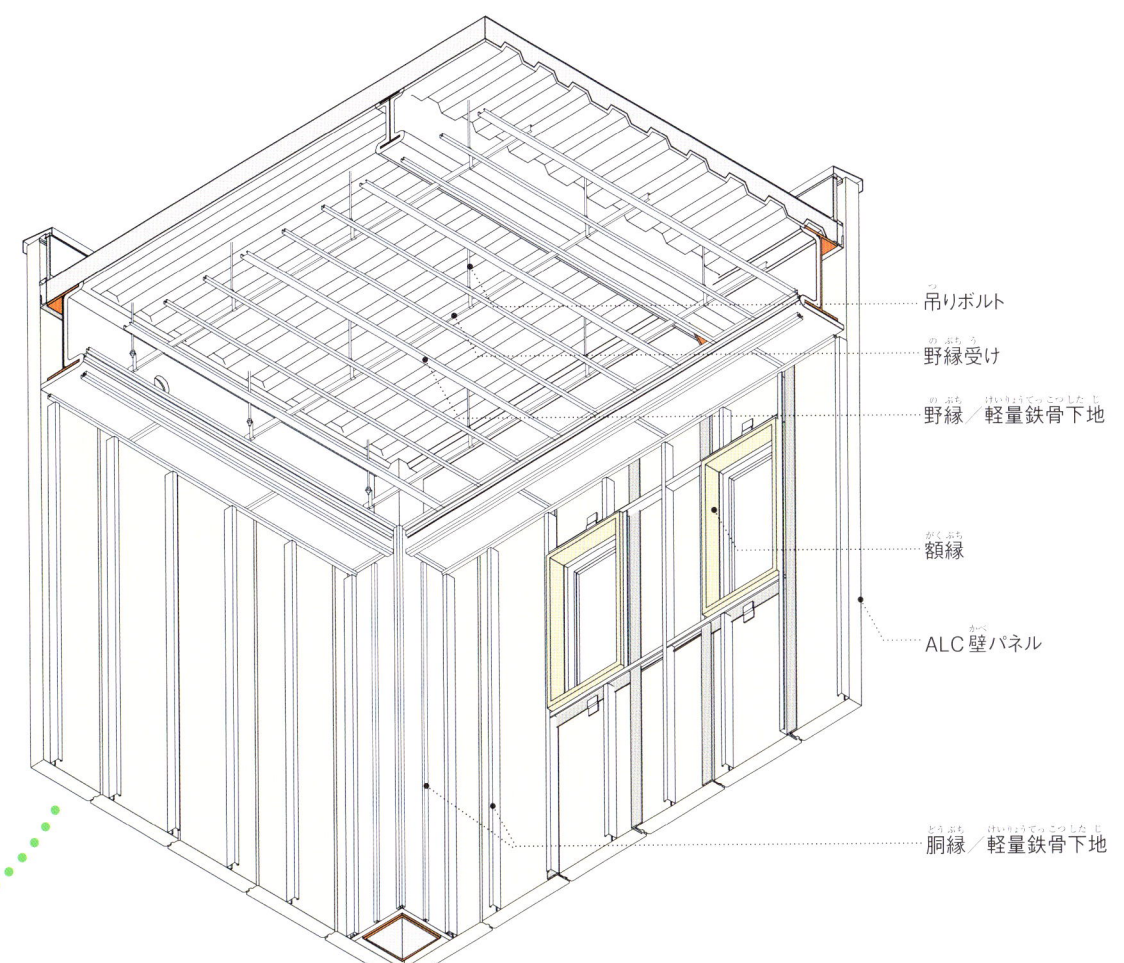

吊りボルト
野縁受け
野縁／軽量鉄骨下地
額縁
ALC壁パネル
胴縁／軽量鉄骨下地

外周壁の内装下地

ALC壁パネルを下地にして、石膏ボードをGL工法（47頁参照）で取り付けることも可能ですが、ここでは軽量鉄骨の胴縁で下地をつくる工法を示します。胴縁の間にはグラスウールなどの断熱材を入れます。

床下地

1階、2階ともに配線・配管スペースがとれる置き床の方式です。

間仕切壁・天井下地

天井と間仕切壁はRC造と同様に軽量鉄骨下地です。木造住宅のように木を使用する場合もありますが、どちらも構成方法は同じです（54頁参照）。

軽量鉄骨（LGS）の内装下地

石膏ボード

ビニルクロス張り仕上げの壁・天井の下地ボードとして、石膏ボードは広く普及しています。石膏ボードは、石膏を芯材にして、特殊な紙で被覆したもので、プラスターボードともいいます。安価で、防火、遮音、断熱性があり、現場での切断、取付けなどの施工性も高い建築材料です。壁・天井に使われるボードの厚みは、9.5mm、12.5mmです。通常の石膏ボードのほかに、防火性、強度、防水性を高めたものや、表面に化粧加工したものなど多種多様な製品があります。

共同住宅では、住戸と住戸を仕切る戸境壁に耐火性と遮音性が求められます。右図は、石膏ボードと軽量鉄骨（LGS）を使った、乾式耐火遮音軽量間仕切壁の例（耐火認定工法）です（58頁参照）。

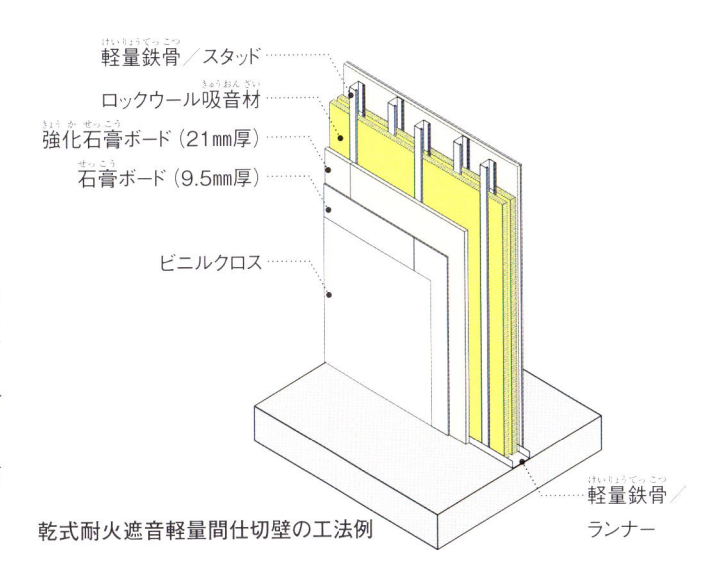

軽量鉄骨／スタッド
ロックウール吸音材
強化石膏ボード（21mm厚）
石膏ボード（9.5mm厚）
ビニルクロス
軽量鉄骨
ランナー

乾式耐火遮音軽量間仕切壁の工法例

内外装の仕上げ
をして完成

内装の床はフローリング仕上げ、壁・天井は石膏ボード下地にビニルクロスを張ります。外装はALC壁パネルに塗装をして完成です。

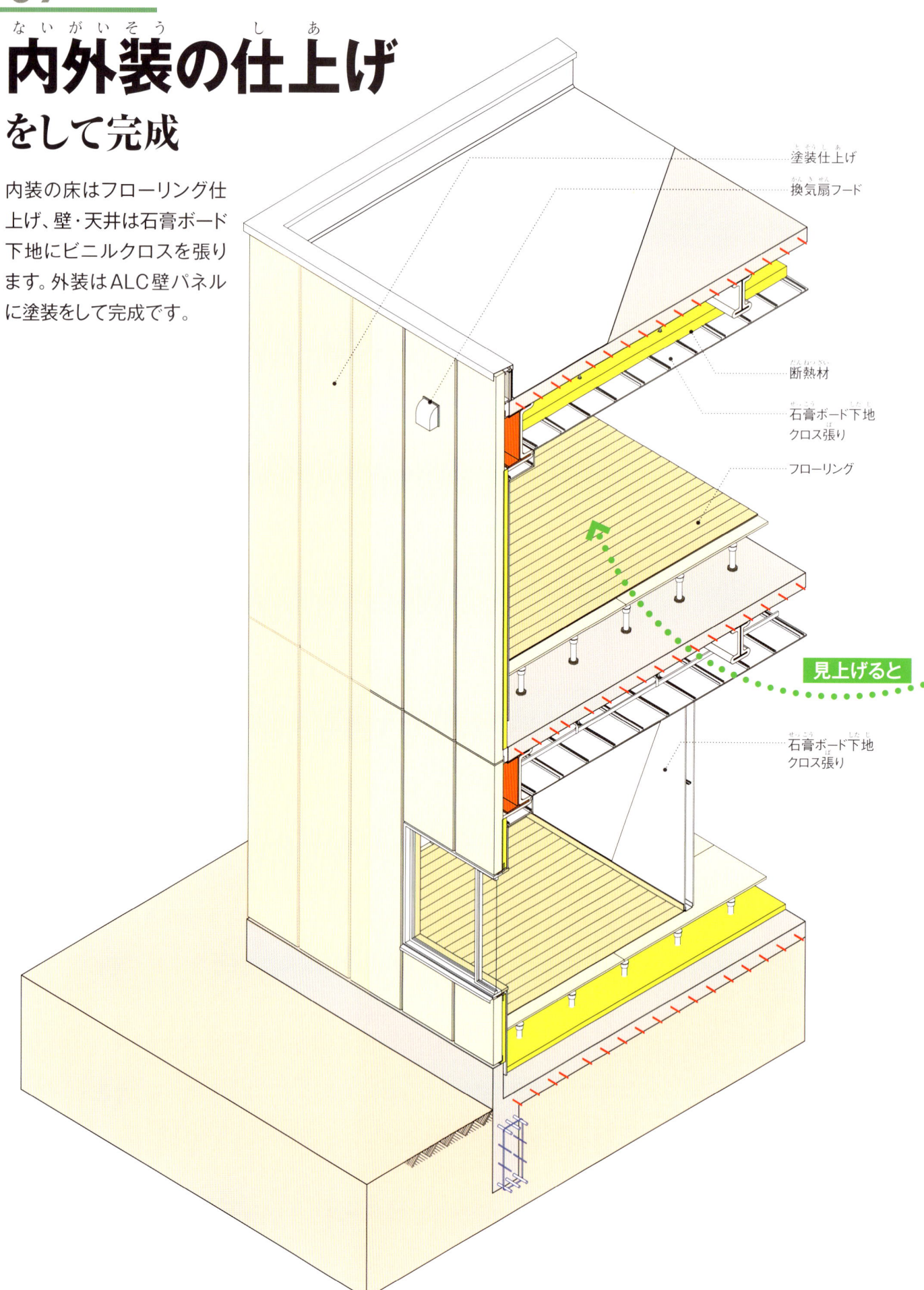

塗装仕上げ

換気扇フード

断熱材

石膏ボード下地
クロス張り

フローリング

見上げると

石膏ボード下地
クロス張り

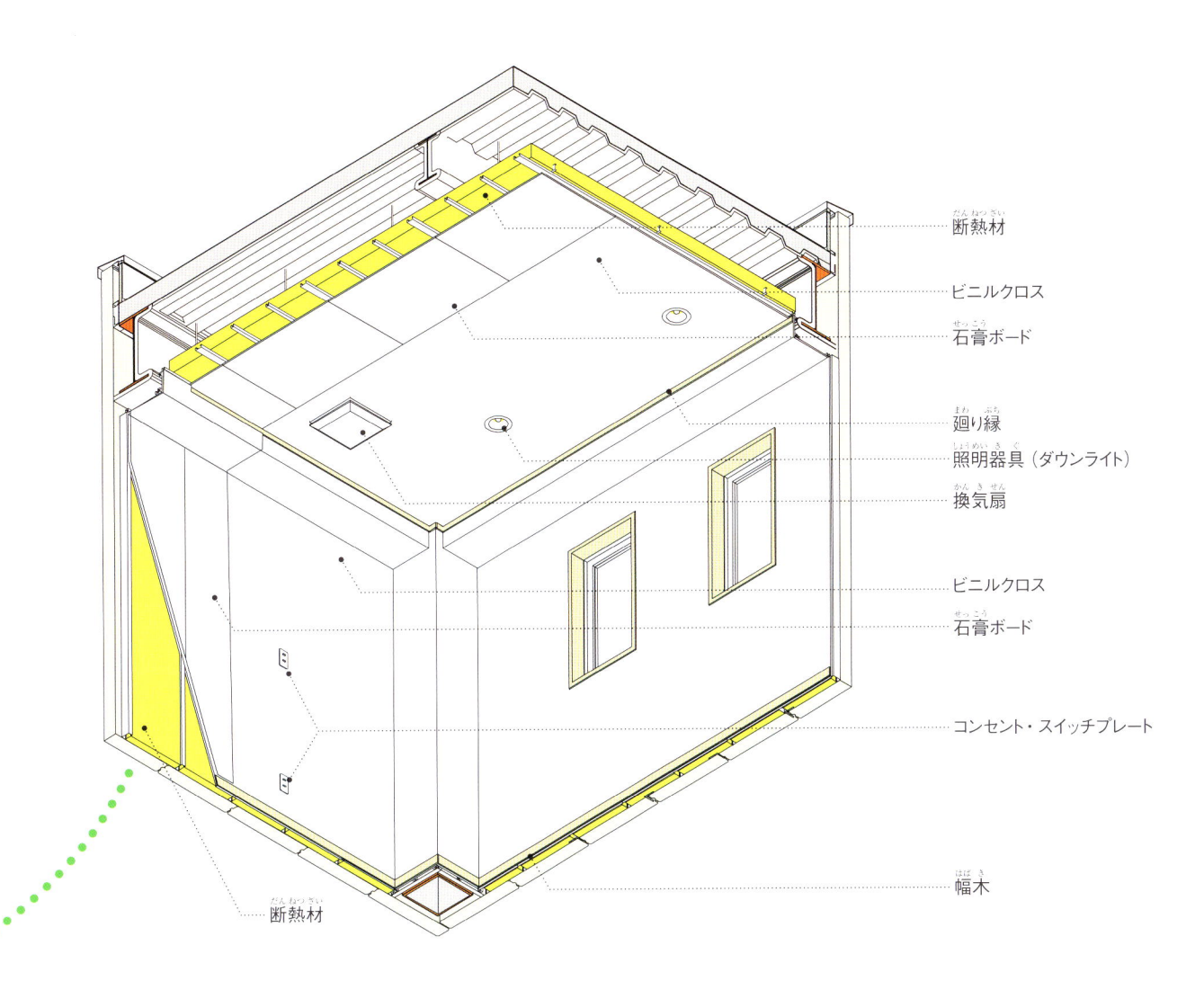

断熱材
ビニルクロス
石膏ボード
廻り縁
照明器具（ダウンライト）
換気扇
ビニルクロス
石膏ボード
コンセント・スイッチプレート
幅木
断熱材

断熱工事

仕上げ工事に先立って、外周壁、1階床下、2階天井裏に断熱材を入れます（この構法を内断熱といいます）。外周壁の断熱材はグラスウールではなく、発泡ウレタンを現場で吹き付ける工法もあります。

設備工事

天井に換気扇や照明器具、壁にスイッチやコンセントなど各種器具を取り付けます。天井裏の懐が不十分で、換気扇のダクトが梁の下を通せない場合には、鉄骨梁のウェブ［※］部分にあらかじめダクト貫通の孔（スリーブといいます）をあけておきます。孔の大きさには制約があり、鉄骨梁にはスリーブの補強をする必要があります。

上階の台所、浴室、便所などの排水管が梁と干渉しないように配慮しておくのはRC造と同じです。配管スペースを設けるほか、置き床にして床スラブの間を配線配管スペースに利用します。

外壁仕上げ

ALCパネルは吸水性があるので、塗装を施すことで止水します。

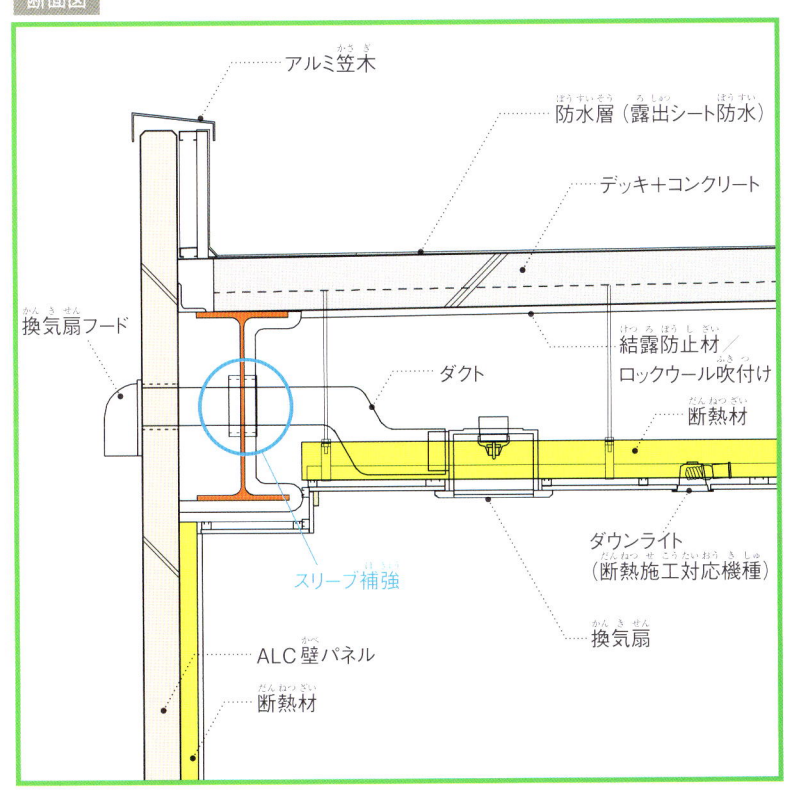

断面図

アルミ笠木
防水層（露出シート防水）
デッキ＋コンクリート
換気扇フード
結露防止材／ロックウール吹付け
ダクト
断熱材
スリーブ補強
ダウンライト（断熱施工対応機種）
ALC壁パネル
換気扇
断熱材

※　ウェブ：H形鋼の梁で、中央の垂直部分をウェブ、上下の水平部分をフランジと呼びます（9頁参照）

ラーメン構造の躯体

各種の形鋼などを利用して、剛接合された柱と梁で立体的な格子状の骨組を形成する構法がラーメン構造です。

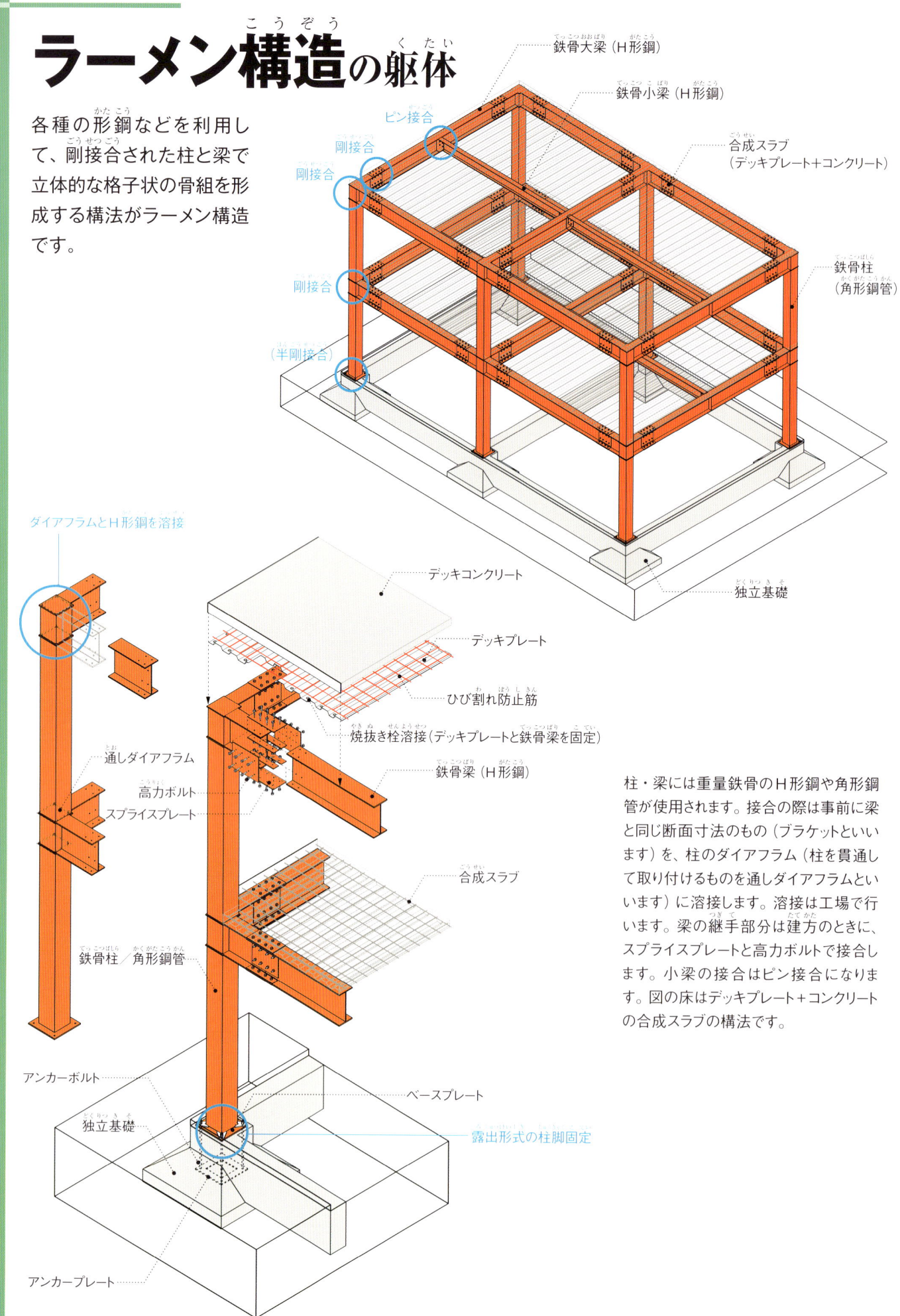

鉄骨大梁（H形鋼）

鉄骨小梁（H形鋼）

合成スラブ（デッキプレート＋コンクリート）

鉄骨柱（角形鋼管）

独立基礎

ピン接合

剛接合

剛接合

剛接合

（半剛接合）

ダイアフラムとH形鋼を溶接

デッキコンクリート

デッキプレート

ひび割れ防止筋

焼抜き栓溶接（デッキプレートと鉄骨梁を固定）

鉄骨梁（H形鋼）

合成スラブ

通しダイアフラム

高力ボルト

スプライスプレート

鉄骨柱／角形鋼管

アンカーボルト

独立基礎

ベースプレート

露出形式の柱脚固定

アンカープレート

柱・梁には重量鉄骨のH形鋼や角形鋼管が使用されます。接合の際は事前に梁と同じ断面寸法のもの（ブラケットといいます）を、柱のダイアフラム（柱を貫通して取り付けるものを通しダイアフラムといいます）に溶接します。溶接は工場で行います。梁の継手部分は建方のときに、スプライスプレートと高力ボルトで接合します。小梁の接合はピン接合になります。図の床はデッキプレート＋コンクリートの合成スラブの構法です。

ピンブレース構造の躯体

柱や梁の接合部を、ピン接合とし、ブレースを入れて建物の変形を防ぐ構法をピンブレース構造といいます。

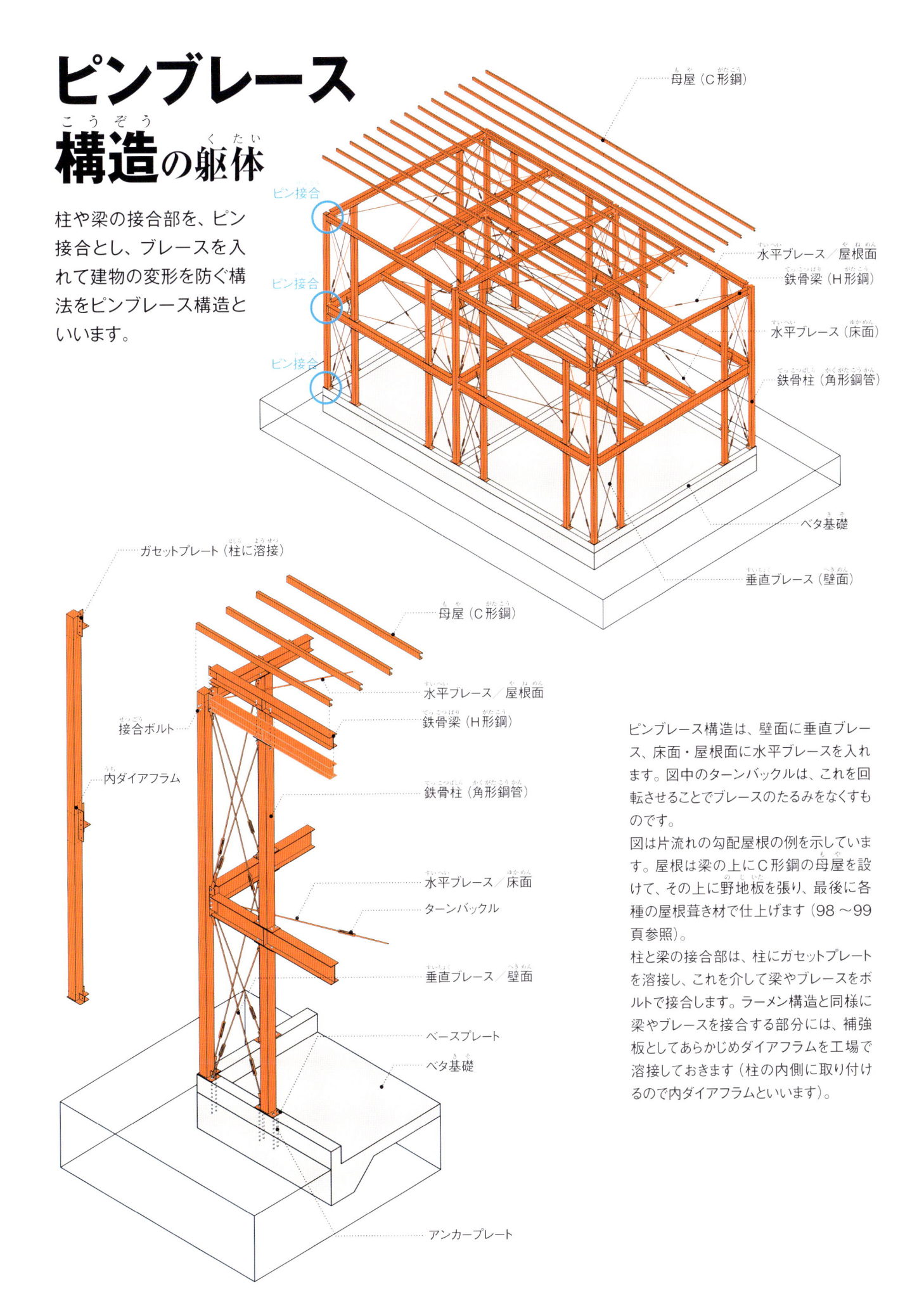

母屋（C形鋼）

ピン接合

ピン接合

ピン接合

水平ブレース／屋根面

鉄骨梁（H形鋼）

水平ブレース（床面）

鉄骨柱（角形鋼管）

ベタ基礎

垂直ブレース（壁面）

ガセットプレート（柱に溶接）

母屋（C形鋼）

水平ブレース／屋根面

接合ボルト

鉄骨梁（H形鋼）

内ダイアフラム

鉄骨柱（角形鋼管）

水平ブレース／床面

ターンバックル

垂直ブレース／壁面

ベースプレート

ベタ基礎

アンカープレート

ピンブレース構造は、壁面に垂直ブレース、床面・屋根面に水平ブレースを入れます。図中のターンバックルは、これを回転させることでブレースのたるみをなくすものです。

図は片流れの勾配屋根の例を示しています。屋根は梁の上にC形鋼の母屋を設けて、その上に野地板を張り、最後に各種の屋根葺き材で仕上げます（98〜99頁参照）。

柱と梁の接合部は、柱にガセットプレートを溶接し、これを介して梁やブレースをボルトで接合します。ラーメン構造と同様に梁やブレースを接合する部分には、補強板としてあらかじめダイアフラムを工場で溶接しておきます（柱の内側に取り付けるので内ダイアフラムといいます）。

第4章

鉄骨造 各部のつくり方

仕上げ、下地、構造（躯体）

建物の各部は、一般的に仕上げ、下地、構造（躯体）の3つで構成されます（その違いは第2章の34頁で詳しく説明しています）。RC造は構造（躯体）が明確なので、下地・仕上げとの区分が分かりやすいのですが、鉄骨造の場合は少し複雑です。下図のALC壁の外周壁を例にすると、鉄骨の柱・梁は建物全体を支えているため構造（躯体）といえます。しかしALCの壁は、自立しているという意味では構造と解せますが、構造的には帳壁（23頁参照）となるため、主要な構造とはいえません。そのためALCパネルは外壁の仕上材に分類されます。なお、ALCパネルは吸水性をもつため、塗装などにより止水処理をしなければなりません。この場合、塗装も仕上げに含まれます。

屋根の仕上げ・下地・構造（躯体）

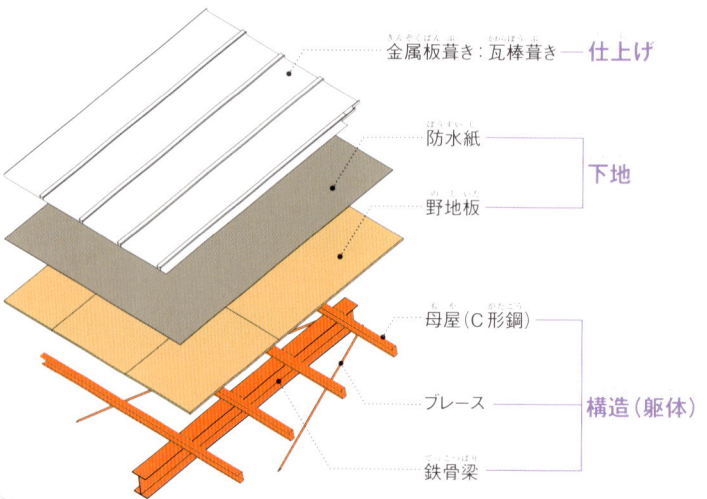

- 金属板葺き：瓦棒葺き —— 仕上げ
- 防水紙 ┐
- 野地板 ┘ 下地
- 母屋（C形鋼）┐
- ブレース ├ 構造（躯体）
- 鉄骨梁 ┘

外周壁の仕上げ・下地・構造（躯体）

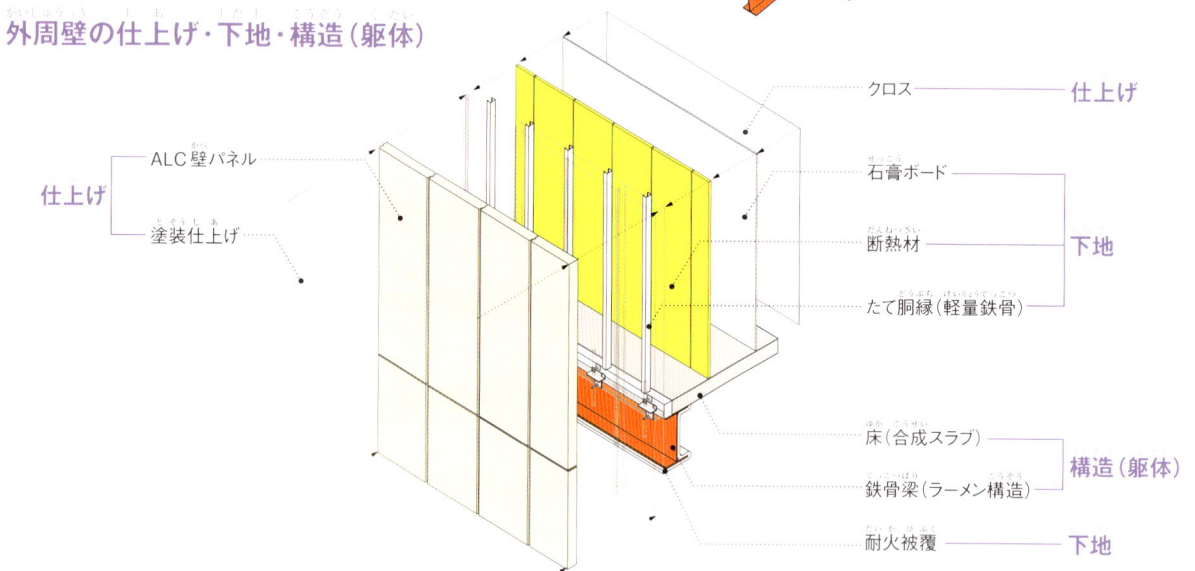

- ALC壁パネル ┐ 仕上げ
- 塗装仕上げ ┘
- クロス —— 仕上げ
- 石膏ボード ┐
- 断熱材 ├ 下地
- たて胴縁（軽量鉄骨）┘
- 床（合成スラブ）┐ 構造（躯体）
- 鉄骨梁（ラーメン構造）┘
- 耐火被覆 —— 下地

部位・部分と名称

建物は、屋根や床、壁、天井などによって構成され、これらは「部位」と呼ばれます（右図参照）。屋内と屋外を仕切る外周壁、屋内を仕切る間仕切壁などは、鉛直方向の構成の表から裏までを指す言葉ですが、これと同様に、水平方向の構成については屋根、天井、床のことを屋根天井、床天井と呼ぶことがあります。

各部位を構成する「下地」のうち、部位を支えるものを「部位躯体」ということがあります。部位躯体は、それ自体が壊れると関係する屋根や壁が破損しますが、建物の倒壊にまでは影響しません。これに対し、建物躯体（いわゆる躯体）は、それ自体が壊れると建物全体が倒壊に至ります。

屋根の垂木、外周壁の間柱などが部位躯体に相当します。

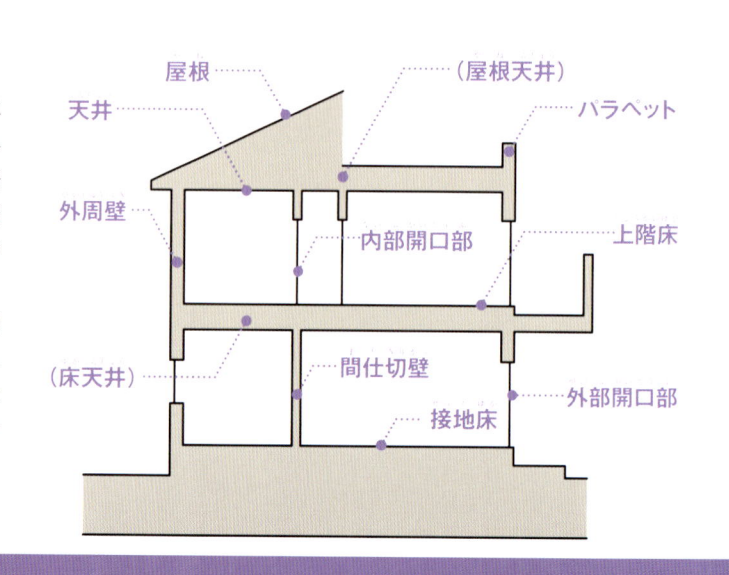

屋根・天井・外周壁・（床天井）・接地床・（屋根天井）・パラペット・内部開口部・上階床・間仕切壁・外部開口部

屋根や壁、床など、鉄骨造でつくる建物を部位ごとに見ていきましょう。
完成した状態から部材を1つずつはがしていく"巻き戻し"の展開により、
各部位のつくりや仕組みを分かりやすく解説します。

本章で取り上げる
「つくり方」

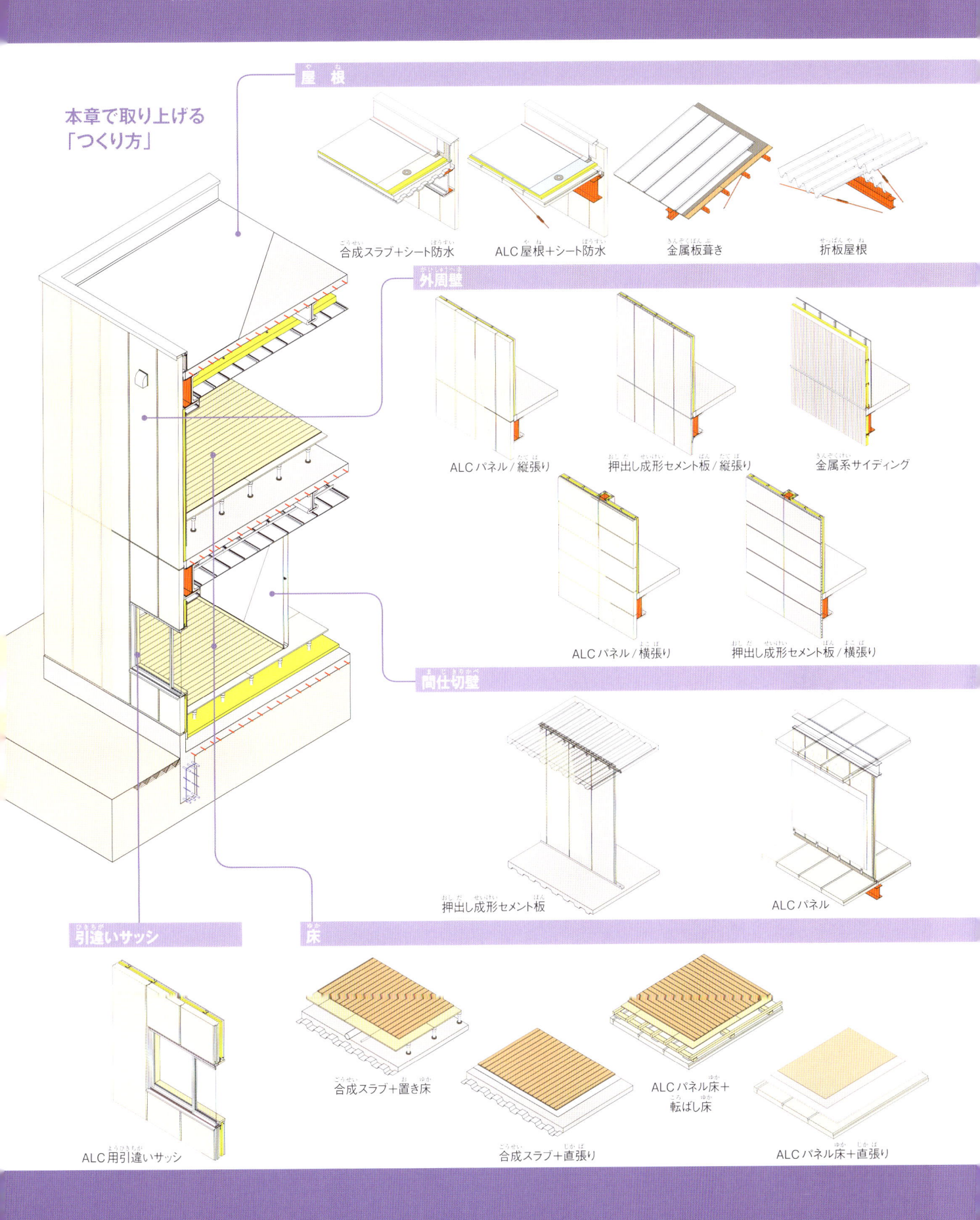

屋根
合成スラブ＋シート防水　　ALC屋根＋シート防水　　金属板葺き　　折板屋根

外周壁
ALCパネル／縦張り　　押出し成形セメント板／縦張り　　金属系サイディング

ALCパネル／横張り　　押出し成形セメント板／横張り

間仕切壁
押出し成形セメント板　　ALCパネル

引違いサッシ
ALC用引違いサッシ

床
合成スラブ＋置き床　　合成スラブ＋直張り　　ALCパネル床＋転ばし床　　ALCパネル床＋直張り

陸屋根

合成スラブ＋シート防水

陸屋根の防水は、RC造と同様に、アスファルト防水、シート防水などが用いられます（防水工法の特徴は36〜37頁参照）。第3章で屋根の躯体が合成スラブ＋シート防水の例を紹介しましたが、右の図は合成スラブの上にさらに断熱材を設けた外断熱仕様のものです。

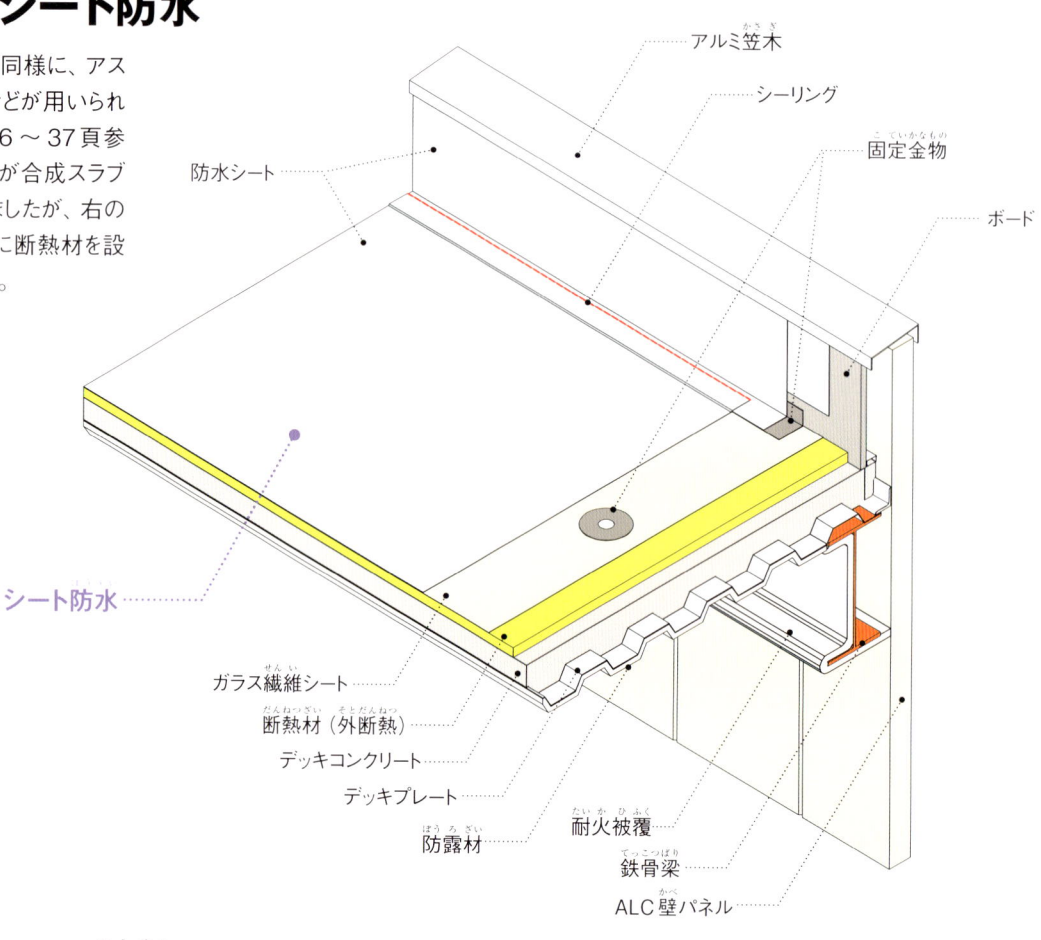

アルミ笠木
シーリング
固定金物
ボード
防水シート
シート防水
ガラス繊維シート
断熱材（外断熱）
デッキコンクリート
デッキプレート
防露材
耐火被覆
鉄骨梁
ALC壁パネル

ALC屋根＋シート防水 ▶▶96頁

図は、屋根にALCパネルを使用した、外断熱構法によるシート防水の例です。ALCパネルは壁以外にも屋根や床に使われます。合成スラブの床に比べて軽量ですが、ALCパネルだけでは屋根面の剛性が確保できないので水平ブレースを設ける必要があります。

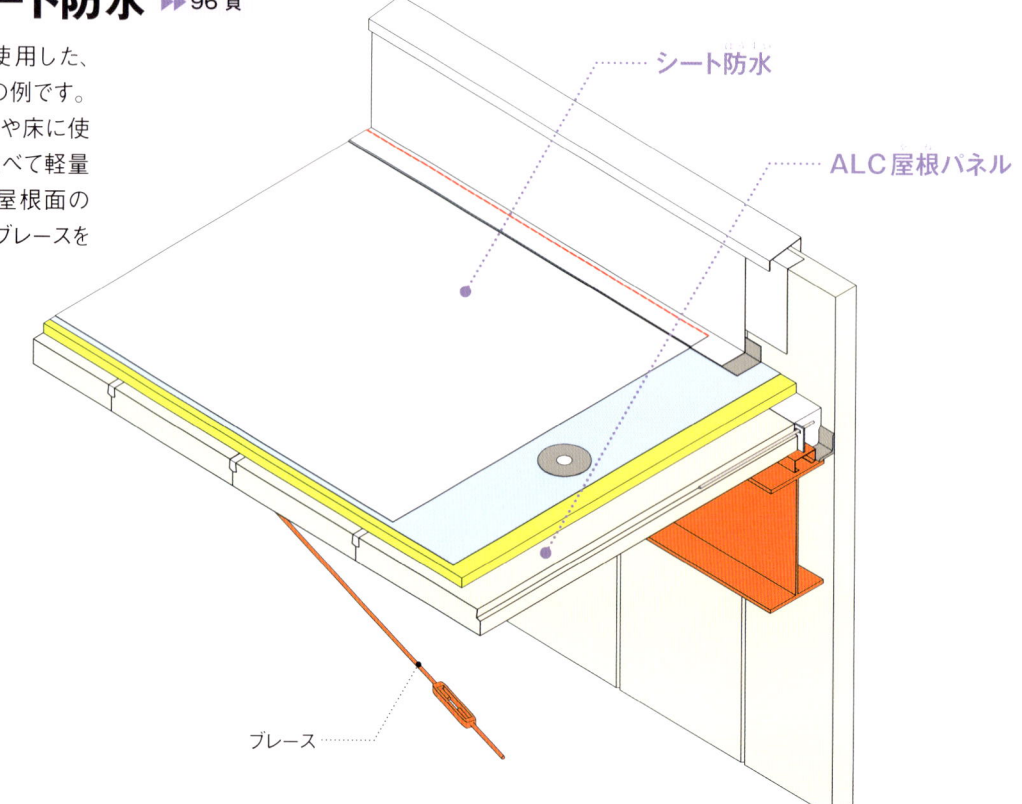

シート防水
ALC屋根パネル
ブレース

勾配屋根

金属板葺き／瓦棒葺き ▶▶98頁

木造住宅で用いられる瓦、化粧スレート（コロニアル）、金属板などの屋根葺き材を鉄骨造の屋根に使用する場合は、木造と同じように垂木や母屋などで小屋組を形成したうえで勾配屋根をかけます。金属板は、素材別では鋼板、銅板、アルミ板など、葺き方別では瓦棒葺き、一文字葺き、立てはぜ葺きなどがあります。図は、金属板の瓦棒葺きの例です。

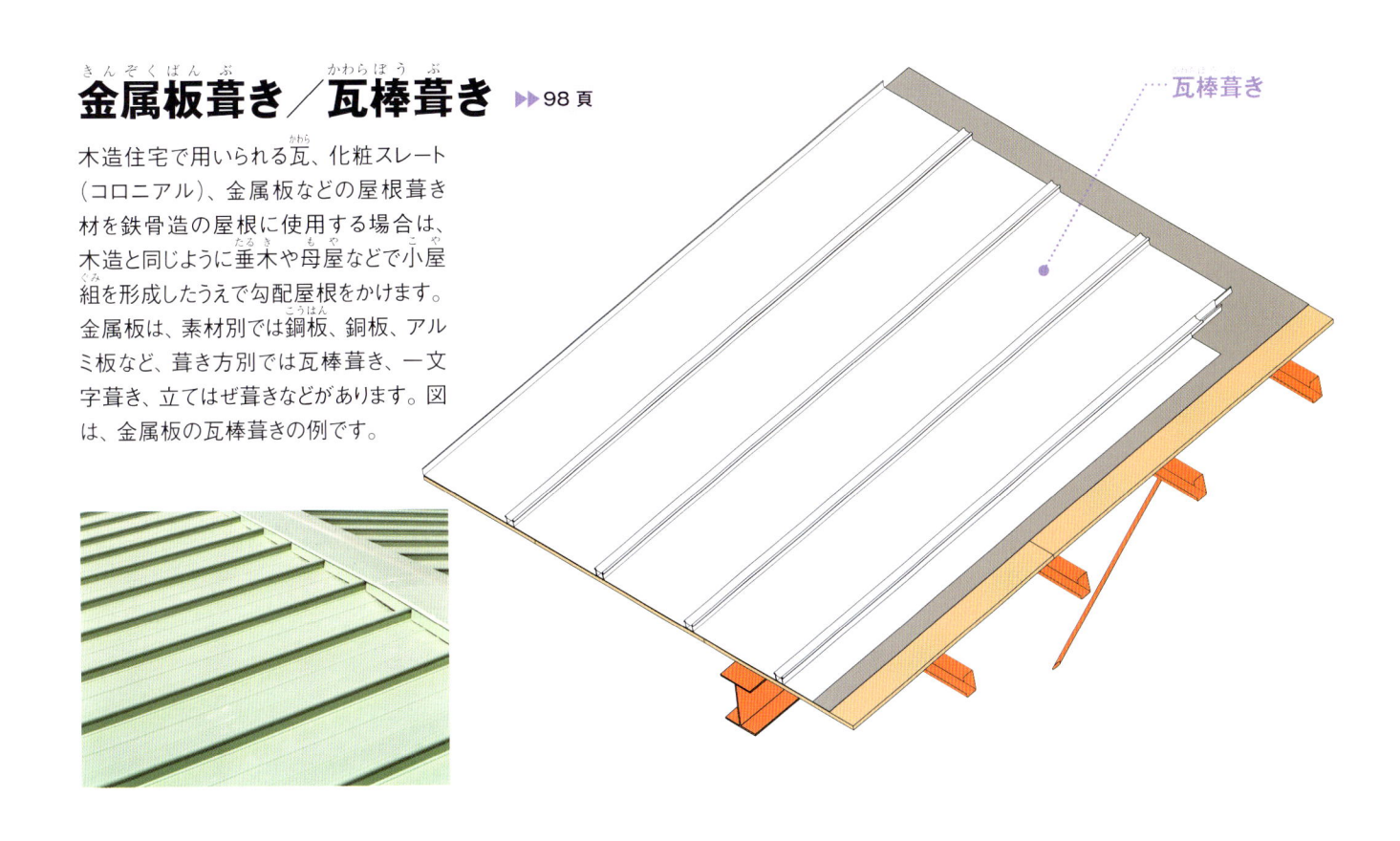

瓦棒葺き

折板屋根

折板とは金属板、繊維強化セメント板、プラスチック板を波形に折り曲げて、剛性を持たせた屋根材のことです。折板は梁の上に直接取り付けることができるため、垂木や野地板が必要ありません。図は、鉄骨の母屋梁の上にタイトフレームを取り付け、重ねをとりながら金属折板をボルトで固定した例です。固定は雨仕舞に配慮して山の部分で行います。折板には耐火性や断熱性を確保するため、裏面にガラス繊維シートを張り付けたものもあります。

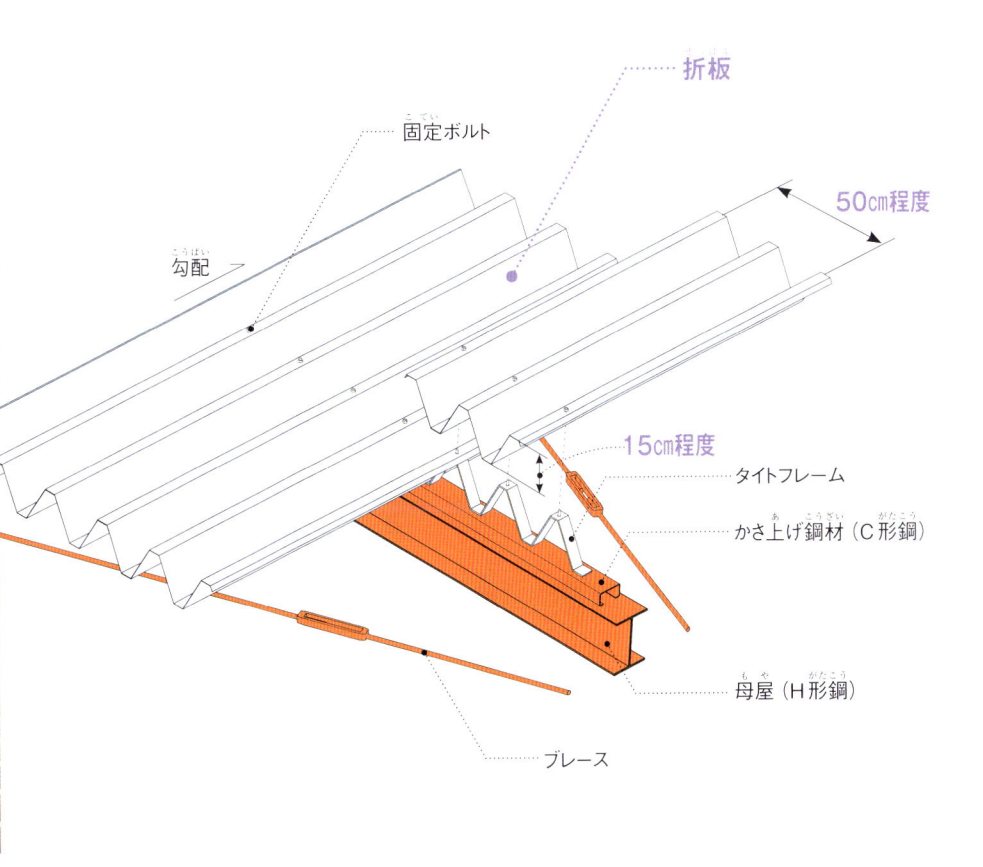

折板
固定ボルト
勾配
50cm程度
15cm程度
タイトフレーム
かさ上げ鋼材（C形鋼）
母屋（H形鋼）
ブレース

陸屋根─ALC屋根＋シート防水

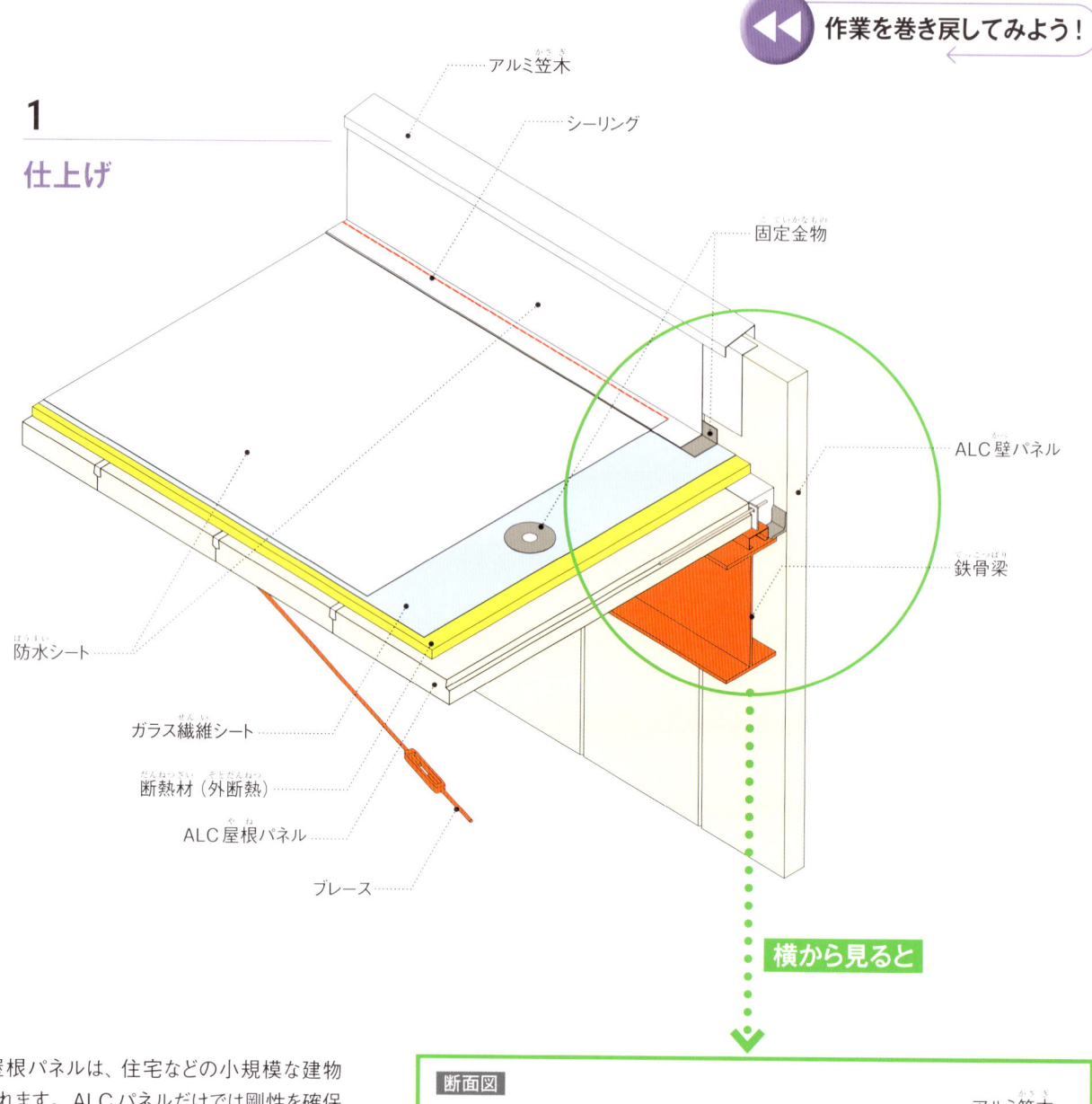

⏪ 作業を巻き戻してみよう！

1

仕上げ

- アルミ笠木
- シーリング
- 固定金物
- ALC壁パネル
- 鉄骨梁
- 防水シート
- ガラス繊維シート
- 断熱材（外断熱）
- ALC屋根パネル
- ブレース

横から見ると

ALC屋根パネルは、住宅などの小規模な建物で使われます。ALCパネルだけでは剛性を確保できないので、屋根面の剛性は水平ブレースで確保します。図には鉄骨梁の耐火被覆が表示されていませんが、鉄骨造を耐火建築とするためには、梁と合わせてブレースにも耐火被覆を施す必要があります。

RC造の陸屋根と同様、屋根の周囲は立ち上げ（この部分をパラペットといいます）、屋根面で雨水を集めてからルーフドレン経由で排出します。そのため陸屋根は、排水のために1/50から1/100の勾配をつけておきます。勾配は鉄骨梁自体でとり、その上にALC屋根パネルを敷きます。屋根面の水下（勾配の低い所）の位置にルーフドレンを設けるのはRC造と同じです。

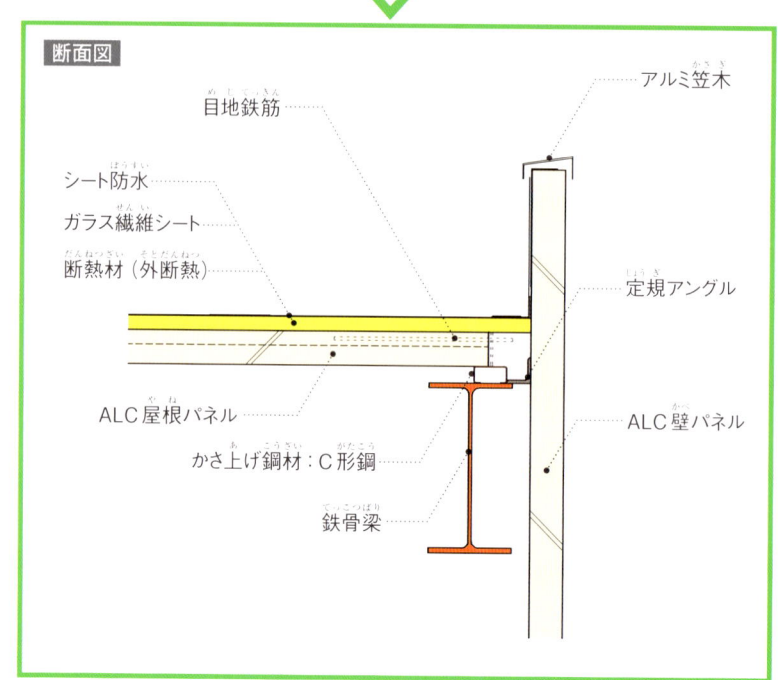

断面図
- 目地鉄筋
- シート防水
- ガラス繊維シート
- 断熱材（外断熱）
- ALC屋根パネル
- かさ上げ鋼材：C形鋼
- 鉄骨梁
- アルミ笠木
- 定規アングル
- ALC壁パネル

2 防水シートをはがしてみると…

ガラス繊維シートと断熱材を取り付ける

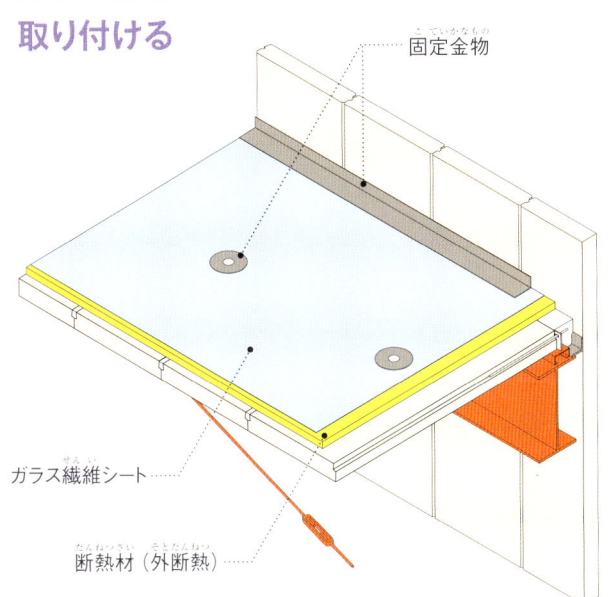

固定金物

ガラス繊維シート

断熱材（外断熱）

断熱材とガラス繊維シートの上から、防水シート用の固定金物をALC屋根パネルに固定します。パラペットとなるALC壁パネルの立ち上げ部分と屋根面がぶつかるコーナーにはL形の金物を取り付けます。防水シートはこれらの固定金物に溶着します。

3 断熱材をはがしてみると…

ALC屋根パネルが見える

シーリング

モルタル

拡大すると

雨仕舞を考慮したパネルの端部の形状

ALC屋根パネルと壁パネルは、それぞれ端部の断面形状が異なります。壁パネルの端部は雨仕舞をよくするために凸凹の形状（実と呼びます）になっています。さらに、外部から目地部分をシーリングして水の浸入を防ぎます。

4 ALC屋根パネルを取り付ける

ALC屋根パネル

10㎝

60㎝

プレート

目地鉄筋

屋根パネルの幅は60㎝で、厚みは10㎝程度です。このパネル1枚1枚を鉄骨梁の上に敷き込みます（正確には鉄骨梁の上に取り付けたかさ上げ鋼材の上に敷き込みます）。パネルの固定は、パネルの長辺に目地鉄筋を入れ、梁の上に取り付けたプレートに鉄筋を通したあと、目地部分にモルタルを充填して行います。

5 ALC屋根パネルをはがしてみると…

鉄骨梁とブレースがある

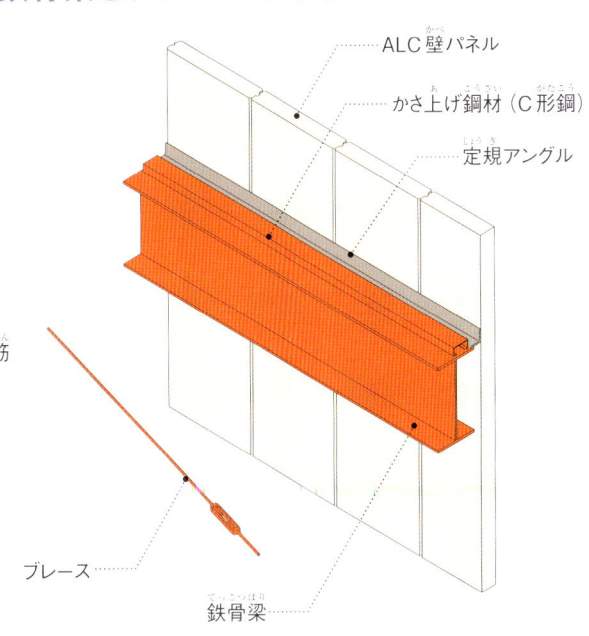

ALC壁パネル

かさ上げ鋼材（C形鋼）

定規アングル

ブレース

鉄骨梁

ラーメン構造では、梁の仕口部分にボルトやスプライスプレート（79頁参照）の出っ張りがあるので、屋根パネルを梁に直接のせることができません。この出っ張りから逃げるために用いられるのがかさ上げ鋼材です。一般にはC形鋼が使われます。

勾配屋根—瓦棒葺き

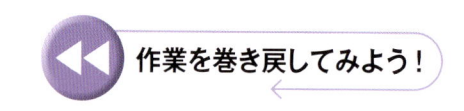 作業を巻き戻してみよう！

1

仕上げ

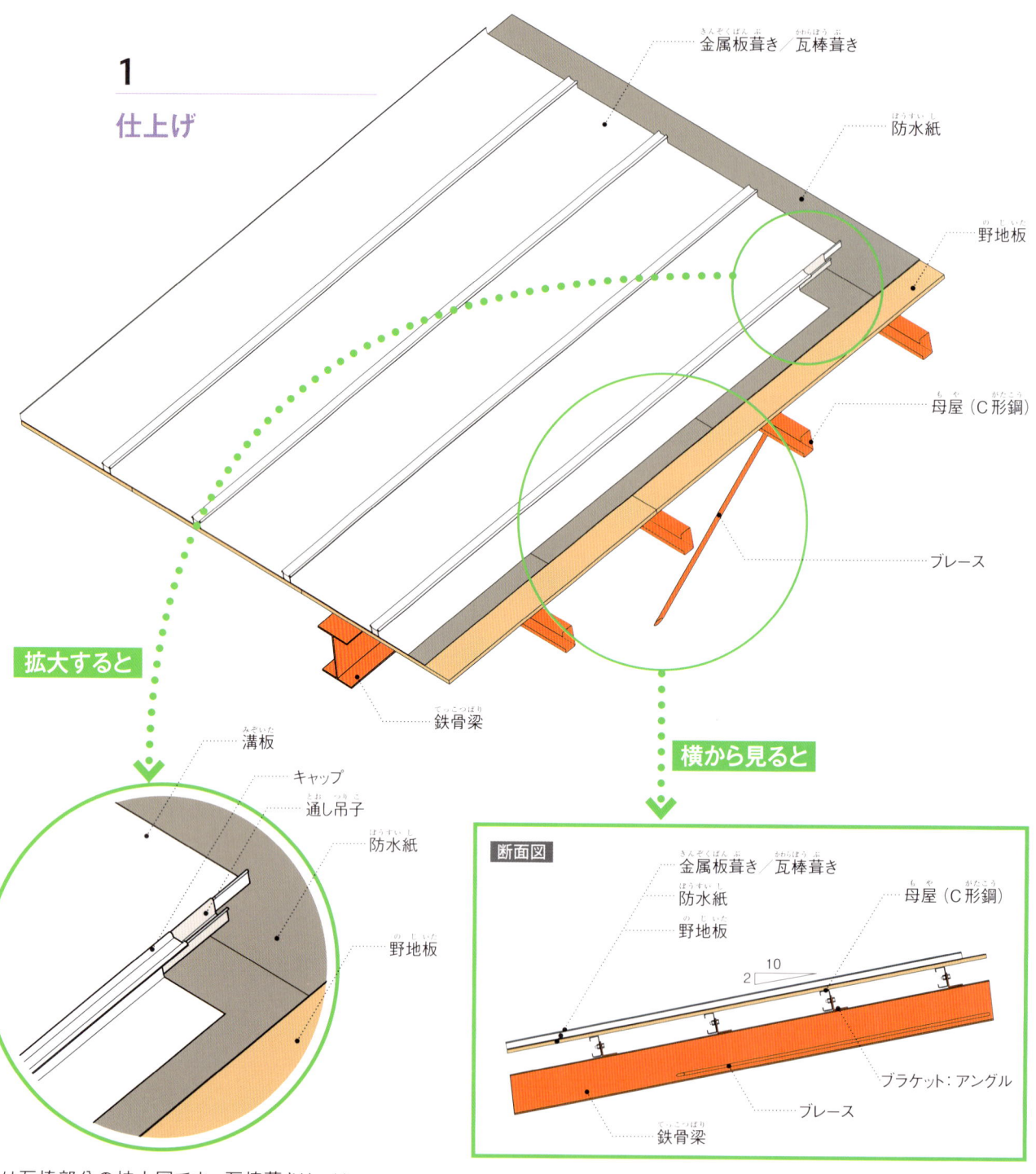

金属板葺き／瓦棒葺き

防水紙

野地板

母屋（C形鋼）

ブレース

鉄骨梁

拡大すると

溝板

キャップ

通し吊子

防水紙

野地板

横から見ると

断面図

金属板葺き／瓦棒葺き

防水紙

野地板

母屋（C形鋼）

$\frac{10}{2}$

ブラケット：アングル

ブレース

鉄骨梁

上は瓦棒部分の拡大図です。瓦棒葺きは、U字型断面の金属板（溝板といいます）、通し吊子、キャップで構成されます。金属板は通し吊子を野地板に固定したあと、各部材の端部を巻き込む（はぜ）ことで緊結されます。屋根の棟から軒先までを1枚の金属板で葺く長尺瓦棒葺きは、雨仕舞がよいため勾配が緩くても問題ありませんが、台風などの強風による屋根への部分的被害が全体に波及しやすいというデメリットがあります（図の屋根勾配は2寸勾配です）。

屋根葺き材と屋根勾配

屋根勾配は「4/10」のように分数表示が用いられます。これは水平方向10に対して4の高さの勾配を意味します。勾配の表現は伝統的に、水平方向1尺に対する高さを寸で呼称することから、4/10であれば4寸勾配といいます。適切な屋根勾配は屋根葺き材によっても異なります。

金属板折板葺き	0.5/10 〜
長尺金属板瓦棒葺き	1/10 〜
金属板一文字葺き	2.5/10 〜
化粧スレート葺き（コロニアル葺き）	3/10 〜
桟瓦葺き	4/10 〜

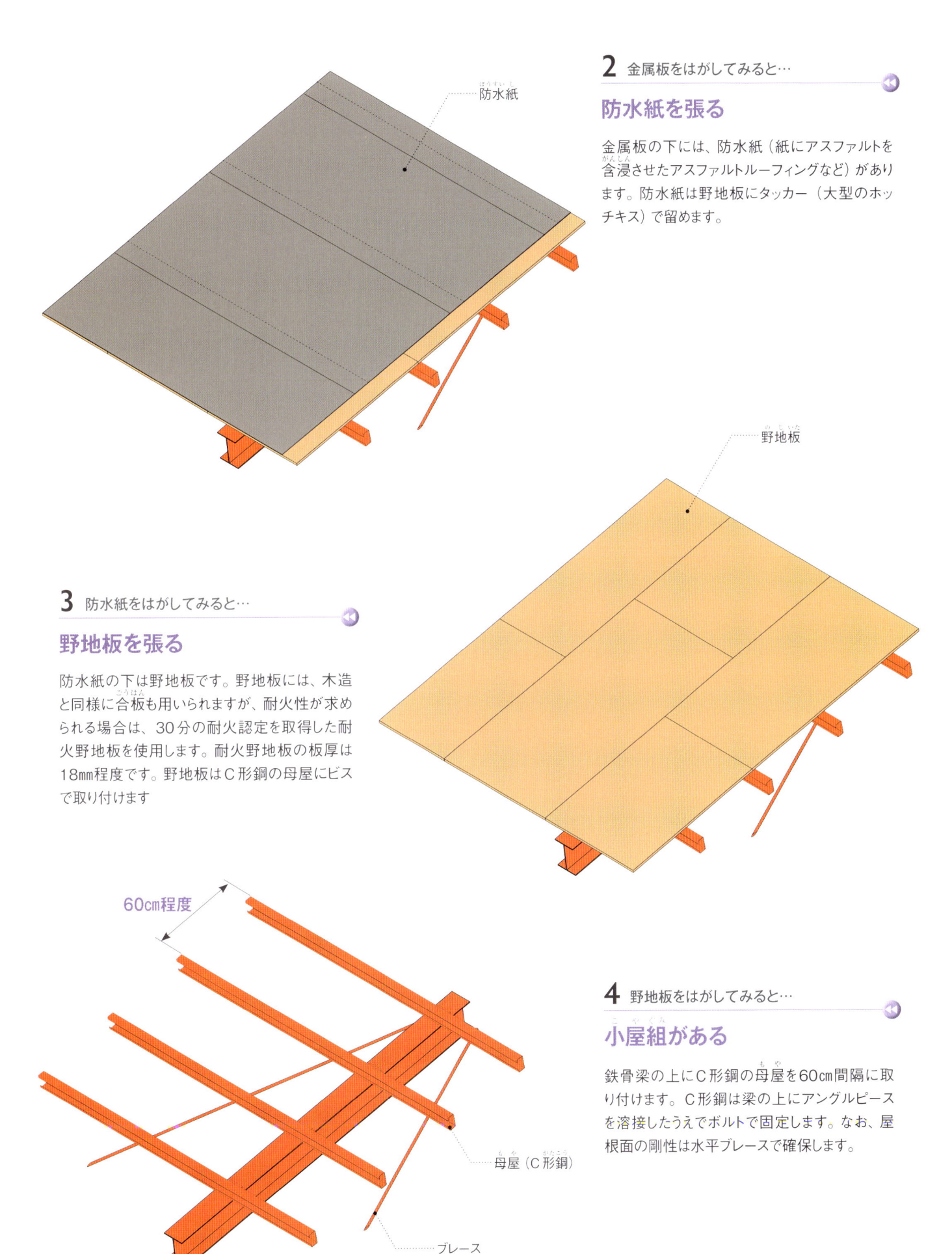

防水紙を張る

金属板の下には、防水紙（紙にアスファルトを含浸させたアスファルトルーフィングなど）があります。防水紙は野地板にタッカー（大型のホッチキス）で留めます。

防水紙

野地板

3 防水紙をはがしてみると…

野地板を張る

防水紙の下は野地板です。野地板には、木造と同様に合板も用いられますが、耐火性が求められる場合は、30分の耐火認定を取得した耐火野地板を使用します。耐火野地板の板厚は18mm程度です。野地板はC形鋼の母屋にビスで取り付けます

60cm程度

4 野地板をはがしてみると…

小屋組がある

鉄骨梁の上にC形鋼の母屋を60cm間隔に取り付けます。C形鋼は梁の上にアングルピースを溶接したうえでボルトで固定します。なお、屋根面の剛性は水平ブレースで確保します。

母屋（C形鋼）

ブレース

鉄骨梁

外周壁—ALC壁

1 仕上げ

ALC壁パネル
軽量鉄骨
断熱材
石膏ボード

塗装仕上げ
シーリング

床スラブ

耐火被覆
鉄骨梁

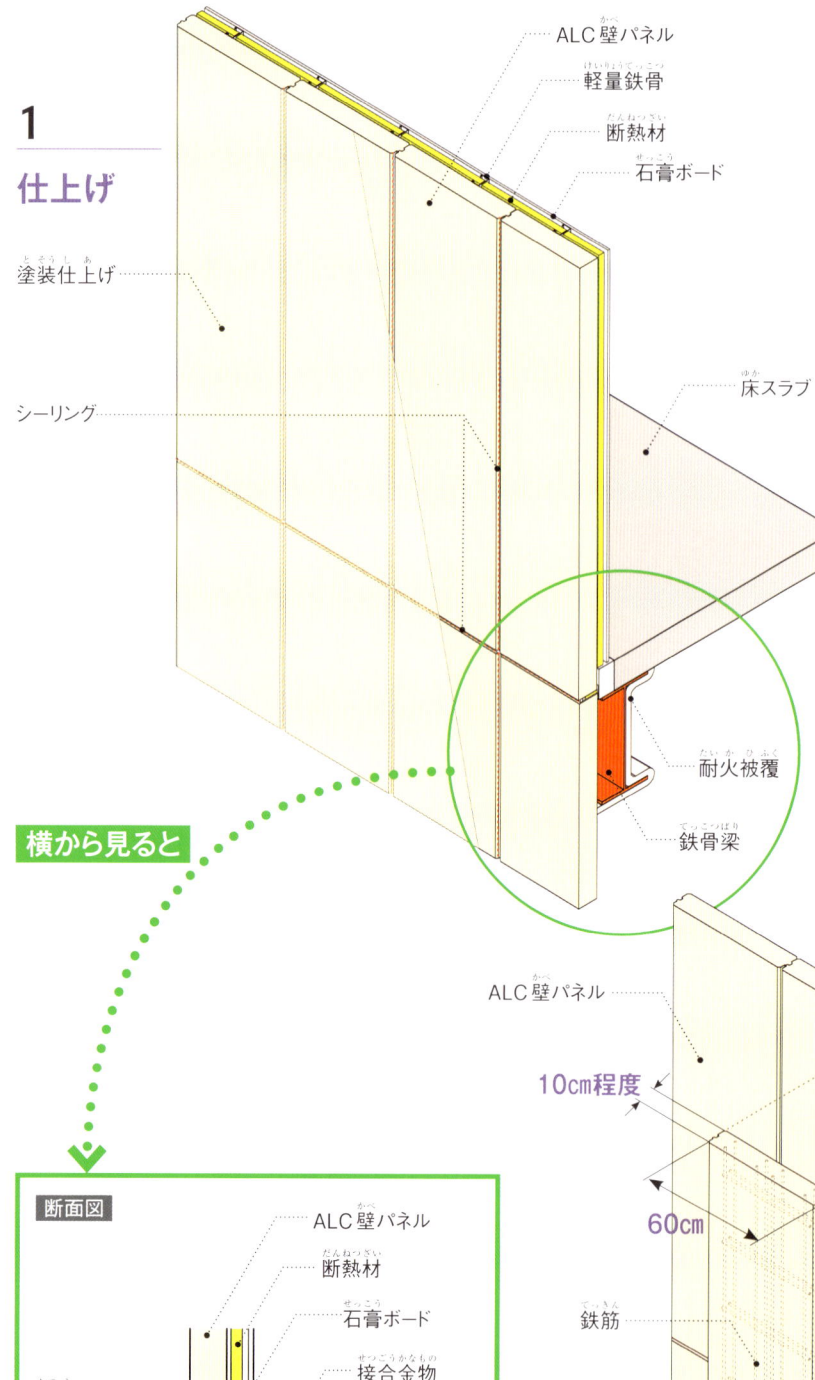

横から見ると

断面図

ALC壁パネル
断熱材
石膏ボード
接合金物
モルタル
床スラブ

縦受け
プレート
シーリング
ロックウール
固定金物
（ALCパネル内）
定規アングル
耐火被覆
鉄骨梁

◀◀ 作業を巻き戻してみよう！

ALCは鉄骨造に用いられる壁材の定番製品です。ALCとは、Autoclaved Light Weight Concreteの略で、軽量気泡コンクリートのことです（13頁参照）。セメント、珪石、消石灰などに発泡性のアルミ粉末を加えて、高温高圧で発泡させてつくります。パネルの内部にはあらかじめ鉄筋が配筋されています。軽量で耐火性、断熱性もありコスト的にもリーズナブルな使いやすい材料ですが、吸水性を持つため最後に塗装仕上げが必要になります。パネルどうしを接合した目地部分はシーリングを打って止水します。パネルの種類には表面がフラットなパネル以外にもリブ加工を施したものなどがあります。

縦張り構法

縦張りにする場合は、梁と上階の梁にパネルを取り付けます。地震時に構造体が変形しても、その変形にパネルが追従できるよう、取り付けには特別な金物が使われます（ロッキング構法）。

2 外壁に着目すると…

ALC壁パネルを取り付ける ◀◀

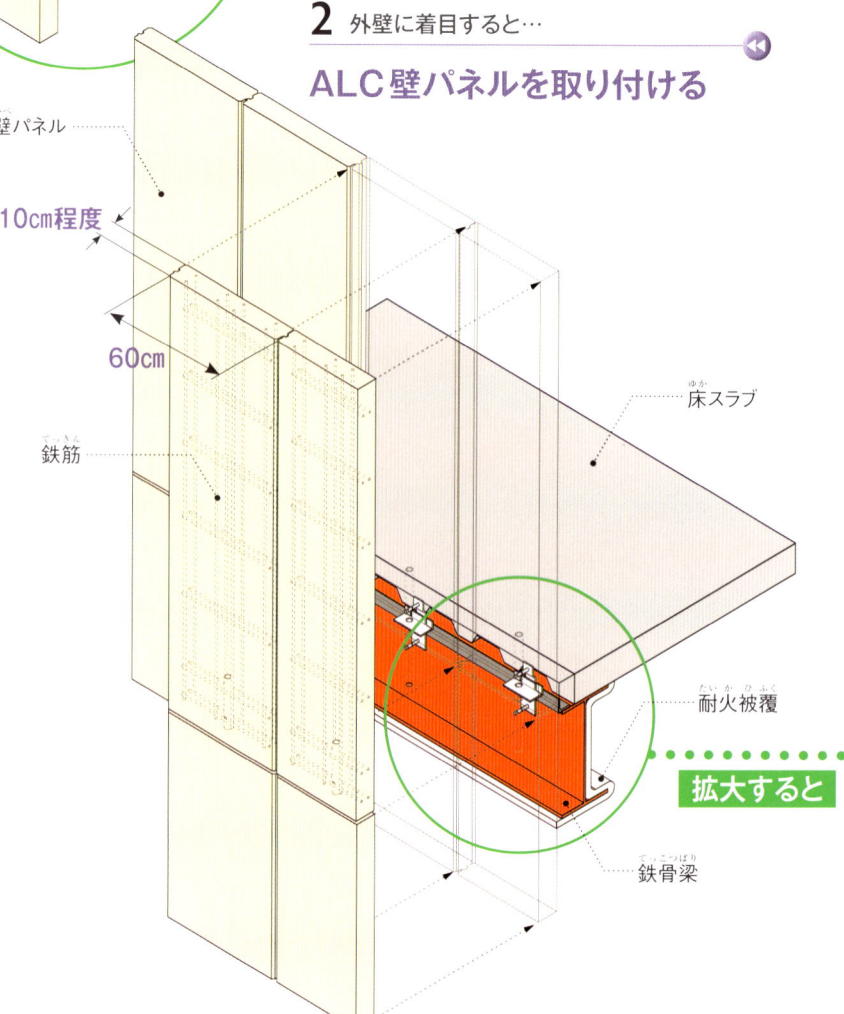

ALC壁パネル
10cm程度
60cm
鉄筋
床スラブ
耐火被覆
鉄骨梁

拡大すると

内壁のつくり方

1 仕上げ

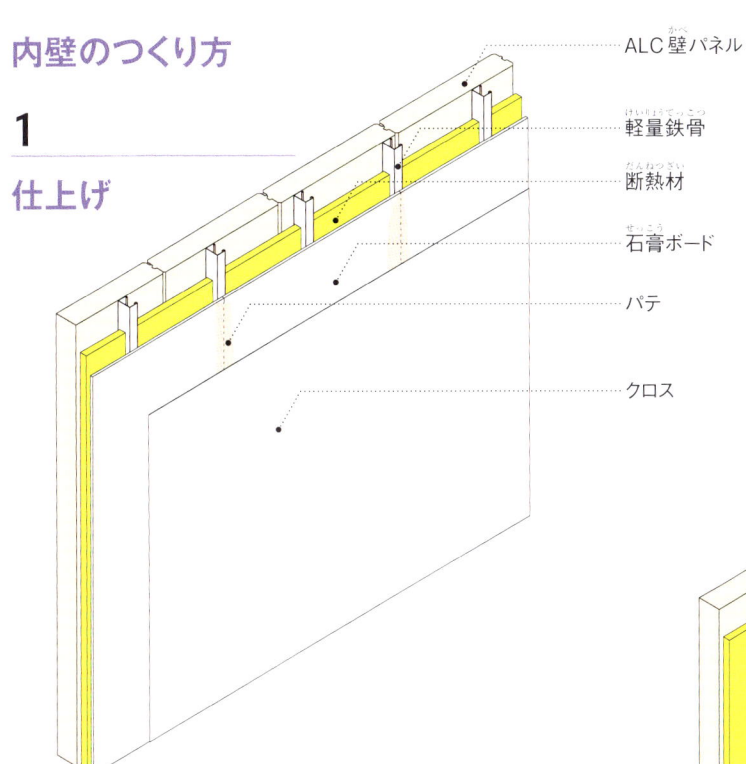

- ALC壁パネル
- 軽量鉄骨
- 断熱材
- 石膏ボード
- パテ
- クロス

 作業を巻き戻してみよう！

2 クロスと石膏ボードをはがしてみると…

断熱材と軽量鉄骨を取り付ける

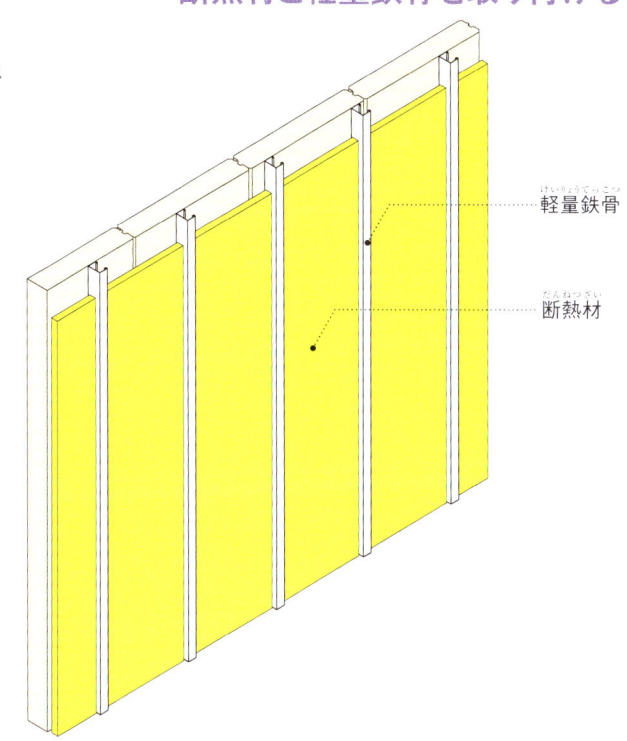

- 軽量鉄骨
- 断熱材

クロス張りの下地には一般的に石膏ボードが使われます。石膏ボードは軽量鉄骨のたて胴縁にビスで取り付けます。たて胴縁は45cm間隔で配置して、その間にロックウールなどの断熱材を充填します。ALCパネルに直接ウレタンを吹き付け、現場で発泡させる断熱構法も用いられます。

内壁の下地には、石膏ボードを石膏系接着剤でALCパネルに直接張るGL工法（47頁参照）が用いられる場合もありますが、地震などでALCパネルが変形すると、石膏ボードにきれつが生じやすいという欠点があります。

横張り構法

ALCパネルの張り方は、縦張りのほかに右図のような横張りもあります。取付け工法はメーカーごとにさまざまですが、縦張りのロッキング構法と同様に、地震時に構造体が変形しても、その変形にパネルが追従できるよう特殊な金物を使って取り付ける（スライド構法）のが一般的です。

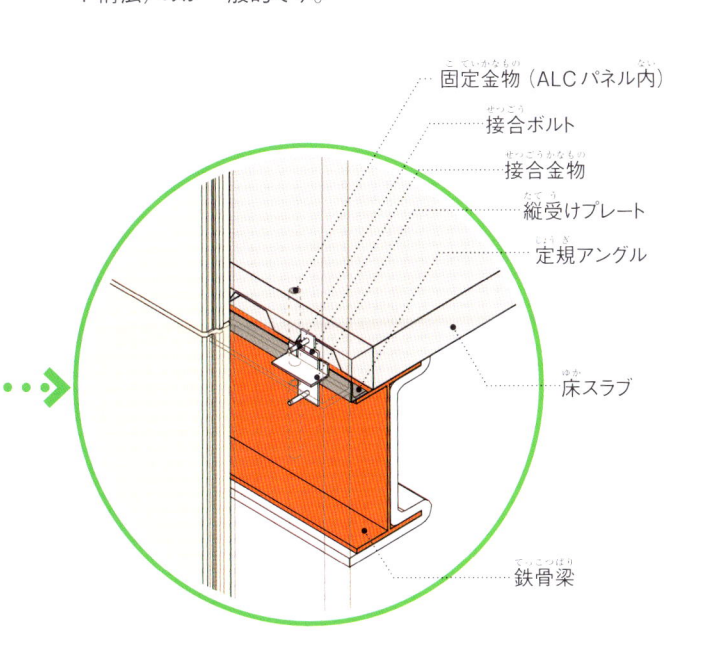

- 固定金物（ALCパネル内）
- 接合ボルト
- 接合金物
- 縦受けプレート
- 定規アングル
- 床スラブ
- 鉄骨梁

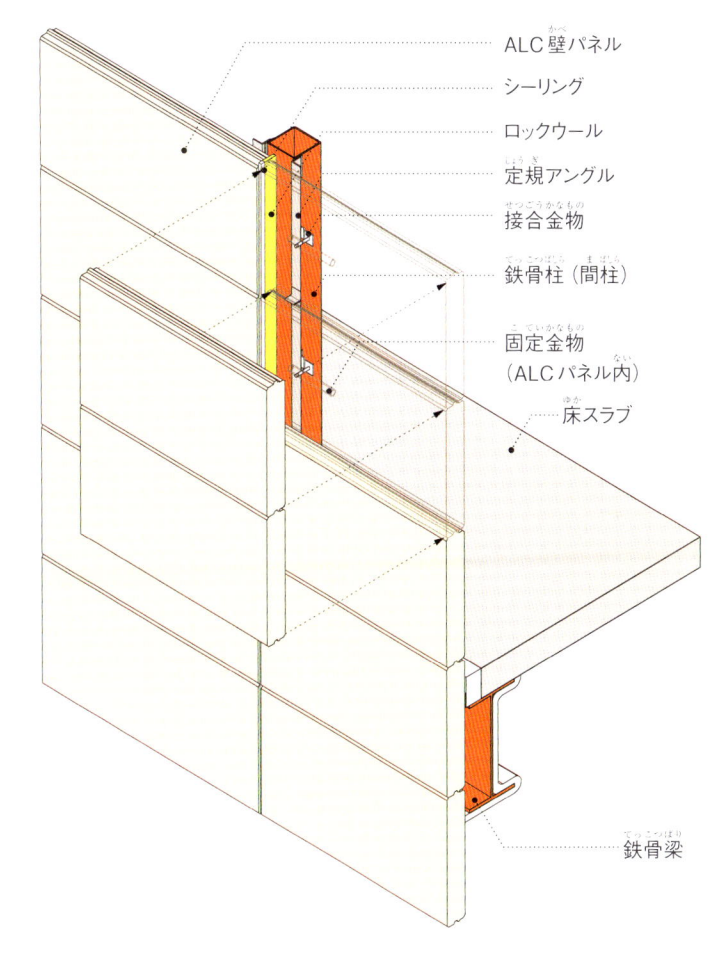

- ALC壁パネル
- シーリング
- ロックウール
- 定規アングル
- 接合金物
- 鉄骨柱（間柱）
- 固定金物（ALCパネル内）
- 床スラブ
- 鉄骨梁

外周壁—押出し成形セメント板

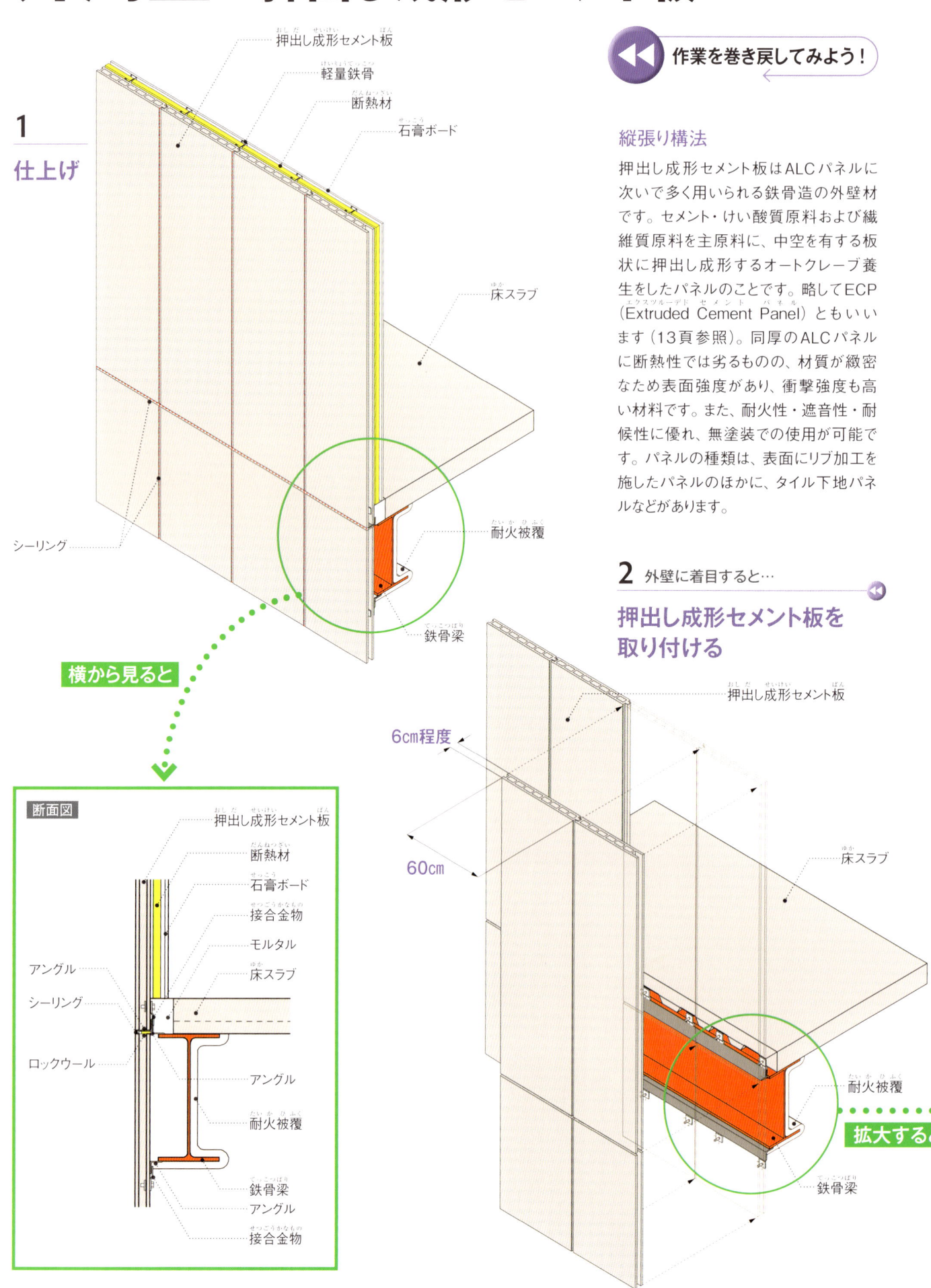

1

仕上げ

押出し成形セメント板
軽量鉄骨
断熱材
石膏ボード

床スラブ

耐火被覆

鉄骨梁

シーリング

横から見ると

断面図

押出し成形セメント板
断熱材
石膏ボード
接合金物
モルタル
床スラブ
アングル
シーリング
アングル
ロックウール
アングル
耐火被覆
鉄骨梁
アングル
接合金物

作業を巻き戻してみよう！

縦張り構法

押出し成形セメント板はALCパネルに次いで多く用いられる鉄骨造の外壁材です。セメント・けい酸質原料および繊維質原料を主原料に、中空を有する板状に押出し成形するオートクレーブ養生をしたパネルのことです。略してECP（Extruded Cement Panel）ともいいます（13頁参照）。同厚のALCパネルに断熱性では劣るものの、材質が緻密なため表面強度があり、衝撃強度も高い材料です。また、耐火性・遮音性・耐候性に優れ、無塗装での使用が可能です。パネルの種類は、表面にリブ加工を施したパネルのほかに、タイル下地パネルなどがあります。

2 外壁に着目すると…

押出し成形セメント板を取り付ける

押出し成形セメント板

6cm程度

60cm

床スラブ

耐火被覆

拡大すると

鉄骨梁

横張り構法

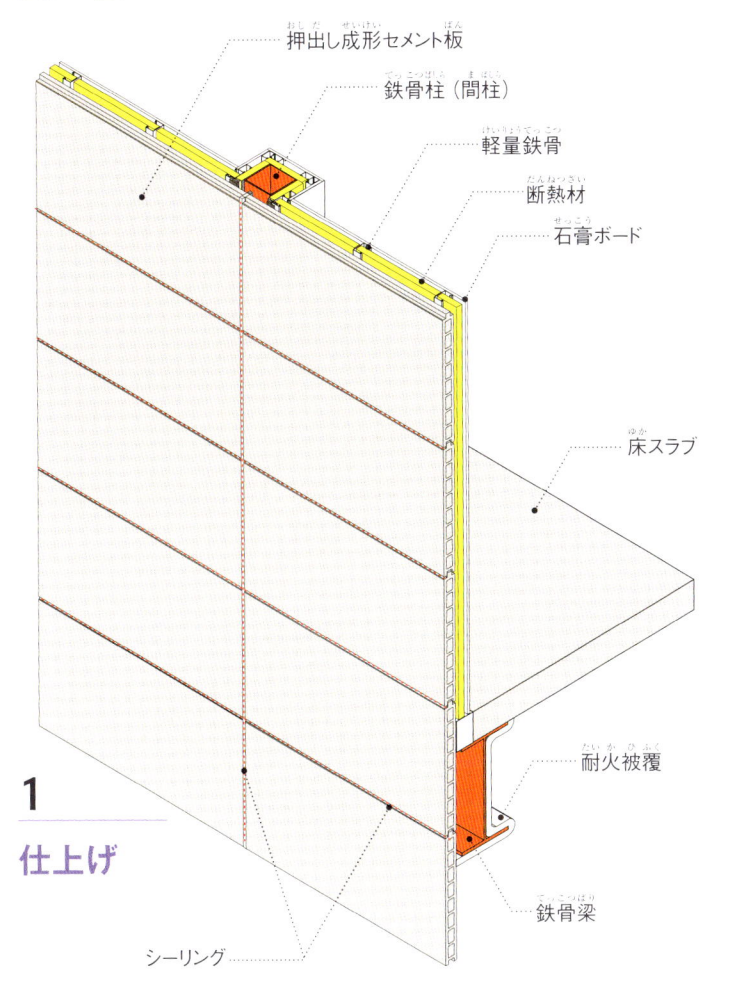

押出し成形セメント板
鉄骨柱（間柱）
軽量鉄骨
断熱材
石膏ボード
床スラブ
耐火被覆
鉄骨梁
シーリング

1
仕上げ

内側から見ると

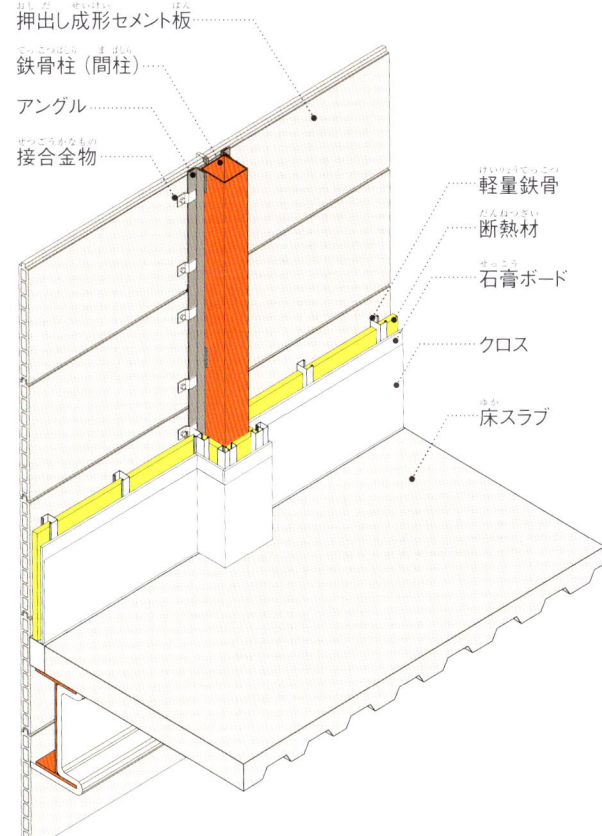

押出し成形セメント板
鉄骨柱（間柱）
アングル
接合金物
軽量鉄骨
断熱材
石膏ボード
クロス
床スラブ

2 外壁に着目すると…

押出し成形セメント板を取り付ける

押出し成形セメント板は、ALCパネルと同様に、縦張りと横張りがあります。ともに地震時に構造体が変形しても、その変形に外壁が追従できるように取り付けます。縦張りにはロッキング構法、横張りにはスライド構法が用いられます。

押出し成形セメント板の取り付けは、パネルの中空部分を利用して、専用の接合金物で行います。

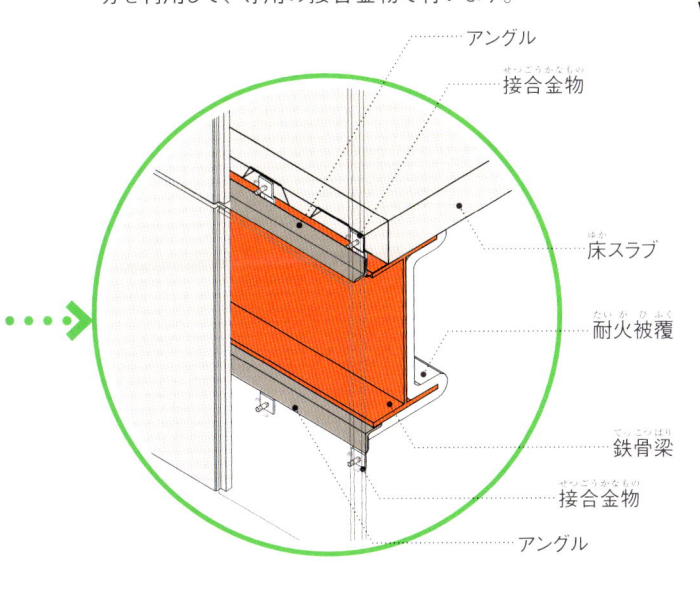

アングル
接合金物
床スラブ
耐火被覆
鉄骨梁
接合金物
アングル

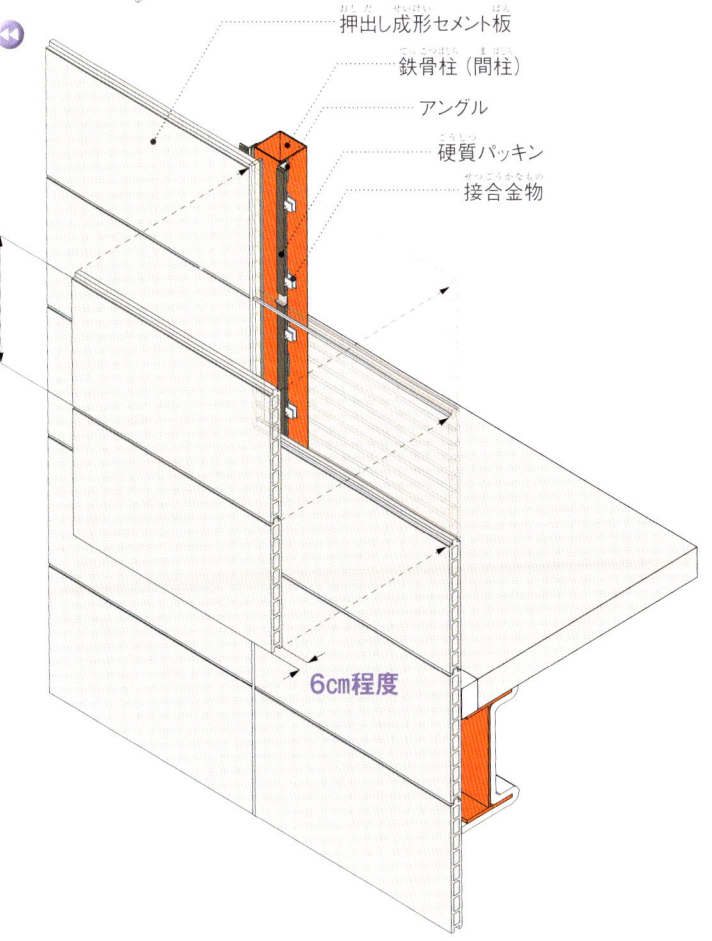

押出し成形セメント板
鉄骨柱（間柱）
アングル
硬質パッキン
接合金物
60cm
6cm程度

外周壁──金属系サイディング

1
仕上げ

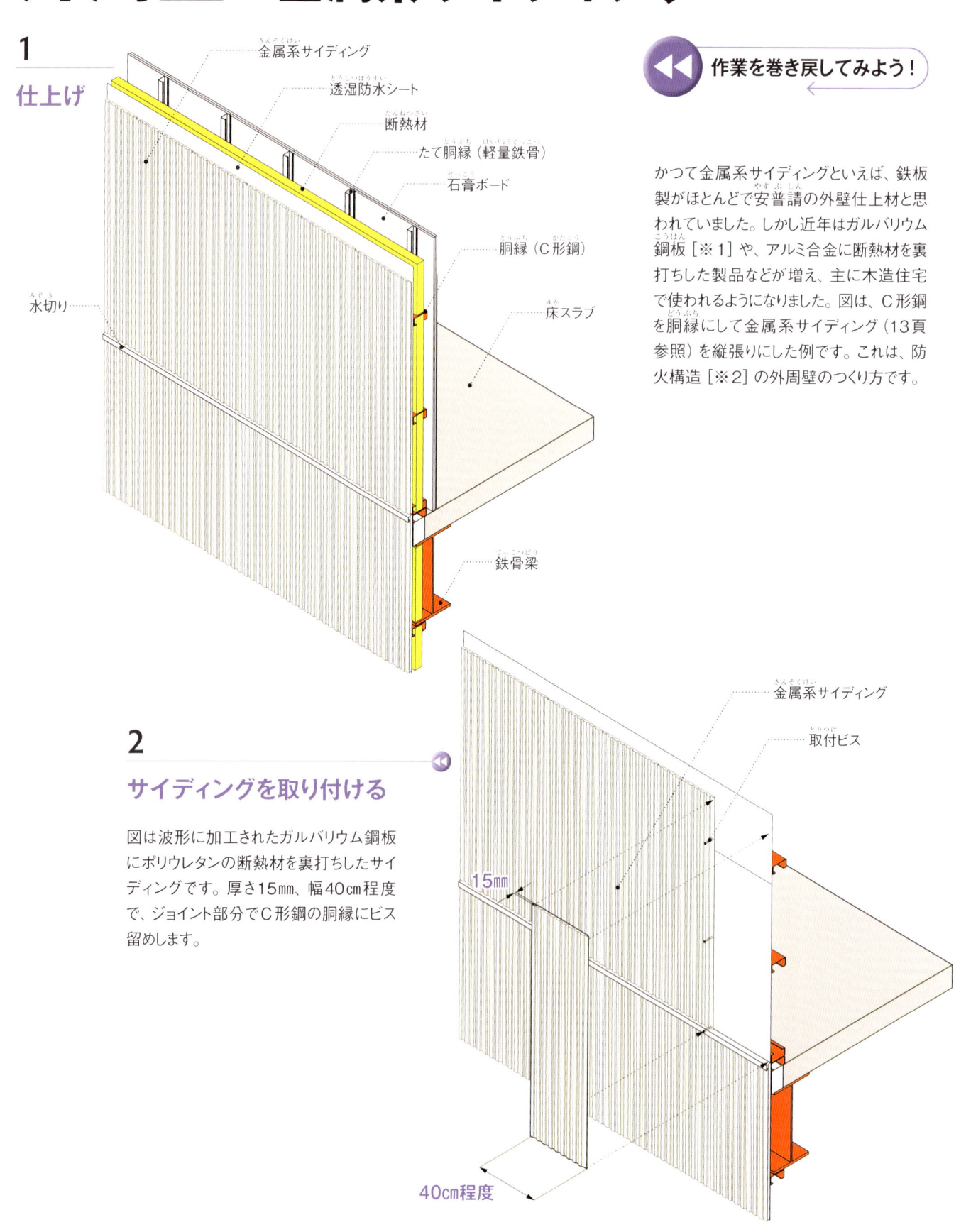

金属系サイディング
透湿防水シート
断熱材
たて胴縁（軽量鉄骨）
石膏ボード
胴縁（C形鋼）
水切り
床スラブ
鉄骨梁

◀◀ 作業を巻き戻してみよう！

かつて金属系サイディングといえば、鉄板製がほとんどで安普請の外壁仕上材と思われていました。しかし近年はガルバリウム鋼板［※1］や、アルミ合金に断熱材を裏打ちした製品などが増え、主に木造住宅で使われるようになりました。図は、C形鋼を胴縁にして金属系サイディング（13頁参照）を縦張りにした例です。これは、防火構造［※2］の外周壁のつくり方です。

2
サイディングを取り付ける

図は波形に加工されたガルバリウム鋼板にポリウレタンの断熱材を裏打ちしたサイディングです。厚さ15mm、幅40cm程度で、ジョイント部分でC形鋼の胴縁にビス留めします。

15mm

40cm程度

金属系サイディング
取付ビス

※1　ガルバリウム鋼板：鉄板を基材として、アルミニウム、亜鉛、シリコンからなるメッキ層をもつ溶融アルミニウムー亜鉛合金メッキ鋼板。鋼板に比べて耐久性が高くなります

※2　防火構造：市街地域化された地域では、隣地境界線から1階では3m、2階では5m以内の部分を「延焼の恐れのある部分」といい、その範囲の外壁には高い防火性能が求められます。鉄網モルタル塗り、しっくい塗りなどにする構造のことで、国土交通大臣が定めたもの、または国土交通大臣の認定を受けたものにしなければなりません。建材メーカーは仕上材だけではなく、下地・内壁一体で認定を取得しています

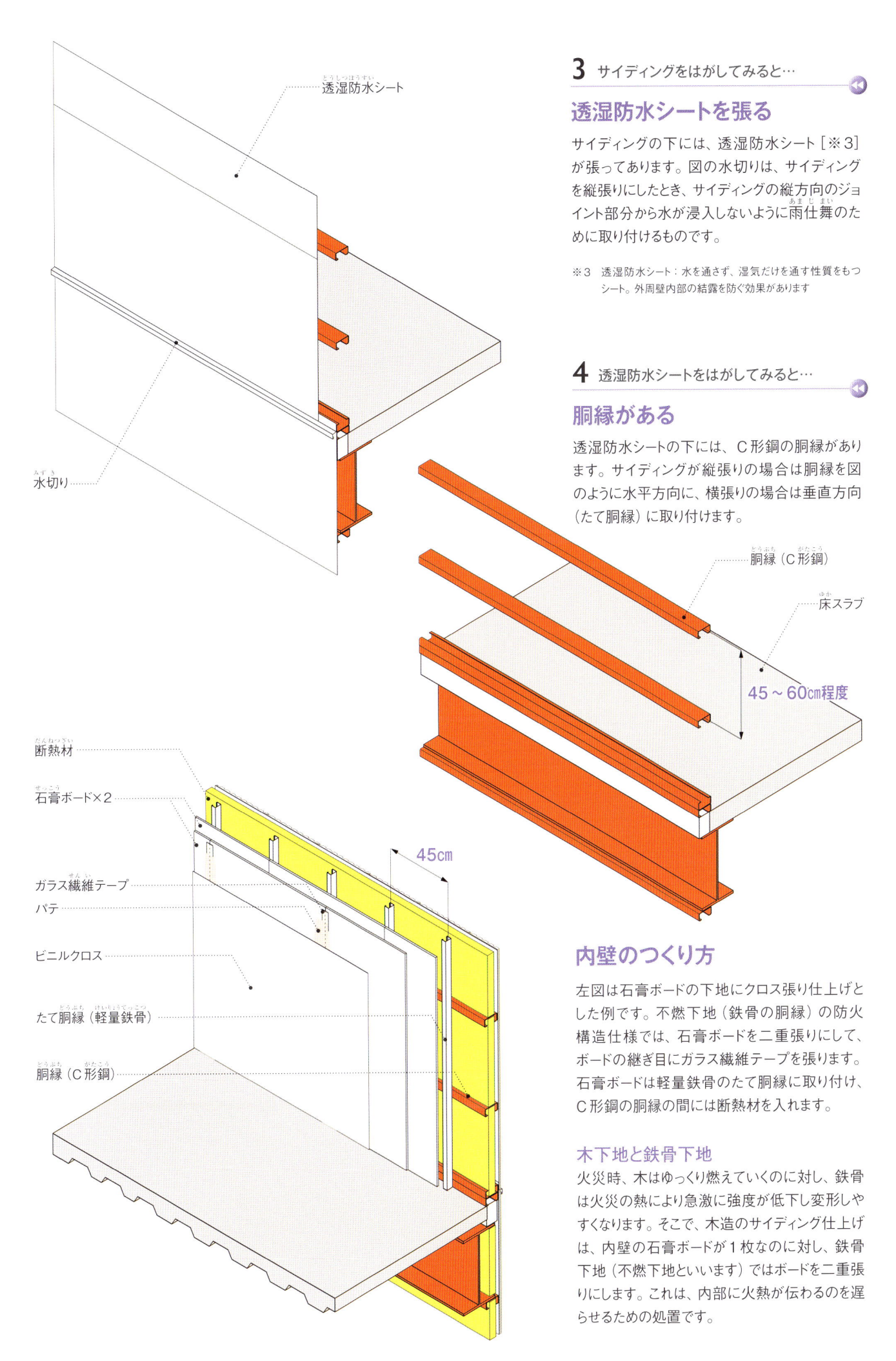

透湿防水シート

水切り

断熱材
石膏ボード×2
ガラス繊維テープ
パテ
ビニルクロス
たて胴縁（軽量鉄骨）
胴縁（C形鋼）

45cm

胴縁（C形鋼）
床スラブ
45〜60cm程度

3 サイディングをはがしてみると…

透湿防水シートを張る

サイディングの下には、透湿防水シート［※3］が張ってあります。図の水切りは、サイディングを縦張りにしたとき、サイディングの縦方向のジョイント部分から水が浸入しないように雨仕舞のために取り付けるものです。

※3 透湿防水シート：水を通さず、湿気だけを通す性質をもつシート。外周壁内部の結露を防ぐ効果があります

4 透湿防水シートをはがしてみると…

胴縁がある

透湿防水シートの下には、C形鋼の胴縁があります。サイディングが縦張りの場合は胴縁を図のように水平方向に、横張りの場合は垂直方向（たて胴縁）に取り付けます。

内壁のつくり方

左図は石膏ボードの下地にクロス張り仕上げとした例です。不燃下地（鉄骨の胴縁）の防火構造仕様では、石膏ボードを二重張りにして、ボードの継ぎ目にガラス繊維テープを張ります。石膏ボードは軽量鉄骨のたて胴縁に取り付け、C形鋼の胴縁の間には断熱材を入れます。

木下地と鉄骨下地

火災時、木はゆっくり燃えていくのに対し、鉄骨は火災の熱により急激に強度が低下し変形しやすくなります。そこで、木造のサイディング仕上げは、内壁の石膏ボードが1枚なのに対し、鉄骨下地（不燃下地といいます）ではボードを二重張りにします。これは、内部に火熱が伝わるのを遅らせるための処置です。

間仕切壁──押出し成形セメント板

鉄骨造の建物に用いられる間仕切壁は、RC造と同様に軽量鉄骨の下地にボード張りとするのが一般的です（54頁参照）。ここでは、パネル自体が自立する押出し成形セメント板とALCパネルを使った間仕切壁の構法を紹介します。

図は、合成スラブの床の上に、間仕切壁として押出し成形セメント板（ECP）を取り付け、直に塗装仕上げをした例です。

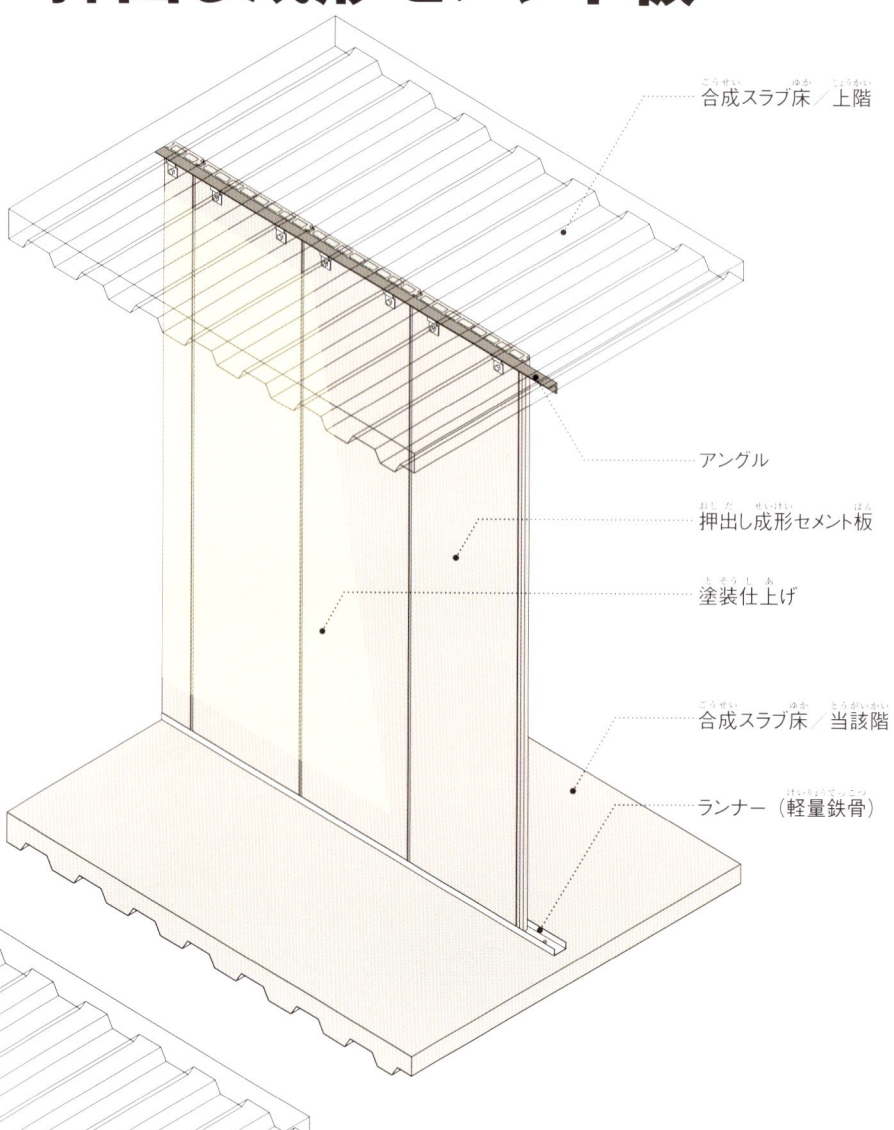

合成スラブ床／上階

アングル

押出し成形セメント板

塗装仕上げ

合成スラブ床／当該階

ランナー（軽量鉄骨）

アングル

接合金物

押出し成形セメント板

60㎝

6㎝

ホールインアンカー

ランナー（軽量鉄骨）

押出し成形セメント板の取付け

まずは軽量鉄骨のランナーをホールインアンカーで床に固定します。そして、上階の合成スラブのデッキプレートにアングルを溶接します。つぎに、押出し成形セメント板をランナーに落とし込み、専用の接合金物を使ってパネル上部をデッキプレートのアングルに固定します。基本的な固定方法は外周壁と同じです。

ALCパネル

図は、ALCパネルの床に間仕切壁として ALCパネルを取り付け、ボード下地の上にクロス張り仕上げ（GL工法）とした例です。

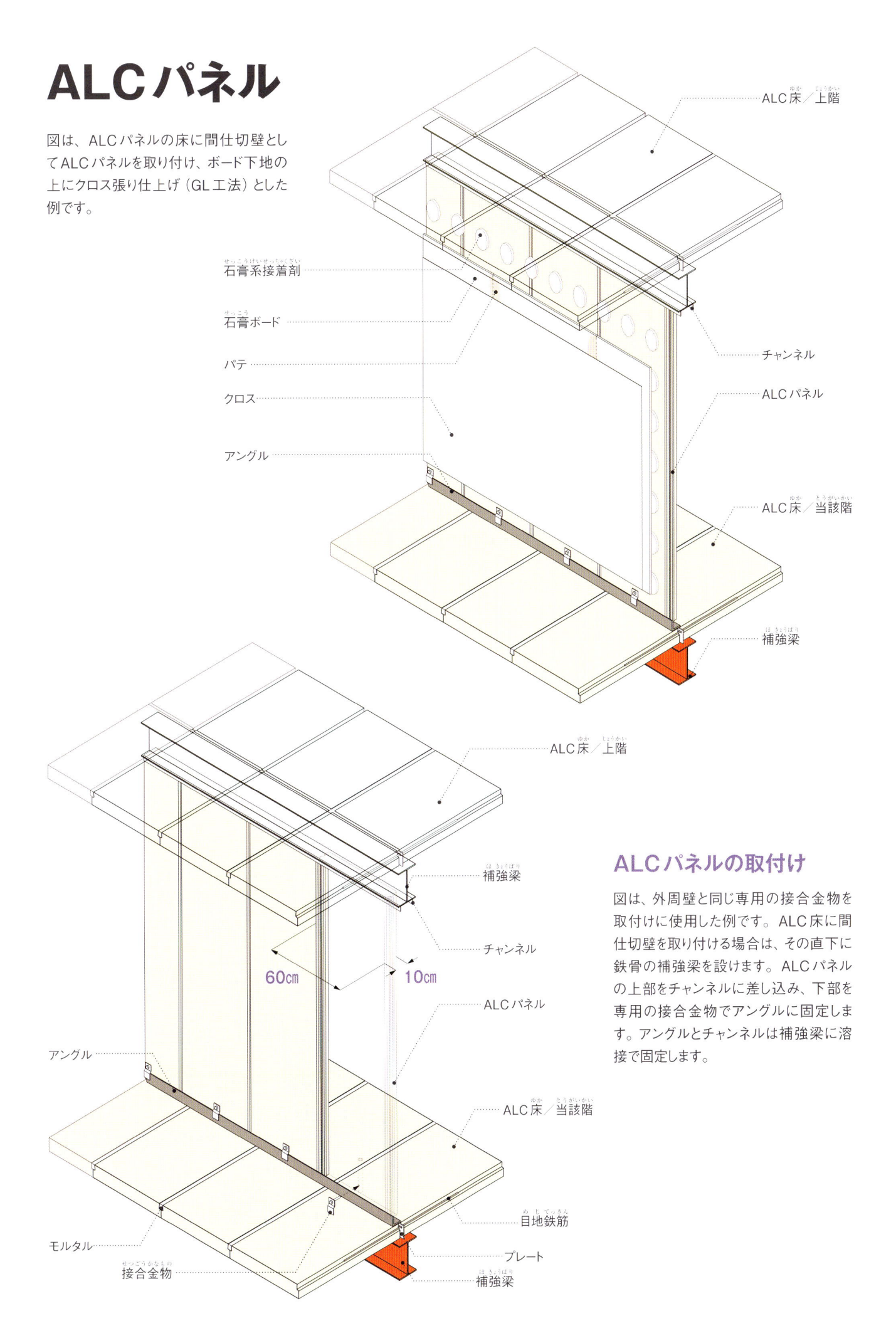

石膏系接着剤

石膏ボード

パテ

クロス

アングル

ALC床／上階

チャンネル

ALCパネル

ALC床／当該階

補強梁

ALC床／上階

補強梁

チャンネル

60cm　　10cm

ALCパネル

アングル

ALC床／当該階

モルタル

接合金物

目地鉄筋

プレート

補強梁

ALCパネルの取付け

図は、外周壁と同じ専用の接合金物を取付けに使用した例です。ALC床に間仕切壁を取り付ける場合は、その直下に鉄骨の補強梁を設けます。ALCパネルの上部をチャンネルに差し込み、下部を専用の接合金物でアングルに固定します。アングルとチャンネルは補強梁に溶接で固定します。

床—合成スラブ床

合成スラブやALCパネル床の場合、床のつくり方はRC造とほぼ共通です。段階的なつくり方については第2章を参照してください。

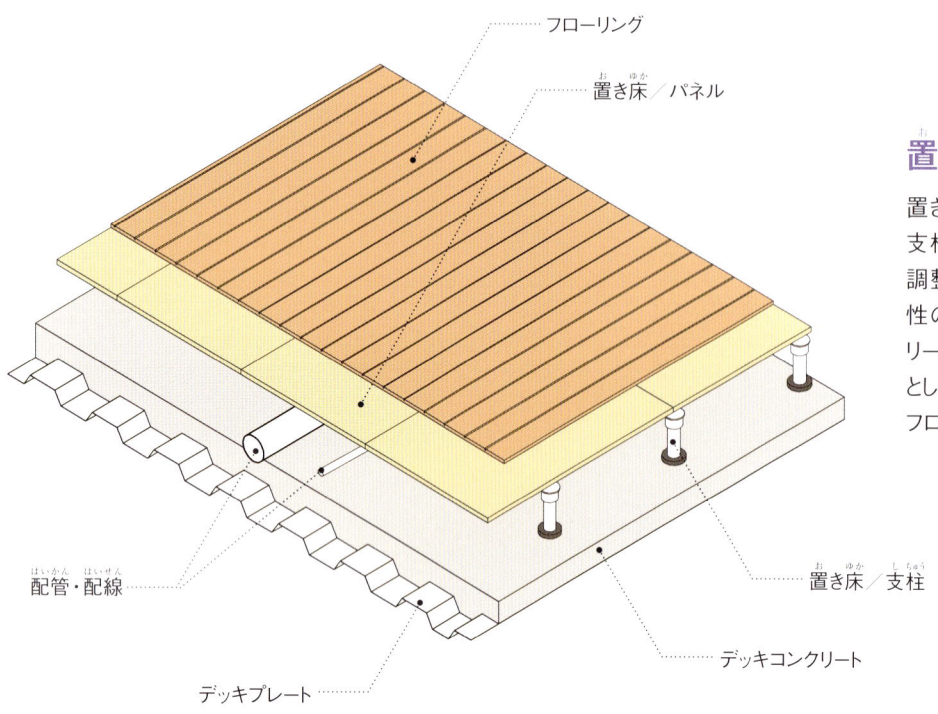

フローリング
置き床／パネル
配管・配線
デッキプレート
デッキコンクリート
置き床／支柱

置き床

置き床は支柱とパネルから構成されます。支柱には緩衝材が取り付けられ、高さも調整できることから、床衝撃音の遮音特性の向上が期待できます。デッキコンクリートとパネルの間は配管・配線スペースとして利用できます。図は、置き床の上にフローリングを張った例です。

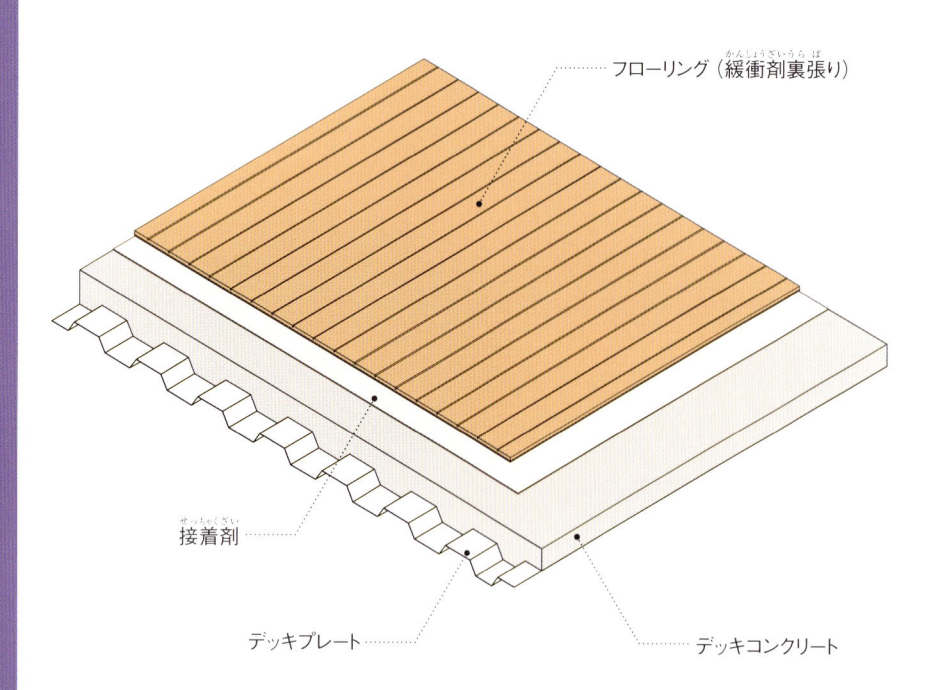

フローリング（緩衝剤裏張り）
接着剤
デッキプレート
デッキコンクリート

直張り床

床スラブの上にフローリングを接着剤で直張りする工法です。直張り用のフローリングは裏面に緩衝材が張ってあります。

ALCパネル床

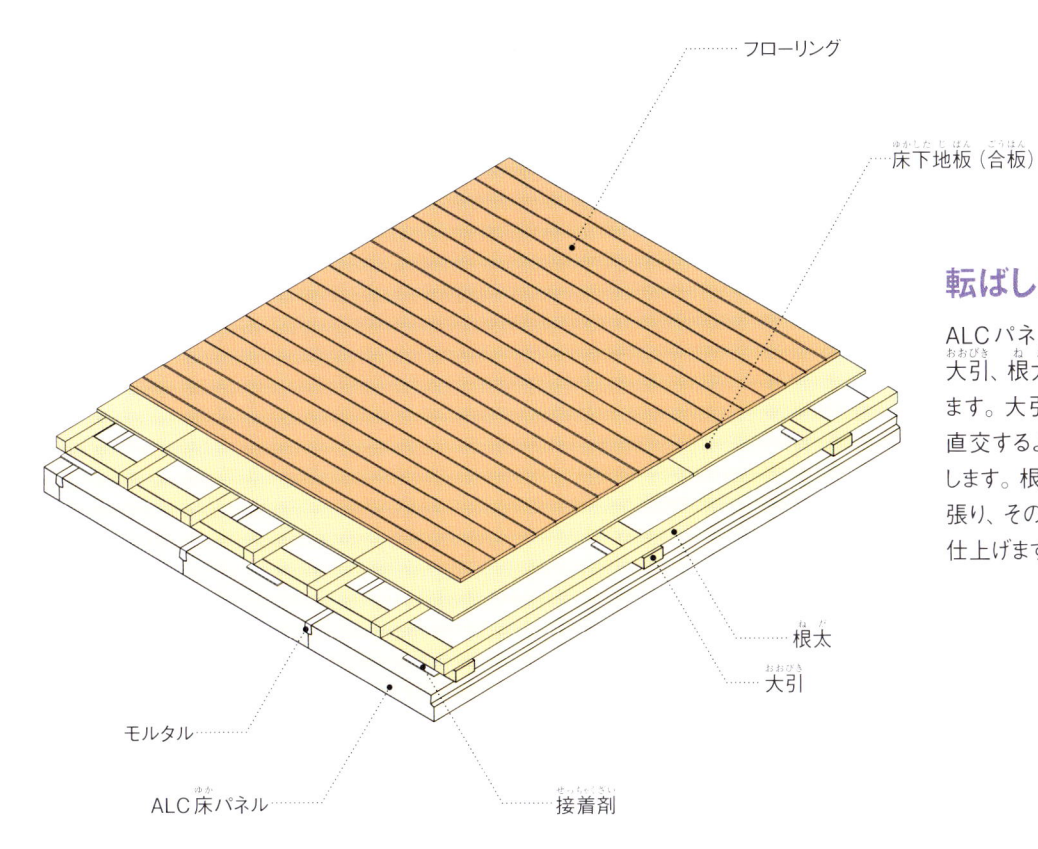

フローリング

床下地板（合板）

モルタル

ALC床パネル

接着剤

根太

大引

転ばし床

ALCパネルの上に木造の床のように、大引、根太を組み合わせて下地を構成します。大引はALCパネルの長辺方向と直交するように配置して、接着剤で固定します。根太の上に合板などの下地板を張り、その上にフローリングなどを張って仕上げます。

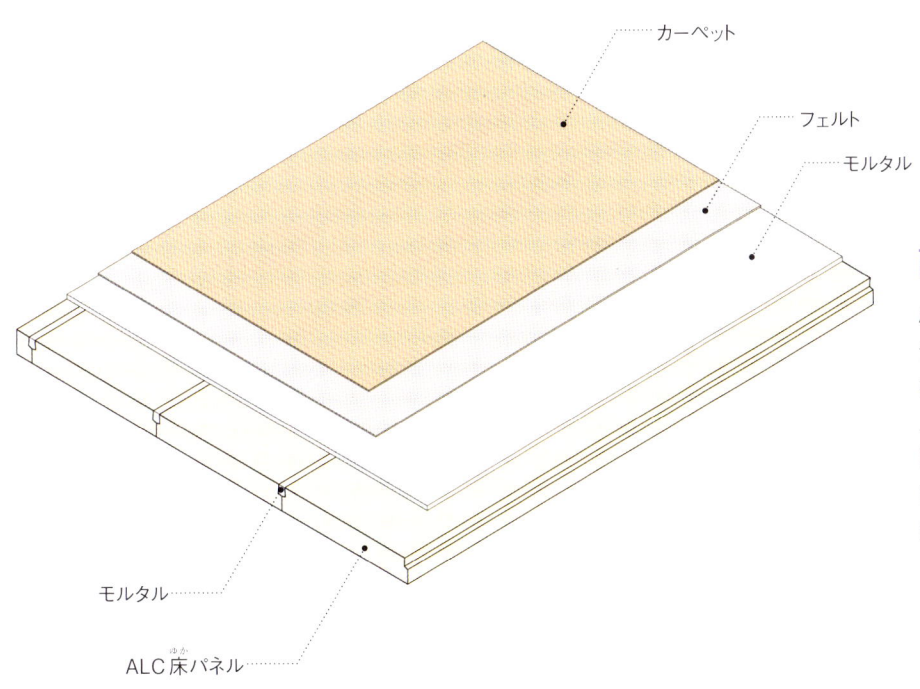

カーペット

フェルト

モルタル

モルタル

ALC床パネル

直張り床

ALCパネルは、その上に直にフローリングなどを張れません。下地としてモルタルを15〜20mmの厚さで塗り、その上に仕上げをします。カーペットを敷き込む場合は、衝撃を和らげたり、断熱性や吸音性を向上させるためにフェルトを下敷きにします。

ALC用引違いサッシ

アルミサッシの枠断面は外壁の仕上材ごとに異なるため、サッシは専用のものを使用します。こうすることで、サッシ廻りの雨仕舞がよくなります。ここでは、ALC用のサッシの取り付け方を説明します。図は引違いサッシですが、他の開閉方式の窓も共通です。

作業を巻き戻してみよう！

1

仕上げ

シーリング

ALC用アルミサッシ

水切り皿板

塗装

ALC パネル

断熱材

たて胴縁（軽量鉄骨）

石膏ボード

詰モルタル

額縁

詰モルタル

B

A

断面図-A

ALC パネル

詰モルタル

シーリング

ALC用
アルミサッシ

水切り皿板

シーリング

詰モルタル

断熱材

石膏ボード

胴縁（軽量鉄骨）

額縁

開口補強アングル

開口補強アングル

断面図-B

石膏ボード

断熱材

ALC パネル

胴縁（軽量鉄骨）

開口補強アングル

額縁

ALC用アルミサッシ

詰モルタル

シーリング

2 石膏ボード・断熱材をはがしてみると…

詰モルタルとシーリングを充填する

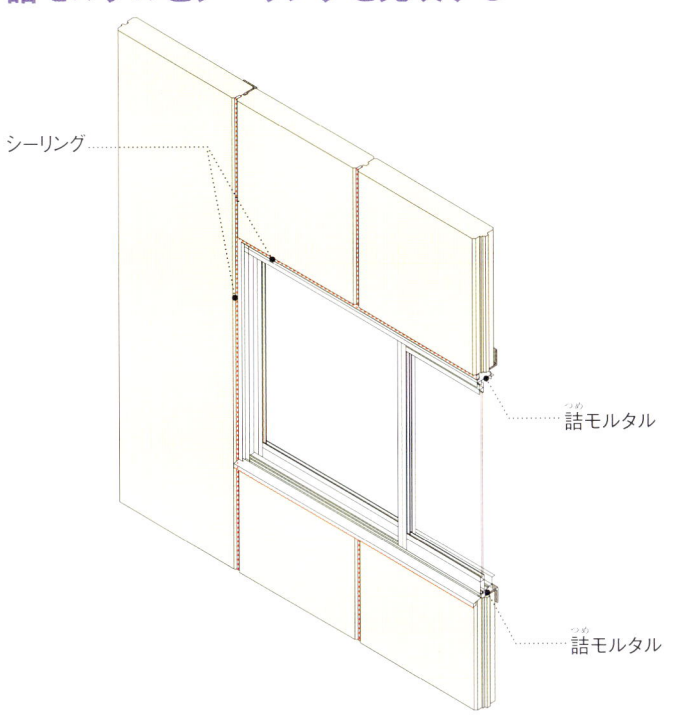

シーリング

詰モルタル

詰モルタル

サッシ枠とALCパネルとの隙間に詰モルタルを充填します。サッシ枠との取り合い部分は、雨漏りなどの不具合が生じやすいので、サッシ廻り、水切りなどの裏にはシーリングを充填して雨仕舞とします。併せてALCパネルの目地にもシーリングを充填します。

3 詰モルタル・シーリングをとると…

水切り皿板を取り付ける

水切り皿板

水切り皿板は、外壁やサッシの表面を流れてきた雨水が内部に入らないように、文字どおり水を切る役割を果たします。サッシと同様にアルミ製で、サッシにビスで固定します。

4 水切り皿板をはずしてみると…

アルミサッシを取り付ける

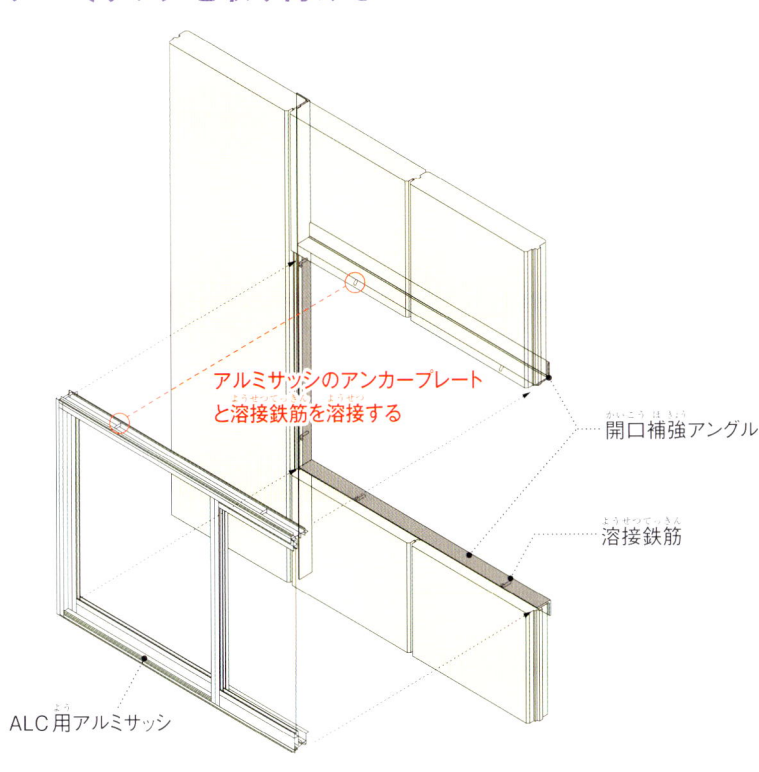

アルミサッシのアンカープレートと溶接鉄筋を溶接する

開口補強アングル

溶接鉄筋

ALC用アルミサッシ

アルミサッシは、開口補強アングルに取り付けた溶接鉄筋とサッシのアンカープレートを溶接することで取り付けられます。

5 アルミサッシをはずしてみると…

ALCパネルがある

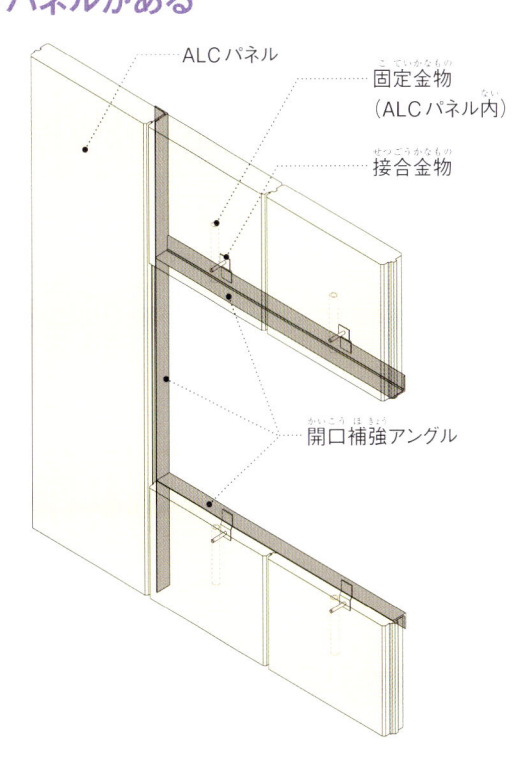

ALCパネル

固定金物
（ALCパネル内）

接合金物

開口補強アングル

開口部の廻りには補強のためのアングルを取り付けます。縦方向のアングルは上下を鉄骨の梁に固定します。

索 引

著者紹介

瀬川康秀 (せがわ・やすひで) 絵・文 担当

1953年青森県生まれ。'76年明治大学工学部建築学科卒業。'85年一級建築士事務所アーキショップ設立。明治大学兼任講師、東京家政学院大学非常勤講師。主な著書に、『初学者の建築講座・建築製図』(市ヶ谷出版社)など。

大野隆司 (おおの・たかし) 文 担当

1944年東京都生まれ。'68年東京大学工学部建築学科卒業。'75年同大学建築学専攻博士課程修了(工学博士)。'86年東京工芸大学工学部教授に就任。東京工芸大学名誉教授、放送大学「失敗予防の住まい学」講師。主な著書に、『建築構法計画資料』(市ヶ谷出版社/日本建築学会賞受賞)、『住宅建築なんでも小事典』(講談社ブルーバックス)など。2013年逝去。

瀬川、大野両氏の参加した著書『建築構法』(市ヶ谷出版社)は、刊行以来大学の教科書として30年以上の長きにわたって採用されており、現在までに約15万部のロングセラーとなっている。また、共著「世界で一番やさしい建築構法」(エクスナレッジ)も好評を博すなど、住宅ができるまでの仕組みや工程などを分かりやすく解説する手腕には定評がある。

世界で一番楽しい

建物できるまで図鑑 RC造・鉄骨造

2019年10月28日　初版第1刷発行
2025年 4 月 9 日　　第5刷発行

著　者　瀬川康秀
　　　　大野隆司

発行者　三輪 浩之
発行所　株式会社エクスナレッジ
　　　　〒106-0032
　　　　東京都港区六本木7-2-26
　　　　https://www.xknowledge.co.jp

問い合わせ先
編集　TEL：03-3403-1381／FAX：03-3403-1345
　　　info@xknowledge.co.jp
販売　TEL：03-3403-1321／FAX：03-3403-1829